리빌더

THE REBUILDERS

리빌더

역경을 성공으로 뒤바꾼
평범한 영웅들

RHK
알에이치코리아

추천사

철저한 연구, 생생한 사례, 현실적인 실천법이 더해진 대단히 흥미롭고 유용한 책. 누구나 쉽게 읽을 수 있는 이 책은 삶의 가장 힘든 시기에도 자신을 제대로 들여다보고 상상 이상의 능력을 끌어낼 수 있도록 해준다.

_리타 클리프턴RITA CLIFTON, CBE(대영제국 3등 작위) 수훈자

직선형으로 경력을 쌓고 기업이 성장하는 시대는 갔다. 『리빌더』는 변화를 받아들이고 어떤 힘든 상황이 오든 잘 대처하는 법을 알려준다. 우리가 사는 불확실한 세계에서 올바른 방향을 찾아 성장하고자 애쓰는 모든 사람을 위한 필독서다.

_세라 우드SARAH WOOD 박사, OBE(대영제국 4등 작위) 수훈자,

디지털 기업 운영자, 투자가, 『속도 내기Stepping Up』 저자

지금껏 나는 실패, 슬럼프, 선입견을 본능적으로 내 성장의 동력으로 삼아왔다. 마침내 우리는 이 책을 통해 그토록 불리한 조건들을 객관적으로 활용할 수 있게 됐다. 이 책에 나오는 이야기는 모든 사람이 공감하고 즉시 적용할 수 있는 내용들이다. 두 저자에게 박수를 보낸다. 읽고 읽고 또 꺼내 읽어야 할 책이다.

_조너선 밀든홀JONATHAN MILDENHALL, 21세기 브랜드 공동 설립자 겸 대표,

에어비앤비Airbnb 전 글로벌 최고 마케팅 책임자

손실과 실패는 성공으로 가는 길에서 피할 수 없다.『리빌더』는 성공으로 가는 여정에 있는 모든 사람에게 꼭 필요한 지침서다.

_클리브 우드워드 CLIVE WOODWARD, 2003년 럭비 월드컵 우승국 잉글랜드 수석 코치

인생의 울퉁불퉁한 장애물을 기나긴 여정의 일부로 받아들이게 한다.『리빌더』는 슬럼프에서 회복하는 방법에 관해 누구나 공감할 수 있는 중요한 사실을 알려준다. 무엇보다도 솔직하고 재미있는 책!

_브루스 데이즐리 BRUCE DAISLEY,
『조이 오브 워크 THE JOY OF WORK』 저자, 전 트위터 부사장

나는 매 순간 일상과 일터에서 직면하는 특정 상황을 남들과 다르게 바라봤다. 그 때문에 좋은 의미로 혼란스러웠다. 통계, 과학, 경험담, 유명인들의 사례, 유용한 도구들이 완벽하게 더해진 이 책은 우리가 얼마나 암담한 상황에 처하든 다시 일어설 수 있도록 도와준다.

_캐럴라인 페이 CAROLINE PAY, 헤드스페이스 Headspace 최고 홍보 책임자

회복탄력성에 관한 생생하고 실용적인 조언으로 가득한 진정으로 지혜롭고 희망적인 책이다.

_실라 스노볼 CILLA SNOWBALL, DAME(대영제국 2등 작위) 수훈자

요즘은 과거 그 어느 때보다 리더들에게 회복탄력성이 필요한 시기이며, 이 책은 바로 이 회복탄력성을 키우는 방법을 자세히 알려준다.

_마크 리드MARK READ, WPP 대표이사

『리빌더』는 현대판 스토아 철학 핸드북이며, 그래서 더욱 필요하고 반가운 책이다. 존 레넌이 쓴 가사 "인생이란 네가 다른 계획을 세우느라 바쁠 때 너한테 일어나는 것이다"의 진정한 의미를 알아챈 모든 사람을 위한 책이다.

_로리 서덜랜드RORY SUTHERLAND, TED 인기 강연자,

오길비앤매더OGILVY&MATHER 부사장, 『잘 팔리는 마법은 어떻게 일어날까? Alchemy』,

『터무니없는 아이디어의 놀라운 힘The Surprising Power of Ideas That Don't Make Sense』저자

『리빌더』는 혼란스러운 세상에서 살아남기 위한 생존 매뉴얼이다. 성공을 어떻게 정의할 수 있을까? 이 불확실한 시대에 어떻게 확실성을 찾을 수 있을까? 어째서 결국 역경이 모든 목표를 이루는 데 반드시 필요한 재료일까? 두 저자 세라 테이트와 애나 보트는 우리 각자가 원하는 삶과 경력을 쌓는 여정에서 영감을 받을 수 있는 사람들의 이야기를 풀어놓는다.

_캐스린 파슨스KATHRYN PARSONS, 디코디드 Decoded 공동 설립자,

MBE(대영제국 5등 작위) 수훈자

팬데믹 시기에 이런 책을 만들어 사회에 환원하는 데 시간과 에너지를 쏟으려면 무엇보다도 용기와 공감 능력이 필요하다. 바로 이 용기와 공감 능력을 통해 현대의 리더들은 더 인간적이고 평등하고 지속 가능한 세계를 만들어갈 수 있다.

_크리스티아나 팰컨CRISTIANA FALCONE, 전략 자문가, 투자가, 자선 사업가

두 저자는 슬럼프가 세상을 움직이는 데 기여하는 역할을 다시 생각해 보게 함으로써 이 책에 시대정신을 담아냈다. 우리는 일과 삶이 더 이상 직선형으로 예측 가능하게 움직이지 않는 과도기에 살고 있다. 이 책은 활강로와 사다리로 이루어진 새로운 세계를 건너는 지침서이며, 삶의 오르막과 내리막을 잘 활용하고 거기에서 배움을 얻는 법을 알려준다. 지금의 현실을 마주하고 안주보다 성장을 원하는 모든 사람을 위한 필독서!

_제임스 폭스JAMES FOX,
골드만 삭스GOLDMAN SACHS 글로벌 브랜드 전략 총괄 상무이사

목차

서문

혹시 지금 집을 새로 짓거나 주변에 그런 사람이 있거나 하다 못해 화장실 변기 경첩을 새로 다는 법을 알고 싶어서 이 책을 집어 들었는가? DIY나 수공예, 또는 그 비슷한 무언가에 대한 조언을 찾고 있다면 실망시켜서 미안하다(이 책의 제목이자 주제인 리빌드rebuild 혹은 리빌딩rebuilding은 원래 스포츠업계에서 흔히 쓰는 용어로 '망가진 것을 다시 세우다'라는 의미다. 팀이 침체기를 겪고 있을 때 여러 부분을 재정비해 다시 우승 경쟁력을 지닌 팀으로 만드는 것을 가리킨다—옮긴이). 하지만 부제에서 드러나듯 회사나 가정에서 어떤 일이 심각하게 잘못된 방향으로 가고 있다면 제대로 된 책을 골랐다.

이 책을 공동 집필하게 된 나, 세라 테이트는 수십 년간 광고

계에 몸담으면서 경쟁 브랜드에 비해 뒤처지는 브랜드를 다시 살려내는 일을 해왔다. 최근에는 부진에 빠진 글로벌 광고회사의 매출을 정상화하기도 했다. 대부분의 사람들도 슬럼프의 정의, 슬럼프를 극복하는 방법 한두 개쯤은 들어서 알고 있다. 우리가 그 방법을 제대로 안다고 생각했을 때 코로나19가 터졌다. 하루 아침에 세상이 완전히 뒤집혔고, 우리는 힘든 상황에 놓여 있던 기업들과 일하면서 배웠던 많은 교훈이 힘든 현실을 헤쳐 나가는 사람들에게도 적용된다는 사실을 깨달았다.

당연하다. 기업을 구성하는 건 사람들이고, 효과적으로 광고하기 위해서는 사람들이 어떻게 생각하고 결정을 내리는지 이해해야 하기 때문이다. 새롭게 알게 된 이 사실을 더 자세히 알아보기 위해(사실은 재택 수업이라는 난리를 치르고 항균 물티슈로 식료품을 닦아내던 시기에 매주 몇 시간만이라도 아이들에게서 탈출하고 싶어서) 이 책의 또다른 저자 애나 보트와 함께 이를 주제로 한 팟캐스트를 시작하기로 했다. 하지만 이번에는 사업적 측면보다는 지극히 개인적이고 인간적인 측면에서 알아보기로 했다.

그렇게 해서 이 책『리빌더』가 탄생했고, 우리는 수많은 사람들의 경험담, 통찰이 담긴 이야기, 그들이 건네준 교훈에 가슴이 벅차올랐다. 대단히 감동적이고 새로운 사실을 담은 이야기들이기도 했지만, 동시에 일과 삶 속에서 발생하는 다양한 상황에 적용되는 내용들이었기 때문이었다. 이혼은 잡지를 다시 살려내는 법을, 교도소는 새로운 사업을 성공시키는 법을, 암은 불편한 상황을 헤쳐 나가는 법을, 럭비 경기에서 진 경험은 공을 멋지게 치는 법을 알려줄 수 있다. 힘든 상황이란 그 상황에 처한 사람들만큼이나 각양각색이지만, 그들의 해결책은 많은 이들에게 도움을 줄 수 있다. 회복탄력성은 내면적인 차원뿐 아니라 현실적인 차원에서도 우리를 하나로 이어주는 힘이 있다.

이 책의 각 장은 리빌딩, 즉 슬럼프에서 회복하는 데 필요한 각각의 재료를 담았다. 이 재료들이 책에 포함된 이유는 우리 두 사람이 인터뷰한 다양한 상황에 처한 많은 사람들이 실제로 이를 적용한 적이 있었기 때문이다. 이는 슬럼프에서 벗어나 무사히 앞으로 나아갈 수 있게 해주는 일종의 교훈이자 도구이고 영감을 주는 일화들이다.

일단 책을 끝까지 읽은 다음, 한 장씩 다시 읽으며 내용을 이해한 뒤 언젠가 힘든 날을 대비해 머릿속 어딘가에 저장해 두자. 그때그때 처한 상황과 필요에 따라 꺼내 보기 위해서다. 어느 정도 읽고 나면 자신이 처한 문제가 달리 보이기 시작하고 조금씩 다른 관점에서 그 문제에 접근할 수 있게 될 것이다.

이 책은 많은 회사가 부진에서 회복 중이던 2021년에 쓰였다. 코로나19 사태 덕에 많은 사람들이 어떻게든 개인적·사회적 관계를 회복하려 노력하고, 파탄 난 재정을 꼼꼼히 분석하고, 건강을 돌보고, 무너져 내리던 기업 문화를 손보고, 거의 사라져가는 것처럼 보이던 전체 업계를 되살리고, 새로운 습관을 들이고 점차 나빠지던 낡은 습관을 버리는 데 몰두했다. 코로나19가 안겨준 이 같은 변화는 끝이 없다.

우리 모두 각자 올라야 할 산이 있다. 슬럼프는 삶의 가장 평등한 경험에 속하기 때문에, 우리를 하나로 이어주고 모두가 공유할 수 있다. 슬럼프를 두려워하고 부끄러워하고 도망치고 때로는 없었던 척하는 대신 그 경험을 최대한 잘 활용해 보자. 우리는 완전히 패배한 것이 아니며, 무엇보다 냄새나는 쓰레기더미에서 쓸 만한 것을 찾았다는 점을 자랑스러워하자. 그렇게, 삶이 시련을 안겨주면 툭툭 털고 다시 일어서자.

THE
REBUILDERS

1부

슬럼프
재정의하기

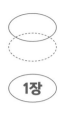

1장

슬럼프의
진짜 정체

삶에서는 장애물이라고 여긴 것이
엄청난 행운으로 판명되는 일이 자주 일어난다.

_루스 베이더 긴즈버그 Ruth Bader Ginsburg, 전 미국 대법관

슬럼프와 우리의 관계. 아무도 슬럼프를 달가워하지 않는다. 단서는 슬럼프라는 이름 그 자체에 있다. 우리에게는 진행하고자 하는 계획이 있으며, 슬럼프는 우리가 가고자 하는 목표 지점에서 우리를 더 멀어지게 하는 것처럼 보인다. 하지만 성장의 길이란 좀처럼 직선으로 뻗어나가지 않는다. 이번 장에서는 어떤 일이 틀어졌을 때 어떻게 결국 제 방향을 찾아가는지 그 과정을 알아보려 한다.

> **오해**   슬럼프는 우리를 후퇴하게 한다.
> **진실**   슬럼프보다 우리를 더 앞으로 나아가게 하는 건 없다.

사업은 망하고, 억장이 무너지고, 계획은 틀어진다. 슬럼프에 빠진다. 세상은 원래 그런 식이다. 때로 우리 스스로가 그 슬럼프에 일조하기도 한다. 공부를 게을리한 시험, 마음을 다하지 않은 관계, 관심 가져 본 적이 없는 업무가 그 예다. 하지만 때로 슬럼프는 그냥 찾아오기도 한다. 경기 침체, 전 세계적인 감염병, 큰 병이 갑자기 찾아올 때 우리의 걸음은 느려진다. 하지만 걱정하지 마라. 마냥 비관할 일만은 아니다. 슬럼프만큼 우리를 앞으로 나아가게 하는 것도 없기 때문이다.

오해

"결국 우리는 다 죽는다." 지금은 세상을 떠난 경제학자 메이너드 케인스Maynard Keynes가 한 말이다. 그다지 낙관적인 세계관을 갖지 않은 경제학자들에게도 이 말은 꽤나 비관적으로 들리지만, 사실 타당한 이야기다. 케인스는 장기 계획은 작은 불행이 수시로 끼어드는 어려운 목표이며, 어떤 일도 승승장구할 수만은 없다고 믿었다. 아무리 간절히 원해도 미래를 내다보기란 불가능하며,

삶이라는 여정에서 장애물을 피해 갈 수도 없다. 경제학과 동양의 신비주의는 대개 별 공통점이 없지만, 불교는 이와 비슷한 믿음을 가지고 있다. 불교에서는 삶의 덧없음과 고통이 존재의 보편적 특징이라고 말한다. 무엇도 고정되어 있거나 영원하지 않으며, 모든 일에는 흥망이 있고, 고통은 영원하지 않은 것에 너무 집착하기 때문에 생긴다. 살면서 행복하고 즐거운 순간도 있겠지만, 무엇도 영원히 지속되지는 않는다.

불행히도 슬럼프는 피할 수 없지만, 다행히도 삶은 직선으로 뻗어나가지 않고 둥글게 순환한다. 어떤 일이 계획에서 틀어졌다고 자책해서는 안 된다. 무엇도 영원히 정상에 머무는 법은 없기 때문이다. 어떤 일이 내리막길을 걷는 동안 다른 무언가는 오르막길을 걷는다. 사업을 시작하고, 돈이 모이고, 결혼을 하고, 병이 낫기도 한다. 어떤 일도 늘 승승장구할 수만은 없는 것처럼 언제나 악화일로로만 걷지도 않는다. 이 변화의 주기가 가장 분명히 드러나는 분야가 사업이다. 회사의 매출이 떨어지길 바라는 사람은 아무도 없지만, 우리를 정상에 오르게 해준 것이 우리를 계속 정상에 머물게 해주지는 않는다. 〈포춘〉이 2000년에 선정한 500대 기업 중 52퍼센트가 현재는 사라졌으며, 이 회사들의 기대 수명은 과거 75년이었지만 현재는 15년으로 줄었다. 이 감소세를 고려해서 의사 결정을 하는 리더들은 더 오래 정상에 머물 수 있을 것이다.

루스 베이더 긴즈버그 전 미국 대법관이 말한 것처럼 어떤 일이 좋은 일인지 나쁜 일인지는 당시에는 확실히 알 수 없다. 긍정적이든 부정적이든 진짜 영향은 대개 훨씬 더 나중에 드러난다. 때로 계획에서 틀어진 일이 나중에는 제 방향을 찾고 더 많은 결실을 안겨주기도 한다. 그래서 희극업계에는 이런 말이 있다. "비극에 시간을 더하면 희극이다." 엄청난 불행이 몇 달 뒤에 행운처럼 보인 적이 있었는가? 어떤 회사의 면접에서 떨어지는 바람에 들어간 다른 회사에서 미래의 배우자를 만났다거나 사업에 실패한 뒤 다음 사업을 성공시킬 교훈을 얻었다거나 하는 등의 경험 말이다.

구글이 2013년 인터넷 연결이 가능한 웨어러블 기기 구글 글래스를 출시했을 때 하도 세간의 비웃음을 사서 초반에 제품을 구매한 사람들은 글래스홀(glass와 비속어인 asshole을 합친 말로 주변 사람들에게 불쾌감을 주는 구글 글래스 사용자를 가리키는 욕설-옮긴이)이라는 별명까지 얻었다. 하지만 이 기술은 완전한 실패작이 되기는커녕 IT 업계의 엔지니어와 테크니션 같은 사람들에게 꼭 필요한 응용 프로그램을 계속해서 만들어내고 있다. 글래스 AR 기술의 여러 요소도 발전해 요즘 넘쳐나는 많은 증강 현실 제품에 활용되고 있다.

슬럼프가 보기와는 달리 그저 슬럼프가 아닐지도 모르는 또 다른 이유는 다음과 같다. 우리는 아무도 일이 잘못되길 바라지 않는다. 계획이 틀어지면 현재 상황도 흔들리기 때문이다. 다음에 어떤 일이 벌어질지 몰라 불안하고 초조해진다. 그동안 익숙해진 편안한 균형 상태에서 빈둥거리며 사는 게 훨씬 더 즐겁다. 하지만 균형 상태 역시 위험할 수 있다. 처음에는 기분 좋게 몸을 담그지만 눈치채지 못하는 사이 천천히 식어가는 목욕물처럼 변할 수 있다. 균형 상태를 지키려고 애쓰다 보면 실제로는 자신과 잘 맞지 않거나 더 이상 도움이 되지 않는 자리나 장소에 갇혀 있게 된다. 변화가 가져올 결과가 두려워서 그 자리에 가만히 멈춰 있으면 목욕물이 차갑게 식었다는 사실조차 알아차리지 못하는 순간이 온다. 사업이 제자리에 멈춰 있다는 건 망해가는 조짐일 수 있다. 그저 균형 상태를 유지하려는 욕구는 기나긴 계단을 서서히 올라가겠다는 소극적인 태도를 낳는다. 그렇게 되면 자동차의 시대에 더 빨리 달리는 말을 키워내려 하거나 블록버스터(1985년에 창업한 미국의 DVD, 비디오 게임 대여 기업으로 넷플릭스, 레드박스 등에 밀려 2010년 파산 신청을 했다-옮긴이)처럼 비디오 대여 업계가 사라지고 있는 마당에 비디오 대여 사업을 펼치는 결과를 낳을 수 있다.

  균형 상태를 유지하고픈 인간의 욕구와 균형 상태가 깨졌을 때 어떤 일이 벌어지는지 더 자세히 알아보기 위해 우리는 관계의 세계를 살펴보기로 했다. 결혼 생활과 오래된 연인 관계는 끝내기가 대단히 고통스럽고 혼란스럽기 때문에 더 이상 행복하지 않은데도 그 관계에서 오랫동안 벗어나지 못하게 만든다. 샬럿 프리드먼Charlotte Friedman은 가족법 전문 변호사로 일하다 이제는 심리 치료사가 되어 법정에서 그토록 오랫동안 목격했던 이혼과 이별을 겪은 사람들이 상실의 고통을 잘 헤쳐나갈 수 있도록 돕고 있다. 개인 고객이나 커플이 그녀를 만나러 올 때는 그 관계가 더 이상 그들에게 행복을 주지 않을 때다. 자신들이 갇힌 상황에 너무 익숙해져 있기 때문일 것이라고 샬럿은 설명한다. 그녀의 역할은 현재 상황을 더 분명하게 바라보고 '좋은 점이 나쁜 점보다 많은지, 또는 좋은 점이라고는 찾기 힘들 정도로 나쁜 점만 있는 지경까지 이르렀는지 바라볼 수 있게 해줌으로써 갇혀 있는 상태에서 빠져나올 수 있도록 돕는' 것이다.

우리가 어떤 상황에 너무 익숙해지면 어느 순간 좋은 점이 전부 사라졌다는 사실을 깨닫지 못한다. 균형 상태를 깨뜨리고 익숙한 상황을 바꾸기로 마음먹기란 두려울 수 있다. 우리는 우리가 처한 상황과 기분을 감당하는 데 너무 익숙해져 상황이 그다지 좋지 않은데도 어쩌지 못하고 갇혀 산다. 변화는 곧 불안정을 의미한다. 다음에 어떤 일이 벌어질지 알아내야 하고, 낯설고 예측하기 힘든 문제들이 잔뜩 실린 트럭을 혼자 운전해야 한다. 이 때문에 많은 사람들이 지금의 관계에 갇혀 있길 선택한다.

(사람들에게) 그건 정말이지 두려운 일입니다. 상황을 감당할 수 있다는 말은 그다지 행복하지 않은 이런 삶의 방식이 더 낫다고 믿는다는 의미일까요? 새로운 일을 할 수 있는 자유보다 더? 그 새로운 일이 무언지 모른다 해도요. 자유로워지기가 두렵기 때문입니다. 하지만 자유란 대단히 흥미진진하고 창의적인 존

재입니다. '잘 모르겠어. 어디로 가야 할지, 뭘 해야 할지, 내 삶이 어디로 흘러갈지 모르겠어(라고 사람들은 생각합니다).'

사람들은 현재 상태에 완전히 머물러 있는 자신에게서 어느 정도 벗어날 필요가 있습니다. 그래야 스스로를 불행하게 만드는 일로부터 벗어날 수 있습니다. 우리의 균형 상태는 실제로 현재 상태를 유지함으로써 유지되기 때문입니다.

샬럿이 하는 일은 사람들이 이 과정을 이해하고 어떤 일이 펼쳐질지 모를 앞날을 향해 발을 내디딜 수 있도록 돕는 것이다. 그녀는 균형 상태가 더 이상 우리에게 도움이 되지 않는다고 해도 그 상태에서 벗어나기가 얼마나 힘든지 강조하는 동시에 변화가 가져올 수 있는 긍정적인 면을 보여준다. 사람들이 현재 상황에 불편함을 느껴 샬럿을 만나러 올 때쯤엔 거의 모든 변화가 긍정적인 일이 될 수 있다. 이별이 옳은 결정일 수도 있지만, 관계를 유지하기로 한 사람들 역시 상황을 개선할 수 있다.

커플은 관계를 유지할 수 있습니다. 서로의 흠을 잡고 탓하는 악순환의 고리를 끊고, 더 심해지면 별로 좋을 게 없는 상황을 활용하고, 지금까지의 일을 잊고, 제대로 된 대화를 나눈다면 말이죠. 두 사람이 각자의 행동을 돌아볼 통찰력만 있다면 지금보다 훨씬 더 나은 관계로 나아갈 수 있습니다.

화해할지 갈라설지 선택하는 일보다 중요한 것은 뭐가 됐든 변화가 현재의 불행한 정체 상태보다는 낫다는 사실이다.

관계를 끝내거나 오래 끌어온 상황을 바꾸는 데 무엇이 필요한지 알아보는 이 과정은 중요한 배움의 과정이다. 즉 일이나 관계가 틀어지는 것은 때로 상황을 개선하기 위한 필수 조건이다. 샬럿의 고객들은 상황이 위태로워지지 않았다면 그녀를 만나러 올 일도, 균형 상태를 깨고 변화를 감행할 필요도 없었을 것이다. 관계를 유지하며 현재 상황을 바꾸는 데 필요한 부분을 해결하든 관계를 끝내고 새로운 출발을 하든 불편은 변화를 불러온다. 슬럼프는 고통스럽고 우리를 예정된 길에서 벗어나게 할 수 있지만, 동시에 더 나은 상황을 만드는 씨앗을 품고 있다. 슬럼프와 그에 따른 불편은 우리를 후퇴시키기는커녕 변화의 촉매제다. 실제로 슬럼프와 불편함 없이 변화가 일어나기란 거의 불가능하다.

진실

그 무엇도 슬럼프만큼 우리를 더 빨리 앞으로 나아가게 하지 못한다. 실제로 불편과 불행이 변화를 이끌어내는 능력은 너무나 많은 곳에서 찾아볼 수 있어서 공식까지 있을 정도다. 글리처와 베커드는 교수이자 조직 변화 컨설턴트로 일하며 수년 동안 왜 기업이 변화하는지, 또는 왜 변화가 절실히 필요한 상황에서도 변화에 자주 실패하는지 연구했다. 두 사람은 글리처의 변화의 공식Gleicher's Formula for Change을 만들어 변화가 일어나기 위해서는 어떤 조건이 갖춰져야 하는지 간단하게 정리했다.

$$A + B + D > X = C$$

변화(C)가 일어나려면 세 가지가 필요하다. 현재 상황에 대한 불만족(A), 상황을 개선하겠다는 목표(B), 그리고 그 목표로 가는 첫 단계에 대한 이해(D)다. 이 세 가지의 합이 변화의 비용(X)보다 커야 한다. 그 비용이 금전적이든 육체적이든 감정적이든 마찬가지다. 글리처와 베커드는 조직을 분석하는 일을 했는데, 이 공식은 샬럿의 고객들이 처한 상황을 포함해 대부분의 상황에 딱 들어맞는다. 여기서 주목해야 할 점은 현재 상황에 대한 불만족(A)이다. 상황이 상당히 나빠지지 않고서는 변화가 일어나지 않을 것이다. 나쁜 상황은 그야말로 상황이 더 나아지기 위한 필수 조건이다.

그렇다고 슬럼프가 고통스럽고 이가 갈릴 만큼 억울하고 상처가 되는 답답한 존재가 아니라는 말은 아니다. 때로 이 모든 감정은 한꺼번에 몰려오기도 한다. 이러한 슬럼프의 경험이 균형 상태를 깨뜨리고 한동안 우리를 후퇴시키지 않는다는 의미도 아니다. 하지만 우리는 어떤 상황을 좋거나 나쁘거나 혹은 긍정적이거나 부정적이거나 둘 중 하나라고 생각하는 경향이 있다. 실제로 슬럼프는 둘 다일 수 있다. 즉 긍정적인 동시에 부정적일 수 있다. 우리의 계획을 뒤집는 고통스러운 변화의 어디쯤에서 새로운 길과 가능성이 생겨난다. 우리는 갇혀 있던 곳에서 벗어난다. 처음에는 모든 것이 이상하고 낯설어 보이지만, 시간이 한참 지나고서야 달라지지 않으면 나아질 수 없음을 깨닫는다.

어떤 사람들에게 변화의 계기가 되는 사건은 정리해고, 질병, 사업 실패처럼 중대한 일이다. 하지만 사소한 불편 앞에서 변화가 필요한 때임을 깨닫기도 한다. 패리스 야콥Faris Yakob 역시 좀 더 평화로운 삶을 살겠다고 결심한 뒤 불안정함과 변화의 두려움을 극복한 사람 중 하나다. 야콥은 대학을 졸업하고 '공격적으로 경력 사다리를 오른' 끝에 마침내 직원 수 3000명이 넘는 뉴욕의 유명 광고회사 이사로 합류한다. 당시 서른 살이었고(다른 이사진에 비해 스무 살가량 어렸다), 고액 연봉에 고급 사무실까지 다 가졌지만 너무나도 불행했다. 15년이 흐른 지금 야콥은 아내 로지와 작은 컨설팅 회사를 운영하며 한 나라에 머무는 대신 전 세계를 돌아다니며 프로젝트를 진행하고 강연을 하는 노마드의 삶을 살고 있다. 두 사람이 끊임없이 삶의 방식을 바꾸고 조정하는 이유는 뉴욕의 회사 생활에서는 얻지 못했던 육체적·정신적 건강의 적당한 균형을 찾고 싶은 욕심 때문이다.

패리스는 이 같은 변화가 적극적인 미세 조정과 같다며, 무엇이 효과가 있고 없는지 계속해서 살피고 필요하면 수시로 경로를 변경한다고 말한다. "철학자 세네카Seneca는 가장 알기 힘든 것이 본인의 진짜 욕망이라고 말했습니다. 따라서 약간의 기준점이 있으면 도움이 됩니다. 어린이책 작가 댈러스 클레이턴_{Dallas Clayton}은 이렇게 말했습니다. '자신이 사랑하는 것의 목록을 작성해 보라. 매일 하는 일의 목록을 작성해 보라. 둘을 비교한 뒤 적당히 바꿔 보라.'" 패리스와 로지의 목록은 여행, 복잡한 문제 해결, 강연, 교육이며, 두 사람은 이 목록을 중심으로 삶과 일을 꾸려간다. 패리스가 회사 생활을 그만둔 것이 계기가 되어 코로나19 기간 동안 가족과 주변 사람들을 만나지 못하거나 여행이 금지되는 등 삶이 새로운 사건을 토해내는 동안 두 사람은 계속해서 궤도를 수정했다. 패리스는 궤도를 수정하는 일이 계속해서 더 나은 무언가를 얻으려는 욕심이라기보다는 상황이 변한다는 사실을 받아들이는 일이라고 말한다. 두 사람은 현재의 운명에 만족하려고 노력하는 동시에, 상황은 변하고 결국 지금 손에 쥔 것들을 떠나보내야 할지도 모른다는 사실을 알기에 모든 것들을 '가볍게 잡으려' 애쓴다.

놓아주기와 불편함을 받아들이기가 아직 썩 와닿지 않는다면, 이 말엔 마음이 움직일지도 모른다. 더 많은 슬럼프를 경험할수록 슬럼프에 더 잘 대비할 수 있다. 슬럼프는 변화의 기폭제가 될 뿐 아니라 어쩌면 앞으로 몇 년간 웃음을 주는 경험담이 될 수 있다. 또한 또 다른 슬럼프에 대처하는 능력을 키워준다. 우리는 더 많은 불편을 경험할수록 앞으로 올 불편을 더 잘 감당할 수 있게 된다. 회복탄력성과 대처 능력은 좋은 유전자와 곱슬머리처럼 타고나는 것이 아니라 단련해서 키우는 근육이기 때문이다. 강인한 근육은 '고생해서 얻는 수밖에 없다.' 불편은 여기에 힘을 불어넣는 자극제다.

자연계에서 이러한 과정을 설명하는 유사한 예를 찾을 수 있다. 미국의 환경 연구자들이 지구 생태계와 비슷한 인공 생태계 '바이오스피어2' 프로젝트를 시작했을 때 그들은 이 생태계 돔 안에 있는 나무가 생태계 밖에 있는 나무보다 훨씬 더 빨리 자란다는 사실에 흥분했다. 하지만 나무들이 완전히 자라기 전에 성장을 멈췄을 때는 흥분이 가라앉았다. 뿌리와 껍질을 살펴보니 나무가 튼튼하게 자라는 데 필수 요소인 바람이 부족해 '이상재 stress wood(비나 바람에 의해 나무가 한쪽으로 치우쳐 자라며 만들어지는 목부-옮긴이)'가 생기지 않았음이 밝혀졌다.

바람이라는 요소가 없으면 나무는 결국 혼자서 자라지 못한다. 나무는 어느 정도의 압력이 있어야 살아갈 수 있었다. 나무처럼 인간 역시 안전지대에 영원히 머물면 안전지대 밖으로 나갔을 때 살아가는 법을 알 수 없게 된다. 우리는 각자의 도구들로 감정적 고비나 스트레스 상황에 대처한다. 하지만 스트레스가 없는 따뜻한 목욕물 안에만 영원히 머물면 그 도구들은 녹슬어버린다. 더 자주 힘든 상황을 겪고 도전 지대에 들어가고 심지어 공포 지대까지 갈수록 자신감과 지혜가 쌓여서 같은 상황에 더 능숙하게 대처할 수 있게 된다. 경미한 불안증이 있는 사람들에게 심리 치료사들은 종종 조금씩 도전 지대로 들어가서 약간의 불안감을 주는 활동을 시도해 보라고 권한다. 감당할 수 있는 일에 대한 자신감을 조금씩 쌓아가기 위해서다.

반대로 솜뭉치에 꽁꽁 둘러싸여 있으면 점점 더 많은 솜뭉치가 필요하게 되고, 용기는 점점 줄어들고 도전이나 변화의 불편함은 점차 낯설어진다. 자기 관리가 중요한 자질이 된 요즘의 세계관과는 충돌하는 것 같지만, 사실 좋아하지 않는 일도 약간 해 보는 것이 도움이 될 수 있다.

도구

흔히 듣던 '좋은 일, 더 좋은 일, 최고의 일good, better, best' 대신 이 도구는 '나쁜 일, 더 좋은 일, 최고의 일bad, better, best'을 알아본다. 어떤 상황을 부정적인 슬럼프라고 보는 우리의 생각을 바꾸고 어떤 좋은 일이 생길 수 있을지 살펴보기 위해서다. 맹목적 낙관주의도, 실패를 부정하는 것도 아니다. 어떤 일이 좋은 동시에 나쁠 수 있는 가능성을 알아보려는 것이다.

변화는 가능성을 만들어 주기 때문에 이 도구는 당시에는 전혀 그렇게 느껴지지 않는 상황에서 어떤 좋은 일이 생길 수 있는지 곰곰이 생각해 보게 한다. 과거의 몇 가지 일을 떠올리며 의욕을 깨워보라. 과거에 일어난 몇 가지 사건의 '나쁜 일, 더 좋은 일, 최고의 일'을 찬찬히 생각해 보고 끔찍한 사건에서 어떤 좋은 일이 생겼는지 기억을 더듬어 보라. 아래 표는 이 방법이 어떻게 효과가 있는지 보여주는 몇 가지 예로 채워져 있다.

과거의 일

나쁜 일 과거 경험했던 슬럼프	더 좋은 일 거기서 생긴 한 가지 좋은 일	최고의 일 거기서 생긴 한 가지 멋진 일
원하는 대학에 들어가지 못했다.	결국 입학한 다른 대학교에서 멋진 친구들을 만났다.	그 친구들 중 하나는 평생 친하게 지내며 내 결혼식 들러리가 되어줬다.
코로나19 기간 동안 회사를 다니면서 집에서 아이들 공부까지 가르쳐야 해서 엄청난 스트레스를 받았다.	아이들은 그 기간에 자기들끼리, 그리고 엄마 아빠와 많은 시간을 보낼 수 있어서 좋아했다.	아이들이 태어난 후 함께 보낸 시간을 합친 것보다 그해 아이들과 보낸 시간이 더 많았다.

표 1-1 과거의 결과를 살펴보기 위한 나쁜 일, 더 좋은 일, 최고의 일

현재의 일

이제 지금 마주하고 있는 완벽하게 부정적으로 보이는 몇 가지 상황으로 넘어가 보자. 일어날 수 있는 몇 가지 좋은 결과를 상상해 보라. 이 시나리오가 실제로 일어나지 않는다고 해도, 이 일이 바로잡을 수 없는 재앙처럼 보이는 걱정은 덜어줄 테니까!

나쁜 일 현재 진행 중인 슬럼프	더 좋은 일 거기서 생길 수 있는 한 가지 좋은 일	최고의 일 거기서 생길 수 있는 한 가지 멋진 일
전에는 직속 관리자들과 잘 지냈는데, 새로 온 상사와는 어떻게 지내야 할지 잘 모르겠다.	나와 태생적으로 맞지 않은 사람과 일하면서 사람을 다루는 고급 기술을 배우게 될지도 모른다.	회사를 그만두고 지금보다 나에게 더 잘 맞는 다른 회사를 찾을 수 있다.
아무리 달래고 다그쳐도 아들이 시험 공부를 하지 않는다.	부모지만 이 나이대 아이의 인생을 좌지우지할 수 없다는 사실을 배우게 될 것이다.	시험을 망치면 아이는 본인에게 필요한 혹독한 삶의 교훈을 얻게 될지도 모른다.

표 1-2 가능한 결과를 살펴보기 위한 나쁜 일, 더 좋은 일, 최고의 일

(영감의 주인공)

크리스 할렌가, 코파필! 설립자

크리스 할렌가Kris Hallenga는 30대 중반의 나이에 엄청난 성공을 거뒀다. 〈선데이 타임스〉10대 베스트셀러에 꼽힌 책을 쓰고, 다큐멘터리에 출연하고, 유방암 인식 자선 단체 코파필!CoppaFeel!을 설립했다. 무엇보다 한 세대의 젊은 남녀를 설득해 유방암 검사를 하게 만든 여성이다. 그녀는 시종일관 따뜻하고 재미있고 똑똑하고 솔직한 사람이었다. 여기까지는 정말 완벽하다. 그렇다면

크리스의 비밀은 무엇일까? 어떤 행운이 찾아왔길래 이토록 충만한 삶을 살게 됐을까?

크리스의 비밀은 많은 사람이 악몽처럼 생각하는 일이다. 크리스는 한동안 가슴에 통증을 느끼고 의사들에게 계속 별일 아니라는 말을 듣고 집으로 돌아갔다가 스물셋의 나이에 치료 불가능한 유방암 4기 진단을 받았다. 하룻밤 사이 그녀의 세계는 완전히 뒤집혔다. "갑자기 일에 대한 생각이 사라졌어요. 정말 중요한 삶의 결정들에 대한 생각도요. 그저 병원에서 치료를 받고 엄마 집에서 회복하는 데 많은 시간을 쏟았어요."

크리스의 책은 『악취 나는 쓰레기를 반짝이게 하는 법Glittering a Turd』이라는 제목으로 출간됐는데, 10년 넘는 치료와 고통, 불확실한 시간을 겪으면서 암은 그녀가 한 번도 생각해 본 적 없는 삶을 살게 했다. 런던의 관청가인 다우닝가를 방문한 일부터 코파필!을 통해 수백만 명의 젊은 목숨을 살린 일까지. 암은 여전히 크리스에게 '골칫덩이'지만 그녀는 삶의 최악의 순간들조차 엄청난 광채를 드러낼 가능성이 있음을 여지없이 보여준다.

크리스는 암 진단을 받기 전의 자신은 많은 이들의 관심을 끄는 열성적인 운동가가 될 만한 사람이 아니었다고 말한다. 절대. 틀어진 관계 하나를 막 끝내고 중국에서 여행하며 종종 사람들은 가르치는 일을 하고 있었지만, 다음에 뭘 할지 뚜렷한 계획이 없었다.

그전에는 약간 떠돌았던 것 같아요. 근면하고 성실하다는 등 학교 생활기록부에 흔히 적혀 있는 그런 성격이었어요. 마음먹은 일은 정말 열심히 했지만, 암 진단을 받을 때까지는 이 정도로 큰 애정과 열정, 투지를 불태우게 만든 일을 만난 적은 없었어요. 운동가는 절대 아니었죠. 지금의 저는 해결사라기보다는 행동파예요. 예전에는 기꺼이 다른 사람들이 주도하도록 내버려두고 많은 일들 앞에서 구경꾼 역할을 자처했어요. 맞아요, 그래서 암은 여러모로 제 삶의 많은 면을 바꿔놨어요.

암 진단을 받은 이후 그녀의 삶은 완전히 뒤바뀌었다. 유방암은 여러 길을 막았지만 다른 여러 길을 열어줬다. 그 일이 가져온 불씨는 그녀의 열정과 불의를 바로잡고자 하는 의식에 너무나도 큰불을 일으켜 도저히 외면할 수가 없었다.

삶의 목적을 찾고 있을 때 그 일이 일어났어요. 저는 삶의 방향을 잡아줄 일을 찾고 있었죠. 그래서 그 두 가지가 충돌했어요. 코파필!은 젊은이들을 교육해야 하는 절실한 필요에서 탄생했어요. 누구도 그 일을 하고 있지 않았으니까요. 사람들은 시간이 많으면 자기가 처한 문제를 생각하기 시작하듯, 저 역시 어쩔 수 없이 정말 오랫동안 제 문제를 생각했어요. 자가 검사를 해야 한다는 걸 몰랐고 정말 오랫동안 증상을 무시했어요. 제 친구들 전부에게 얘기했는데 친구들도 유방암에 대해 저만큼이나 모르고 있었어요. 이런 생각이 들었죠. '우리 같은 사람들을 돕는 무언가가 필요해. 매년 정말 많은 사람에게 영향을 미치는 문제를 제대로 경계하고, 스스로 대처하고, 교육할 수 있는 무언가.'

크리스는 첫 항암 치료를 마치기도 전에 몇몇 친구들과 대략적인 계획을 세우고 젊은 세대가 지나치기 쉬운 유방암의 위험을 이야기하는 페스티벌을 열었고, 그렇게 코파필!이 탄생했다. "저한테는 거의 타협 불가능한 일이었어요. 무언가를 해야 했어요. 적당한 때가 오기를 기다려야 한다는 생각은 한 적이 없어요. 더 적당한 때를 떠올릴 수 없었거든요. 치료를 받지 않는 시간을 떠올릴 수 없었어요. 저는 분명 암이 진행 중이라는 진단을 받았으니까요. 이제 제 삶은 치료뿐이었고 끝은 알 수 없었죠. 그래서 당시에는 정말 더 나은 시간이라는 게 떠오르지 않았어요. 아무것도 모르는 일에 무작정 뛰어든 이 어리고 순진한 여자애를 보면 약간 웃음이 나요. 하지만 대견해요. 어쨌든 해냈잖아요. 엄청난 용기가 필요했을 텐데, 이제야 그걸 알겠어요."

암 진단은 크리스의 삶을 더 나쁜 방향으로, 또 더 나은 방향으로 바꿔놓은 엄청난 변화였을 뿐 아니라 그녀에게 더 도움이 되는 쪽으로 일상생활의 균형을 새롭게 맞춰주기도 했다.

암 진단은 제가 무엇을 원하는지 정확하게 찾아줬어요. 그걸 찾는 확실한 내비게이션이 되어줘요. '이 일이 날 행복하게 해줄까? 아닌가? 그럼 더 이상 안 할 거야. 내가 원하는 즐거움을 주지 않을 걸 아는데도 이 일이 하고 싶을까? 아니야, 안 할 거야.' 이런 식으로 명확히 도움이 돼요. 그래서 어떤 일에 좋고 싫다는 의사를 훨씬 더 잘 밝히게 된 것 같아요. 제가 뭘 필요로 하는지 그건 타협 불가한 부분임을 알게 됐죠. 다른 사람의 욕구에 맞추지 않아요. 제 욕구에 집중해요.

유방암 진단은 크리스에게 많은 것을 앗아간 만큼 그녀의 삶에 다른 좋은 것들을 많이 가져다줬다. 그녀의 이야기는 아무리 거대한 쓰레기도 반짝이는 부분이 있다는 사실을 증명한다. 긍정적인 불편과 변화의 좋은 점을 깨닫는 데 크리스만큼 큰 시련이 필요할까? 그녀는 그렇게 생각하지 않는다. "꼭 암 진단일 필요는 없어요. 그냥 평범한 삶에서도 깨달을 수 있어요."

결론

우리는 대개 모든 문제를 좋은 것 또는 나쁜 것 둘 중 하나라고 생각하는 경향이 있지만, 사실 삶의 많은 일은 좋은 동시에 나쁠 수 있다. 슬럼프는 우리의 균형 상태를 깨뜨리고 불편을 일으키지만, 때로는 긍정적인 변화가 일어나기 위해 꼭 필요한 존재다.

2장

지금 이 순간이
중요하다

"오늘 며칠이죠?"

_많은 사람들이 하는 질문이다.
또한 이 질문은 누군가의 정신력이
온전한지 알아보기 위해 던지는 질문이기도 하다.

현재에 집중하기. 지금의 상황에 숨겨진 힘이 있을지도 모르지만, 우리는 과거나 미래에서 모든 답을 찾고 싶어 한다. 이번 장에서는 현재에 집중하는 일이 어떤 힘을 발휘하는지 알아본다.

> **오해** 앞으로 다가올 일에 집중하거나 과거에 일어난 일을 분석해야 한다.
> **진실** 지금 자신이 서 있는 이 순간과 상황을 받아들여라.

1부 슬럼프 재정의하기

현재를 산다는 것은 어려운 일이다. 우리는 늘 미래를 고민하라는 이야기를 듣거나 과거를 곱씹도록 길들여져 있기 때문이다. 광고, 독촉장, 메시지, 알림 모두 현재가 아닌 시간에 맞춰진 경우가 너무 많다. 휴대폰에서 띵 하고 알림 소리가 나면 꼬리에 꼬리를 물던 생각은 툭 끊어져 버린다. 한 번에 네 가지 일을 하고 있지 않으면 그토록 힘들게 터득한 멀티 태스킹 능력을 방치하는 죄악시된 행동처럼 보이며, 누군가와 대화를 나누거나 잠시 쉬고 있으면 대개 게으르고 비능률적인 사람 취급을 받는다. 그러니까 이번 장은 소위 규범에 맞서는 이야기이며, 현재에 더 힘을 쏟고 과거와 미래에 덜 매달릴 때 어떻게 우리가 더 행복해지고 삶의 진정한 주인이 되어 생산적인 결과를 얻는지 알려준다.

오해

우리는 어떻게든 시간을 통제할 수 있다고 생각하며 자란다. 과거를 집요하게 분석해 현재를 바꾸거나 드높은 하늘 위로 텔레파시를 보내 미래를 바꿀 수 있다고 생각한다. 하지만 우리 대부분은 과거 여행을 통해 현재와 미래를 바꾸는 영화 〈엑설런트 어드벤쳐 Bill & Ted's Excellent Adventure〉 속 주인공이 아니다. 어느 정도의 회상과 경계는 우리의 행동을 결정하는 데 분명 도움이 되겠지만, 이런 희망 또는 두려움에 너무 사로잡혀 지금 눈앞에 있는 것들을 못 보고 지나칠 위험이 있다. 『해리 포터』시리즈 속 등장인물인 알버스 덤블도어가 한 말을 떠올려보자. "꿈에 사로잡혀 살다가 진짜 삶을 놓쳐선 안 돼."

하버드 대학교에서 실시한 한 연구에 따르면 사람들은 깨어 있는 시간의 47퍼센트를 지금 하고 있는 일 외에 다른 일을 생각하는 데 쓴다. 즉 일생의 절반을 현재 일어나는 일에 집중하지 않고 산다는 말이다. 이처럼 주변의 세계에 집중하지 못할 때 우리는 불행해진다. 이 연구의 공저자인 매튜 킬링워스_{Matthew Killingsworth}와 대니얼 길버트_{Daniel Gilbert}는 이렇게 말한다. "지금 일어나고 있지 않은 일을 생각하는 능력은 감정을 희생하고 얻는 인지적 성취다." 다른 동물들과 달리 인간은 지금 일어나고 있지 않은 일을 생각하느라 많은 시간을 보낸다. 즉 과거에 일어난 일, 미래에 일어날지도 모르는 일, 또는 결코 일어나지도 않을 일을 생각한다. 이처럼 딴생각은 인간 뇌의 기본 작동 모드처럼 보인다. "나는 많은 근심 걱정 속에 세월을 보냈다. 그중 대부분은 전혀 일어나지 않은 일들이었다." 마크 트웨인이 자주 했다고 전해지는 말이지만, 모두 공감할 만한 말이기도 하다.

이 같은 불행을 겪는 이유는 걱정의 원인이 보통 미래의 불확실성 때문이며, 슬픔은 과거에 일어난 일에서 비롯되기 때문이다. 임상 심리학자 아멜리아 알다오_{Amelia Aldao}는 이렇게 말했다. "지금 이 순간에 뿌리를 내림으로써 이러한 감정이 우리에게 미치는 영향을 줄일 수 있다."

이 책에서 소개하겠지만, 우리가 만난 리빌더들에게는 특히 현재와 관계를 맺고 이해하는 방식, 이를 통해 과거와 미래가 그들의 일상에 미친 역할이 공통적으로 발견됐다. 흔한 믿음과는 달리 직업이나 삶의 슬럼프에서 무사히 회복할 확률은 슬럼프의 심각성에 따라 미리 정해지지 않는다. 정말 힘든 일을 경험한 사람들이 약간 불편한 경험을 한 사람들보다 회복할 가능성이 낮은 것은 아니다. 실제로 정말 힘든 일을 겪은 사람들이 가장 긍정적인 방향으로 회복하는 경우도 볼 수 있었다. 아마도 그들에겐 다른 선택권이 없었을 것이다. 반대되는 기회를 찾는 성향이 있거나 운 좋게 해결을 도와줄 누군가가 있었기 때문일 수도 있다. 마찬가지로 작은 시련을 겪은 뒤 슬럼프에서 헤어 나오지 못하고 그 경험을 귀가 따갑도록 이야기하는 사람도 만나본 적이 있을 것이다. 슬럼프에서 벗어나느냐 아니냐는 지금 이 순간에 얼마나 집중하고, 또 다음에 오는 시간에 얼마나 몰두하느냐에 따라 결정된다.

우리가 만난 리빌더들의 또 다른 공통점은 후회하지 않는다는 점이었다. 리빌더들은 뒤를 돌아보고 지나간 일을 되새김질하는 법이 없다. 자신들이 겪은 각각의 경험에서 가치를 찾고, 집중력을 저해하는 과거와 미래의 일은 접어둔다. "지금 내가 뭘 할 수 있을까?"가 스트레스 상황에 대처하는 그들의 반응이다. 그리고 무엇보다 "지금 뭘 그만해야 하지?"라는 질문은 현재를 더 행복하고 만족스럽고 성공적인 시간으로 만든다.

진실

과거와 미래에 마음을 빼앗기지 않고 현재에 집중하라는 말은 정말 쉽고 단순하게 들린다. 하지만 모든 단순한 일이 그렇듯 일단 연습을 통해 터득해야 한다. 그렇다면 지금 이 순간에 발을 디디고 가치를 발견하는 제일 좋은 방법은 뭘까?

몰입해 보자. 몰입flow 은 긍정 심리학에서 나온 용어로, 운동선수부터 래퍼까지, 집중하고 있는 모든 사람을 가리키는 표현으로 널리 쓰이고 있다. 몰입은 어떤 활동을 하는 사람이 에너지를 집중해 그 활동에 완전히 빠져들고 몰두하며 즐기는 정신 상태를 말한다. 이 같은 즐겁고 생산적인 상태가 되려면 잡생각을 하지 않고, 목표를 명확히 하고, 본인의 능력으로 해결할 수 있는 올바른 과제를 선택해야 한다. 이번 장 도입부에서 언급한 하버드 대학교 연구에 따르면 사람들은 사랑에 빠지거나 운동을 하거나 대화를 나눌 때 가장 행복감을 많이 느끼고(그리고 가장 집중력이 높으며), 쉬거나 일하거나 집 컴퓨터를 사용할 때 가장 행복감을 적게(그리고 가장 집중력이 낮다고) 느낀다. 이때 대단히 중요한 지점은 지금 하는 일에 쏟는 집중력이다. 특히 (우리 모두 가끔은 그렇듯이) 덜 좋아하는 일을 할 때 더욱 중요하다. 온전히 집중할 때 그 일을 더 빨리 더 잘 해낼 수 있고, 운이 좋으면 그 일을 약간은 덜 싫어하게 될 수도 있다!

1960년대에 '몰입'이라는 용어를 만들어낸 미하이 칙센트미

하이_{Mihaly Csikszentmihalyi} 박사는 이렇게 말했다.

(몰입을 활용하는) 목표는 새로운 언어를 배우거나 일을 잘 해내거나 운동을 하거나 악기를 연주하는 등 무엇이든 될 수 있다. 심지어 설거지를 하면서도 몰입할 수 있다. 이때 중요한 사실은 그 목표가 온전한 집중을 필요로 하며 성장을 평가할 분명한 단서를 제공한다는 것뿐이다. 몰입은 두 가지 이유로 중요하다. 몰입은 현재를 더 즐겁게 만들며, 자신감을 쌓아 능력을 키우면서 스스로를 인류에 중요한 기여를 할 수 있는 존재로 만든다.

몰입이 본인에게 적합한 방식 같지 않다면 지난 10년간 엄청난 추종자를 만들어낸 이 새로운 방법을 고려해 보라. 바로 마음챙김_{mindfulness}이다. 한때 쓸데없이 향을 피우는 취미 정도로 취급받던 마음챙김 명상은 그 이후 미 육군, 구글, 학교, 여러 대기업의 선택을 받으며 성과를 내는 도구가 되었다. 그만큼 커진 마음챙김 명상 산업의 규모는 20억 8000달러에 이를 것으로 전망됐다.

그렇다면 대체 마음챙김의 어떤 부분이 균형감을 기르는 데 그토록 큰 도움을 줄까?

마음챙김은 평가하거나 판단하지 않고 현재의 순간에 의식적으로 주의를 집중해 우리를 현재의 순간에서 멀어지게 하는 모든 잡생각과 사고방식에서 벗어날 수 있도록 도와준다. 마음챙김은 모든 인간이 이미 가지고 태어난 숨은 능력이며, 배움을 통해 그 상태에 도달할 수 있다. 다음의 일곱 가지 핵심적인 태도가 마음챙김 상태에 이를 수 있도록 도와준다.

1. 판단하지 않을 것. 목표는 자신과 다른 사람을 끝없이 판단하는 습관을 의식함으로써 모든 경험 앞에서 '편견 없는 목격자'가 되는 것이다.

2. 인내. 모든 일이 일어나야 할 때에 일어나리라는 사실을 이해하는 행동이다. 좀 더 기다려야 결과를 얻을 수 있다 할지라도. 스스로에게 마음챙김 연습을 할 시간과 공간을 허락하고, 어떤 특정한 결과에 집착해서는 안 된다. 그저 어떤 일이 벌어지는지 가만히 지켜보라!

3. 초심. 우리의 신념과 우리가 안다고 생각하는 것이 세상을 있는 그대로 보지 못하게 가로막는다. 마음챙김 연습은 '초심'을 키우고자 한다. 즉 모든 것을 마치 처음인 듯 보려고 애쓴다. 이때 이전에 품고 있던 기대는 버려야 한다.

4. 신뢰. 우리는 각자의 내면에 지혜가 숨어 있다는 사실을 믿어야 한다. 마음챙김은 이러한 근본적 지혜를 신뢰하는 법을 배우는 일이다. 본인의 감정과 직관에 주의를 기울이기 시작하고, 누군가 그렇게 하라고 말했다는 이유로 자신의 감정과 직관을 무시하지 마라.

5. 지나치게 애쓰지 않기. 마음챙김 명상을 하려면 어느 정도의

노력과 에너지가 필요한데, 이것을 하지 않음non-doing 또는 무위無爲라고 생각해 보라. 그렇다고 전혀 애쓰지 않는다는 의미는 아니다. 의도적으로 현재에 집중하고 결과는 잊어버리는 것이다. 지나치게 애쓰지 않기는 가장 받아들이기 힘든 마음챙김의 태도인데, 우리는 거의 모든 일을 할 때 목적이나 목표를 정해놓기 때문이다. 나의 경우 마음챙김 명상을 할 때 너무 애쓰지 않고 의식적으로 모든 것을 있는 그대로 보고 받아들이는 데 집중할 때 목적을 더 쉽게 달성했다. 따라서 받아들이는 태도는 성장의 발판이 된다.

6. 받아들이기. 받아들이기는 모든 것을 지금 바로 이 순간 있는 그대로 바라본다는 의미다. 이때 모든 것을 좋아해야 한다거나 수동적인 태도를 취하면서 자신의 원칙을 버려야 한다는 말이 아니다. 마음을 열고 모든 일을 있는 그대로 바라보면 된다.

7. 놓아주기. 우리 마음은 좋은 경험을 계속 붙잡고 있고, 그다지 좋지 않은 경험은 밀어내는 경향이 있다. 명상 수련은 우리로 하여금 좋은 경험은 곱씹고 나쁜 경험은 잊어버리는 행동을 멈추고, 대신 그러려는 마음의 충동을 알아차리고 인정하면서 더 이상 그렇게 하지 않기로 마음먹게 한다. 우리는 그저 바라보고 놓아버리고 알아차리고 그냥 내버려둬야 한다.

마음챙김의 효과를 증명하는 건 그저 일화뿐만이 아니다. 마음챙김이 뇌 건강과 면역 건강, 정신 건강을 증진시켜 만성 통증을 다스리고 무엇보다 수면 습관을 개선한다는 과학적 증거도 있다.

몰입과 마음챙김을 통해 다스릴 수 있는 부분은 우리가 과거와 미래와 맺는 집착적이며 약간은 폭력적인 관계, 그리고 여기서 생기는 산만한 생각들이다. 과거와 미래의 일, 그리고 어떤 일이 일어날 가능성을 마음속에서 접어두면 지금 이 순간에 최선을 다하고, 통제할 수 있는 일에 집중하고, 새롭고 중립적인 시선으로 주변 사람들과 상황을 볼 수 있게 된다. 현재에서 만족을 얻고 기회를 찾을 수 있는 도구를 갖추면 통제할 수 없는 일을 장악하려 들고 해결할 수 없는 일을 바꾸려고 애쓰면서 생기는 걱정과 스트레스를 없앨 수 있다.

몰입과 마음챙김 과정을 실험적으로 실천한 대표적인 인물이 타이거 우즈다. 우즈는 최근 인터뷰에서 2021년 교통사고에서 오른쪽 발을 심하게 다친 뒤 재활 훈련을 받은 이야기를 했다. 그는 슬럼프와 재기를 숱하게 겪은 사람이다. 지난 10여 년간 선수로서의 스캔들과 사생활 스캔들, 패배를 경험했다. 불륜, 세상을 떠들썩하게 한 이혼, 무릎과 허리 부상, 화려한 복귀, 2019년 마스터스 대회 우승, 2021년 자동차 사고를 겪으면서 우즈는 성장과 회복에 대한 낙관적이면서도 현실적인 생각을 갖게 되었고, 눈앞의 목표에 집중하고 바꿀 수 없는 것을 받아들이는 법을 배웠다. 우즈는 〈골프 다이제스트〉 독점 인터뷰에서 이렇게 말했다. "멋진 삶을 살기 위해 반드시 세계 최고의 선수들과 경쟁하고 경기를 치를 필요는 없습니다. 저는 여전히 여러 토너먼트에 참여할 수 있어요. 하지만 다시 에베레스트산에 올라 정상에 도달하는 건 현실적으로 힘들 것 같습니다."

우즈는 다섯 번의 허리 수술 이후 겪은 재활 과정을 에베레스트산에 오르는 과정에 빗대어 이야기한다. 슬럼프와 수많은 시련이 계속되던 힘든 여정이었고, 작은 승리와 매일이 주는 새로운 감사에 집중하는 데는 적지 않은 긍정적 마음가짐이 필요했다.

"지금은 그저 밖에 나가서 아들 찰리가 노는 모습을 지켜보거나 뒷마당에 가서 음악도 대화도 없이 새가 지저귀는 소리를 들으며 혼자 한두 시간 앉아 있을 수 있다는 것만으로도 좋아요. 이런 생활이 너무 그리웠습니다."

도구

소어SOAR는 생각과 행동을 지금 눈앞에 일어나는 일에 집중할 수 있게 해주는 간단한 방법이다. 그렇다고 과거나 미래를 절대 생각하지 말아야 한다는 의미가 아니다. 필요한 순간에는 과거와 미래에 대한 생각이 분명 중요한 역할을 한다. 다만 힘든 상황에 처했을 때 우리는 불안감을 느끼고 통제력을 상실하기 때문에 이러한 생각을 초기화하고 다음 단계를 시작하는 데 분명 도움이 되는 방법이다.

단기 목표Short-term goal 설정. 즉시 시작할 수 있는 목표와 과제를 정하라. 가령, 내일 유용한 미팅을 준비한다거나 저녁으로 뭘 만들지, 일주일 중 어떤 날 운동을 할지 결정하라. 단기간에 결과를 얻을 수 있는 목표를 정하면 삶을 통제하면서 성장하고 있다는 감각을 되찾을 수 있다.

한 번에 하나의 일One task at a time 수행하기. 한 번에 여러 가지 일을 하려고 자신을 몰아세우지 마라. 너무 많은 일에 주의를 분산하면 집중력이 흩어지기 시작하고 지금 하고 있는 일에서 느끼는 만족감이 줄어들 것이다. 일의 양을 줄이라는 이야기가 아니다. 일의 순서를 정해서 각각의 일에 온전히 주의를 집중하면 최선의 결과를 얻을 수 있다는 말이다.

받아들이기Accept. 본인이 듣고 보고 느끼고 이해하는 것을 그 일이 일어나는 상황 안에서 받아들여라. 우리는 지나간 결정을 후회하는 데 너무 많은 시간을 쓴다. 오늘은 또 다른 결정을 내려야 하는데 말이다. 그때는 그랬고 또 지금은 이렇다는 사실을 받아들임으로써 지나가버린 일을 고치거나 바꾸는 데 에너지를 낭비하는 대신 앞으로 나아갈 수 있게 된다.

의식적으로 반응하기Respond. 무의식적으로 반응하지 마라. 일어난 모든 일에 즉각적으로 반응하지 말고 잠시 시간

을 가지면 다음 단계를 고민할 여유가 생기고 원하는 결과
를 얻을 수 있다. 자신과 다른 사람들을 위해 더 신중하고
만족스러운 행동을 취하라.

영감의 주인공

하워드 내퍼,
웰빙 전도사, 스트레스 전문가, 명상 지도자

하워드 내퍼Howard Napper는 오로지 지금의 순간에만 집중하는
삶을 살면서 '현재를 중시하는 삶living in the now'의 전도사가 되었다.
그는 1960년대에 런던 킹스로드에서 자랐고 학교를 졸업하자마
자 유명한 패션 디자이너의 견습생으로 일하기 시작했다. 꿈꾸던
직업을 얻은 뒤 하워드는 패션계에서 일하는 젊은 견습생의 삶,
즉 패션쇼, 파티, 마약, 술에 깊이 빠져들었다. 잠시간은 재미있었
다. 자극제들은 처음에는 즐거웠지만 그걸 계기로 심한 암흑기가
찾아왔다. 10여 년이 지나고 딸이 태어났을 때 하워드는 그 생활
을 그만두기로 했다. 파괴적인 습관을 멈춰야 했다. 처음에는 주
저하며 친구와 요가반에 등록했다. 하워드는 당시 요가가 대단히

보기 드문 취미였고, 노래하고 주문을 외는 하레 크리슈나 교단에서 주로 전파되었다고 이야기한다.

그럼에도 하워드는 친구와 함께 요가를 시작했고 변화를 경험했다. 그 변화는 요가 동작이나 움직임 같은 신체적인 부분보다는 명상 덕분이었다. 기도문을 외고, 반복하고, 호흡하고… 하워드는 이 과정을 자신을 변화시키고 그 이후 영원히 자기 안에 남은 심오한 경험이라고 이야기했다. "요가는 제 삶을 변화시켰죠. 실제로 여러모로 제 삶을 구원했습니다. 요가는 몸을 통해 우리가 생각과 맺는 관계를 바꿔놓습니다. 단지 몸을 유연하게 만드는 데 그치지 않는 대단한 운동입니다." 우리의 마음과 사고 과정을 바꾸는 것이 머리가 아닌 몸에서 시작된다는 생각은 많은 사람들에게는 납득하기 힘든 말이다. 하지만 거기에는 이 같은 연습의 힘이 숨어 있다.

하워드는 이제 행복 수련의 열정적인 홍보대사이자 지도자가 되어 모든 사람이 몸과 마음의 건강을 지킬 수 있도록 돕고 있다. 그는 호흡, 명상, 요가, 다른 여러 마음챙김 수련법을 통해 스트레스를 관리하는 자칭 '몸 중심 마음챙김' 수련을 하고 있다. 하워드는 런던에서 따로 예약이 필요 없는 스트레스 수업을 개설해 수업 참가자들이 몸 중심 마음챙김의 세 가지 주된 요소에 집중하도록 돕는다. 바로 호흡(호흡법을 이용해 중추신경계를 조절한다), 몸(몸을 이용해 생각을 바로잡는다), 시간(시간은 우리 스스로에게 줄 수 있는 가장 귀한 선물이다)이다.

우리가 시간과 맺는 관계, 그리고 스스로에게 시간을 주는 일은 정말 중요합니다. 스트레스를 받을 때 우리의 뇌는 비상 경계 태세에 들어가기 때문에 두려운 상태에서 많은 결정을 내립니다. 생존 모드로 전환하는 것이죠. 그럴 때는 매번 최고의 결정을 내리기는 어렵습니다. 스트레스를 받을 때 우리는 마치 멜로드라마 같은 상황극에 사로잡혀 스스로에게 현실을 왜곡해 이야기하게 됩니다. 하지만 그 모든 행동을 멈추면 대단히 다른 결과가 찾아오죠. 바로 고요함과 평온함입니다. 외부적으로 어떤 일이 일어나는지는 중요하지 않습니다. 이런 경험을 통해 그 사건의 본질이 무엇인지 이해할 수 있게 됩니다.

하워드는 어떤 문제를 해결하거나 슬럼프를 극복하려 할 때 한발 물러서라고 주장한다. "생각만으로는 문제에서 벗어날 수 없습니다. 끝없는 회의와 브레인스토밍으로도 해결할 수 없습니다." 스트레스를 받으며 공포에 질린 채 회의실에 앉아 해결책을 고민하는 사람은 균형감 있고 이성적이며 여유롭고 자신감 넘치는 사람들과 같은 답을 얻을 수 없다. 그렇다면 뭘 어떻게 해야 할까?

"잠은 몸이 스트레스를 해소하는 최선의 방법 중 하나입니다. 다른 방법으로는 호흡 연습, 취미 활동하기, 자연 산책하기 등이 있습니다." 하워드가 말한다. 그저 문제를 어떻게 해결할까 고민하는 방법과는 거리가 멀다. 곧 그는 현대 재봉틀의 박음질 장치를 발명한 일라이어스 하우Elias Howe의 이야기를 들려줬다. 일라이어스는 실을 꿰는 구멍이 나 있는 바늘을 이용해 바늘이 천을 관통하면서 실을 천에 박아넣는 방법을 고민하고 있었다. 펜과 종이, 모형과 스케치를 들고 밤늦게까지 방법을 고민해 봐도 아무런 생각이 떠오르지 않았다. 전해지는 이야기에 따르면 그 이후에 이런 일이 벌어졌다고 한다.

하우는 낯선 나라의 원주민 부족 왕에게 바칠 재봉틀을 만드는 꿈을 꿨다. 하우는 현실에서 그랬던 것처럼 바늘귀를 어디에 내야 할지 몰라 쩔쩔맸다. 왕은 24시간 안에 어떻게든 제대로 된 재봉틀을 만들어 바치라고 명령했다. 그 시간 안에 끝내지 못하면 죽은 목숨이었다. 하우는 일하고 또 일하고 고민에 빠졌다가 끝내는 포기했다. 이제 자신은 끌려가 처형을 당할 것이라고 생각했다. 그때 하우는 병사들이 들고 있는 창의 끝에 구멍이 난 걸 발견했다. 하우는 즉시 해결책을 찾았고, 시간을 좀 더 달라고 비는 동안 꿈에서 깼다. 새벽 4시였다. 하우는 침대에서 뛰어 내려가 작업실로 달려갔다. 아침 9시경 끝에 바늘귀가 달린 바늘이 대충 만들어졌다. 이후는 쉬웠다. 이 일은 재봉틀 발명 과정에서 실제로 일어난 중요한 사건이다.

이 이야기가 실화인지 아닌지 누가 알겠는가. 하지만 이 이야기는 정말 중요한 점을 알려준다. 많은 일은 약간의 거리를 둠으로써 해결될 수 있다. 한발 물러서라. 산책을 하라. 아니면 하룻밤 자고 나서 생각해 보라. 하워드에 따르면 이러한 집중력으로 모든 잡념을 몰아내는 방법은 압박감을 느끼는 운동선수들이 우리가 이번 장 초반에서 이야기한 소위 '몰입'에 이르는 과정에서도 찾을 수 있다.

저는 테니스를 좋아합니다. 테니스는 정말 전략적인 스포츠죠. 그리고 엄청난 집중력이 필요합니다. 공을 놓치면 바로 잊어버려야 해요. 어떤 선수들은 두 게임 전에 놓친 포인트를 계속 생각하죠. 진심으로 당황하는 겁니다. 선수들은 그때로 돌아갈 수 없습니다. 하지만 그 사실을 받아들이기가 힘들죠. 경기 과정에 집중해야 합니다. 많은 선수가 집중에 이르는 루틴을 가지고 있습니다. 일종의 방아쇠를 갖는 겁니다. 축구 선수들은 경기가 시작되기 전에 경기장의 잔디를 손으로 만지고 그 위를 밟고 지나가거나 행운의 메달에 키스를 할지도 모릅니다. 테니스 선수들은 물병과 타월로 온갖 행동을 할 테고요. 모두 일종의 의식 같은 겁니다. 그 순간에 집중하기 위해서죠. 토너먼트를 준비할 때 선수들은 경기에서 이기는 것을 생각하지 않습니다. 그저 그 과정을 직접 몸으로 겪습니다. 한 번에 공 하나씩.

우리가 슬럼프라는 경험에서 회복하는 과정의 본질에 집중하고, 삶을 즐겁지 않게 만드는 쓸모없고 대개는 부정적인 모든 소음을 차단하려고 애쓸 때 이를 수 있는 지점이다.

결론

누군가는 이미 마음챙김을 실천하고 있거나 몰입에 이르는 자기만의 의식을 행하고 있을 수도 있고, 아니면 둘 중 어느 쪽도 모르고 있을 수도 있다. 이번 장에서 하나를 얻어간다면 이것으로 하자. 현재를 살고, 알아차리고, 즐기는 건 전혀 문제가 되지 않는다는 사실. 한 번에 여러 가지 일을 하지 말고, 미리 계획하지 말고, '그 회의를 더 잘할 수 있었을 텐데' 하고 곱씹지 마라. 지금 바로 여기서 할 수 있고 바꿀 수 있는 부분을 최대한 활용하면 더 좋은 결과를 얻게 되고 나중엔 훨씬 큰 만족감을 느낄 것이다.

3장

바꿀 수 없는 것들은
잊어라

"내가 포기해야 했던 삶의 거의 모든 일에는 상처가 남아 있다."

_데이비드 포스터 월리스 David Foster Wallace

바꿀 수 있는 일에 집중하라. 자신이 무엇을 바꿀 수 있고 바꿀 수 없는지를 알고, 바꿀 수 있는 일에만 힘을 쏟는 태도는 어쩌면 책임 회피처럼 느껴질 수도 있다. 이번 장에서는 우리가 바꿀 수 있는 일에만 집중하는 것이 어떻게 슬럼프에서 다시 일어서는 핵심 도구가 되는지 알아볼 것이다.

오해 우리는 모든 일을 자의로 바꾸려 한다.
진실 바꿀 수 없는 일에 에너지를 낭비하지 마라.

오해

자신의 주변에 통제의 벽을 세워두면 어쩐지 안전하고 조직적인 느낌이 든다. 이 벽은 우리를 안정성과 확실성, 어느 정도의 통제력으로 감싼다. 하지만 반대로 우리가 통제권을 가지고 있지 않으면 불안해지고 자책하게 되고 걱정이 많아진다. 더 많이 걱정할수록 더 좋은 결과를 얻는다고 본능이 말하기 때문이다. 암, 임금 인상, 새로운 사업으로 성공하거나 인정받는 일, 또 자녀의 성장이나 배우자의 정절까지도.

대개 우리의 에너지 방정식은 이런 식이다. 어떤 일에 쏟는 시간이 늘어나면 결과를 만드는 능력 또한 커진다고 믿는다. 그러므로 더 많이 걱정할수록 상황을 바꾸는 능력도 커지지 않을까? 실제로는 별로 그렇지 않다. 우리는 걱정과 결과를 동일시하는 경향이 있다.

수많은 사람들에게 같은 경험을 안겨준 지극한 평등주의자 코로나19라는 전염병 덕에 우리는 통제력에 대한 직접적인 교훈을 얻었다. 병에 걸리지 않을 확률을 높이기 위해 우리가 할 수 있는 확실한 일도 있지만, 결국엔 바꿀 수 없는 일이 너무 많아서 어떤 것도 자신할 수 없다는 사실.

우리는 코로나19 기간 동안 다음과 같은 일을 자유롭게 할 수 있었다. 마스크 착용, 백신과 부스터 백신 접종, 손 세정제 사용 (자주!), 야외에서 안전하게 사회적 거리 두기 등이다.

다음은 우리의 통제를 완전히 벗어난 일들이다. 이 같은 기본 규칙을 지킬 필요가 없다고 생각하는 사람들, 바이러스의 전염성, 공공 정책의 변화, 병에 걸릴 유전적 소인이나 조건 등은 우리가 어찌할 수 없다.

따라서 위험을 낮추기 위해 할 수 있는 일은 많지만, 그렇다고 확실한 건 없다. '확실하지 않은 일'을 걱정해봤자 결과가 달라지지는 않는다. 다만 이런 걱정은 우리의 힘을 빼놓고, 정신 건강을 해치며, 불안과 스트레스의 악순환에 빠지게 만든다.

이 중 무엇도 놀랍지 않을 것이다. 이성적인 순간에, 아니면 어떤 혼란스러운 상황에서 약간 멀어진 뒤에 우리 대부분이 비슷한 결론에 이르게 되기 때문이다. 그런데 내가 왜 이걸 계속하고 있었던 거지?

통제권을 쥐고 싶은 욕구와 통제권을 쥐고 있다고(심지어 그렇지 않은데도) 믿고 싶은 욕구가 모두 나쁜 것은 아니다. 라즈 라후나탄 Raj Raghunathan 은 자신의 책 『왜 똑똑한 사람들은 행복하지 않을까? If You're So Smart, Why Aren't You Happy?』에서 우리는 통제권을 쥐면 결과와 상황을 원하는 대로 바꿀 수 있을 거라고 믿는다고 주장한다. 즉 더 많은 통제권을 쥐고 있다고 느낄수록 우리는 원하는 결과를 더 쉽게 얻을 수 있다고 느끼며, 이런 효능감은 행복감을 높인다. 여러 연구에서도 통제권에 대한 욕구가 남들보다 더 큰 사람들이 대체로 더 높은 목표를 세우며 더 큰 성취를 이루는 경향이 있다는 결과가 나왔다.

하지만 그 정도가 지나칠 수 있다. 우리가 어쩔 도리 없는 불확실한 상황을 통제하려고 하고 결과를 바꾸려고 애쓰다 결국 실패하고 크게 실망한다. 이러한 통제의 욕구는 본인뿐만 아니라 주변 사람들까지 힘들게 만든다. 성취 동기 이론으로 잘 알려진 심리학자 데이비드 맥클러랜드David McClelland는 이것을 '권력 스트레스power stress'라 부른다. 주변 사람이나 상황이 원하는 대로 움직이거나 따라주지 않으면 화가 나고 불만이 쌓이는 경향을 말한다.

다른 사람을 지나치게 통제할 때 우리는 더 나쁜 결정을 내리게 된다. 자신의 생각에 동의하지 않는 사람들을 내치는 결정을 내리고 그렇게 되면 통제당하는 것을 괘념치 않는 예스맨들만 주변에 남기 때문이다. 결국 우리는 다양한 관점과 조언을 보고 들을 때 최선의 결정을 내릴 수 있다. 이런 상황에서 너무 많은 통제권을 행사하려 들면 독립적인 성향을 지닌 사람들은 거절 의사를 분명히 밝힐 것이다.

진실

세상에는 우리가 바꿀 수 없고 바꾸지 말아야 할 것들이 많다. 하지만 우리는 삶이 흘러가는 대로 그저 따라가길 바라지도 않는다. 그렇다면 주도하는 것과 포기하는 것 사이 적당한 중간 지점은 무엇일까?

그 단서는 미국 신학자 라인홀드 니부어Reinhold Niebuhr가 1933년에 쓴 유명한 '평온을 비는 기도' 안에 있을지도 모른다.

> 주여, 제가 바꿀 수 없는 것을 평온하게 받아들이는
> 은혜를 주시고
> 제가 바꿀 수 있는 것을 바꿀 수 있는 용기를 주시고
> 이 둘을 분별할 수 있는 지혜를 주소서.

이제 '둘을 분별하는 일'부터 시작해 보자.

바꿀 수 없는 일: 외부 요소와 다른 사람들.
바꿀 수 있는 일: 우리 자신, 우리의 행동, 우리의 반응.

스스로에게 질문해 보라. 이건 내가 해결할 수 있는 문제일까, 아니면 문제라고 느끼는 내 생각을 바꿔야 할까?

직원들에게 성공에 필요한 도구를 제공할 수는 있지만, 성공

적인 결과를 내라고 강요할 수는 없다. 스스로 책임감 있게 운전할 수는 있지만, 타인들이 도로에서 운전하는 방식을 내 마음대로 바꿀 수는 없다.

건강한 통제의 균형점을 찾으면 본인의 태도와 행동을 결정할 수는 있지만 외부 요인을 바꿀 수 없다는 사실을 알게 될 것이다. 바꿀 수 없는 일에 대한 걱정을 멈추면 더 많은 시간과 에너지를 본인이 자유롭게 바꿀 수 있는 일에 쏟을 수 있다. 그리고 이런 변화는 내면의 더 큰 잠재력과 새로운 관점을 끌어내주고 슬럼프에서 회복하는 열쇠가 될 수 있다.

이 교훈을 되풀이하여 얻은 사람이 바로 유명한 국제 인권 운동가 맨디 상게라Mandy Sanghera다. 그녀는 여성 할례, 강제 결혼, 신앙을 이유로 한 학대, 주술 등 명예 살인과 문화적 학대의 피해자와 생존자들을 위해 목소리를 높이는 변호자이기도 하다. 맨디는 인생의 많은 시간을 바쳐 여성과 아이들이 폭력적이고 위험한 관계에서 벗어나고, NGO 단체, 정부, 개인과 손잡고 그들을 안전하게 구출해 새로운 사회와 나라에서 새로운 삶을 시작할 수 있도록 돕고 있다. 이 과정에서 맨디는 한 가지 확실한 교훈을 얻었다. 그녀는 이렇게 말한다. "현실적이 되는 게 중요해요. 모든 사람을 돕고 싶지만 그럴 수는 없습니다. 고객과 기대를 조율하고 솔직해지고 진심을 다해야 해요. 그리고 어쩔 수 없는 일은 포기하세요."

맨디가 몸담은 분야의 일들은 말 그대로 목숨이 걸려 있다. 부담감도 크고 감정도 격해진다. 2021년 미군과 영국군이 아프가니스탄에서 철수한 이후 맨디는 필사적인 내용의 이메일과 전화를 수없이 받았다. 탈레반 정권에서 도망치고 싶어 하는 사람들과 가족들이었다. 내가 맨디에게 전화를 했을 때 그녀는 확인되지 않은 영국 모처에 숨어 지내고 있었다. 정권에 반대하는 목소리를 낸 여성들을 구조하려는 맨디의 노력에 화가 난 탈레반으로부터 수많은 살해 협박을 받은 뒤였다. "두려움은 단지 우리 머릿속에 있는 겁니다." 그녀가 단호하게 말했다. "하지만 이처럼 격렬한 상황을 맞닥뜨리면 자기를 돌보는 일이 정말 중요해집니다." 잠, 명상, 시골길 한 시간 산책은 맨디가 집중력과 현실감을 유지하는 데 큰 도움이 되었다.

사람들 한 명 한 명을 아프가니스칸에서 구출해내기란 엄청나게 어려운 일이었다. 민간 항공기를 섭외하고 문서 작업을 하고 난민 수용국의 정부 부서에서 허가를 받은 뒤 사람들을 카불의 공항으로 데려와야 했다. 이 중 많은 일들이 틀어질 수 있었다. 구출 작전의 너무 많은 부분이 맨디와 그녀의 고객들로서는 통제할 수 없는 것들이었다. 늘 엄청난 노력이 필요한 팀 작업이기도 했다. 맨디는 현실적인 자세로 그 과정에 대처하는 법을 배웠다. "힘든 상황을 감정적으로 받아들여서는 안 됩니다. 그 상황을 연료로 쓰세요. 자신의 한계를 인정하고 다른 사람들에게 지원을 요청하세요."

맨디는 해결해야 할 문제를 분류하는 법도 배웠다. 그녀는 해야 할 일과 걱정을 메일 수신함처럼 머릿속에 떠올린다고 말한다. 한꺼번에 모든 일을 다운로드하지 않는다. 당시에 바꿀 수 없고 어쩔 수 없는 일은 머릿속 '보류함'에 집어넣는다. 그런 일들은 잊히지 않은 채 거기 담겨 있지만, 할 수 있는 일이 아무것도 없을 때 정신적 에너지를 소모하지 않는다. 누군가를 도울 수 없다 싶으면 그 부분에 대해 솔직해진다. 한 번에 한 사람만 상대하며 그 사람을 구해낸 일도 잘했다고 인정한다. 맨디는 자신이 얼마나 성공적으로 일해왔는지 본인이 나서서 이야기하지 않는다. "저는 명분을 위해 일하지 박수받기 위해 일하는 게 아닙니다." 맨디는 이렇게 말한다. 이 기회를 빌려 그녀가 평생 해온 일을 알릴 수 있어 기쁘다. 맨디는 강제 결혼을 당한 아이들 300명, 가정 폭력 피해 여성 80명, 주술 피해자 13명을 구했고, 아프가니스탄인 87명이 탈레반 정권에서 탈출할 수 있도록 도왔다.

맨디가 몸담은 분야에서는 불확실성이 당황스러울 수 있는 반면, 다른 경우에 불확실성은 실제로 매력이 된다. 가령 영국의 댄스 경연 프로그램 〈스트릭틀리 컴 댄싱Strictly Come Dancing〉이나 미국의 〈댄싱 위드 더 스타Dancing with the Stars〉 최근 편에서 누가 탈락했는지 알고 싶지 않은 바람이 그렇다. 대부분의 사람들이 가능하면 이 땅에서 얼마나 오래 살지 알고 싶어 하지 않는 이유도 또다른 예가 된다. 이런 종류의 불확실성은 대단히 흥미롭고 자유로우며 고무적인 방식으로 우리를 계속 살아가게 한다.

토드 카시단Todd Kashdan이 저서 『행복은 호기심을 타고 온다Curious』

에서 언급한 논문을 살펴보자. 카시단은 행복, 호기심, 정신적 유연성, 사회적 관계 분야의 대표적인 전문가다. 연구자들은 실험 참가자들에게 1달러를 공짜로 받게 될 것이라고 말했다. 한 집단에게는 1달러를 받자마자 그 돈을 받게 된 이유를 알려주겠다고 하고, 다른 집단에게는 그 이유를 알려주지 않겠다고 했다. 그리고 두 집단 모두 돈을 받은 직후에 얼마나 행복할 것 같은지 질문을 받았다. 공짜 달러를 받는 이유를 들을 줄 알고 있었던 첫 번째 집단은 자신들이 두 번째 집단보다 더 행복할 것이라고 생각했다. 실제로 정반대의 일이 일어났다. 공짜 달러를 받는 이유를 듣지 못한 사람들이 더 큰 행복감을 느꼈다. 이 실험 결과에 대한 결론으로 카시단은 '상상이 우리에게 즐거움을 안겨준다'라는 가설을 제시했다. 이 경우 확실성과 통제력은 '대개 정반대로 작용한다.'

도구

통제력과 자신의 관계가 어떤지 여전히 잘 모르겠고 통제권을 쥐지 않고 일을 성공적으로 이끌 자신이 없다면 '약간 덜 확실한 삶'이 지닌 잠재력에 익숙해지고 이 힘을 최대치로 실현할 수 있는 몇 가지 방법이 있다.

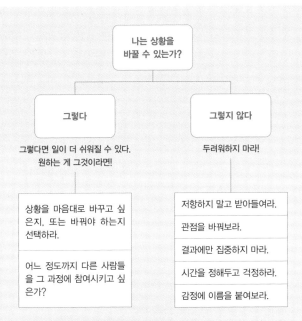

나는 상황을
바꿀 수 있는가?

그렇다

그렇지 않다

그렇다면 일이 더 쉬워질 수 있다.
원하는 게 그것이라면!

두려워하지 마라!

상황을 마음대로 바꾸고 싶
은지, 또는 바꿔야 하는지
선택하라.

어느 정도까지 다른 사람들
을 그 과정에 참여시키고 싶
은가?

저항하지 말고 받아들여라.

관점을 바꿔보라.

결과에만 집중하지 마라.

시간을 정해두고 걱정하라.

감정에 이름을 붙여보라.

그림 3-1 불확실한 상황에서 중심을 잡고 헤쳐 나가기 위한 고려 사항

상황을 바꿀 수 있다면

자신의 안전지대에 머물게 될 가능성이 높다. 결과를 바꿀 수 있거나 적어도 그럴 수 있다고 믿기 때문이다.

즉 상황을 바꿀 수 있다고 해서 반드시 그래야 한다는 의미는 아니다. 어떤 이유에서든 개입하지 않거나, 통제력을 행사하기 적절한 때가 아니라고 판단할 수도 있다. 하지만 그런 선택은 우리가 적극적으로 내릴 수 있는 의도적인 결정이다.

상황을 바꿀 수 없다면

당황하지 마라. 지금쯤이면 자신이 어찌할 수 없고 바꿀 수 없는 상황을 받아들일 때 어떤 장점이 있는지 알게 됐을 것이다. 그렇다고 그런 상황을 받아들이기가 늘 쉽다는 의미는 아니며, 우리는 원하는 대로 통제하고 싶은 본능을 억누르지도 않을 것이다! 이 불안감을 다스릴 수 있는 몇 가지 방법을 소개한다.

저항하지 말고 받아들여라. 예측할 수 없는 게 당연하다는 사실을 받아들이면 세상을 자기가 원하는 대로 바꾸려는 건강하지 않고 비현실적인 욕구를 내려놓을 수 있다. 원래 현실이 그렇다. 우리는 팬데믹 시기에 "인생이 그렇지 뭐"라고 큰소리로 여러 번 말하면 마음이 편해진다는 사실을 깨달았다.

관점을 바꿔보라. 화가 난 상태에서는 조금 시간이 지난 뒤 바라볼 때보다 모든 상황이 더 힘들고 짜증스럽게 느껴진다. 시간적인 여유가 없다면 새로운 관점으로 바라보려고 노력하자. 밖에 서 있는 누군가는 이 상황에 대해 뭐라고 말할까? 내가 스트레스 받고 바꾸기 힘들어하는 상황을 그들은 어떻게 바라볼까? 3년 후에 그들은 이 상황을 어떻게 느낄까? 이 상황을 바꾸지 못하면 장기적으로 어떤 영향이 있을까? 이런 방법을 통해 균형감을 가질 수 있다.

결과에만 집중하지 마라. 캘리포니아 대학교 샌프란시코의 임상심리학자이자 신경과학자 헬렌 웽$_{Helen\ Weng}$은 우리가 특정 결과를 고집하기보다는 행동의 의도에 집중하는 편이 낫다고 이야기한다. 의도에 집중하고 이 의도를 정직, 창의성, 의리 같은 자신의 가치에 맞추면 특정 결과를 얻을 거라는 기대 없이 일어날 상황에 영향을 줄 수 있다. 출산 계획을 세워본 사람이라면 준비를 얼마나 하든 계획한 대로 절대 이루어지지 않는다는 사실을 알 것이다!

시간을 정해두고 걱정하라. 누구도 한 적 없는 이야기다. 하지만 정말 유용한 심리학적 요령이다. 이 요령에는 시간을 정해두고 걱정하는 방법이 포함된다. 이상하고 내키지 않는 방법 같지만, 연구 결과에서 실제로 효과가 입증되었다. 짧지만 충분한 시간을 정해두고 자신을 불안하게 하는 일을 걱정하라(15~20분 정도면 적당하다). 다이어리에 시간을 적어 두거나 애플워치에 알람을 설정해 둬라. 규칙적으로 꾸준히 해보라. 완전히 집중해 모든 가능한 시나리오를 생각하고 나면 하루의 남은 시간은 마음 편하게 다른 일에 집중할 수 있다.

감정에 이름을 붙여보라. 역시 잘 납득이 되지 않겠지만 효과적인 방법이다. 상황을 통제할 수 없거나 불확실성이 두려워서 불안하고 답답하다면 그 감정에 이름을 붙여보라. 연구 결과에 따르면 부정적인 감정에 이름을 붙이는 것만으로도 통제감을 회복할 수 있다는 사실이 밝혀졌다. 이것을 '감정 명명하기'라고 부른다(지나치게 심각하게 생각하고 부정적인 감정을 곱씹어 걱정만 키우는 '반추'와 혼동하지 마라. 가령 말다툼했던 일을 잊지 못하고 머릿속으로 거듭 되새기면서 자신을 화나게 한 상대방의 말을 하나하나 떠올리는 상황 등).

세라 리비, 롱하우스 런던The Longhouse London 창립자 겸 대표, 세 아이의 엄마이자 유방암 생존자

세라 리비Sarah Libbey는 7년 전 결과에 대한 집착을 버림으로써 더 행복한 삶을 살 수 있게 만드는 한두 가지 교훈을 얻었다. 그녀는 혼자서 세 아이를 키우는 싱글맘이며 거의 20년간 자기 사업을 성공적으로 이끌어 왔다. 예전 같았으면 세라는 분명 자신이 모든 상황을 통제하고 싶어 한다고 말했을 것이다. 그만큼 그녀는 모든 난관을 예상하고 일과 삶을 사전에 계획해 문제를 최소화하는 사람이었다. 그러던 어느 날 세라는 유방암 진단을 받았다. 아무 증상도 없었고 문제도 없었다. 혹시나 해서 건강 검진을 받으면서 유방 조영술을 받았다. 그냥 확인 차원에서였다. 세라는 주변의 모든 사람에게 정말 씩씩한 척을 했다. 자신에게 일어난 부작용과 다른 여러 변화를 대수롭지 않게 생각했다. 하지만 다른 어떤 일보다 견디기 힘들었던 한 가지는 의사들이 회복과 관련해 그녀에게 확신을 주지 않았다는 점이다. 물론 통계 자료는 있었지만, 누구도 세라의 눈을 쳐다보며 괜찮을 거라고 100퍼센트 확신을 주지 않았다. 그녀는 자신의 통제 범위를 벗어났다는 느낌을 받았고, 아무리 인터넷 검색을 해도 마음이 안정되지 않았다.

세라는 치료를 계속하고 최선을 다해 회복하는 것 말고는 이 문제에 대해 자신이 할 수 있는 일이 거의 없음을 확인하고 문제를 풀려고 애쓰기보다 접근 방식을 바꾸기로 했다. 자신이 바꿀 수 없는 일을 받아들였다. 대신 바꿀 수 있는 다른 문제에 집중했다. 하루하루를 있는 그대로 받아들이고, 1개월이나 3개월 뒤를 걱정하지 않았다. 목적지가 어딘지 몰라도 괜찮았고, 그 목적지 때문에 하나씩 차근차근 해나가는 일들을 멈추지 않았으며, 바로 눈앞에 있고 지금 손에 쥘 수 있는 것을 즐겼다.

다행히도 세라는 완치했다. 그녀의 삶은 다시 평소의 바쁘고 정신없는 상태로 돌아왔지만, 불확실성과 맺은 새로운 관계를 굳게 유지하고 있으며, 그런 태도를 회사 운영에도 적용했다. 실제로 코로나19 팬데믹이 시작됐을 때 얼마나 오래 봉쇄가 이어질지, 기업이 언제 다시 회복될지 하는 문제 앞에서 다른 많은 친구들에 비해 훨씬 마음이 편했다. 세라는 하루하루 흘러가는 대로 받아들였으며, 미래에 대한 희망이나 두려움이 현재를 온전히 감사하며 즐기는 걸 방해하도록 내버려두지 않았다. 건강을 회복하고 새로운 인생관을 가지면서 기업 환경뿐 아니라 개인의 삶에도 적용할 수 있는 다음의 몇 가지 팁을 얻게 됐다.

- 완전히 무너지기 전에 다시 시작할 수 있다. 아팠던 경험 덕분에 세라는 삶과 사업이 엇나가기 전에 시도할 수 있는 변화가 많이 있으며 대개 우리는 변화를 시도하기에 너무 상황이 나빠지거나 늦어질 때까지 기다린다는 사실을 알게 됐다. 언제라도 다시 시작할 수 있다. 상황이 최악으로 치달을 때까지 기다리지 마라.
- 어디로 향하고 있는지, 해결책이 무엇인지 모르고도 변화를 결심할 수 있다. 우리는 너무 자주 목적지가 어딘지 확신할 수 없으면 어떤 상황을 개선하거나 해결하지 않는다. 특히 사업에 있어서는 더 그렇다. 모든 노력이 발전을 가져올 수 있으며, 그러한 발전이 직선형으로 죽 이어지거나 손쉽게 이루어지는 경우는 드물다는 사실을 믿어라. 바꿀 수 있는 것을 바꿔라.
- 삶과 일의 여정에서 만나는 주변 사람들을 활용하는 것이 중

요하다. 이 과정에서 사람들의 감정을 상하게 하는 상황이 자주 생긴다. 하지만 도움을 청하는 방법을 배워서 다른 사람들을 참여시키고, 그들에게 각자의 진짜 모습을 보여줄 기회를 주는 것이 중요하다.

결론

불확실성은 대개 삶이 던지는 커다란 변화구처럼 느껴진다. 늘 확실한 결과를 알 수 있으면 좋을 텐데, 우리 주변의 삶을 완벽하게 통제할 수 있으면 더 좋을 텐데, 라고 많이들 생각한다. 이번 장에서는 어째서 불확실성이 우리를 뒤처지게 만들지 않는지, 어떤 경우에는 심지어 기쁨과 자유를 주고 회복의 첫 단계를 받아들일 수 있는 연료가 되는지를 증명했다.

4장

과거를 들여다보는 일은
그만두자

'그 일을 다시 한번 살펴보고 싶을 뿐이야.'

_우리가 최근 일어난 불행한 기억을 들출 때 스스로에게 하는 말

뒤돌아보기를 멈추고 앞날을 내다보는 방법을 찾아야 한다. 지나
간 과거에 빠져 허우적대보지 않은 사람이 누가 있겠는가? 자신
의 실수를 하나하나 되짚어보지 않은 사람은 또 누가 있겠는가?
이번 장에서는 이미 일어난 일을 잊고 어떤 일이 생길지 알 수
없는 앞날을 기대할 때 어떤 좋은 점이 있는지 집중적으로 살펴
본다.

오해 과거의 실수를 충분히 짚어봐야 다시는 같은 실수를 되풀이
      하지 않을 것이다.
진실 앞으로 나아가고 싶다면 뒤돌아보는 일을 멈춰야 한다.

'후회라면 조금은 했었지.' 1960대에 프랭크 시나트라는 이렇게 노래하며 많은 사람이 공감할 수 있는 감정을 표현했다. 우리 중에 자신을 채찍질하며 어깨 너머로 목을 길게 빼고 이미 지나간 잘못을 곱씹어보지 않은 사람이 누가 있겠는가? 실수를 돌아보고 평가하는 내내 후회와 회한을 느끼면서. 그리고 그러면 안 될 이유는 뭐가 있겠는가? 어떤 상황이 지나고 난 뒤에야 우리는 그 상황을 제대로 돌아볼 수 있어서 실수를 충분히 되짚고 다음에는 뭘 하지 말아야 할지 배울 수 있다.

오해

과거의 실수를 파헤쳐 보고 싶은 자연스러운 충동은 어느 정도는 의미가 있다. 우리가 슬럼프를 경험하고 일이 마음 먹은 대로 되지 않을 때 분명 그 경험에서 무언가를 배울 수도 있다. 이후 9장에서는 실패에서 무엇을 배울 수 있을지 살펴보겠지만, 많은 것을 배울 수 있을지는 몰라도 모든 것을 배울 수는 없다. 어느 정도의 경험을 얻고 피해야 할 위험이 무엇인지도 알게 될 것

이다. 물론 중요한 일이지만, 그렇다고 우리가 또 다른 실수를 하지 않을 거라는 보장은 없다. 심지어 또다시 똑같은 실수를 되풀이하지 않을 것이라는 보장도 없다! 결국 엘리자베스 테일러는 결혼을 여덟 번 했고 그중 두 번은 같은 남자와 했다. 다시 말해 과거를 돌아볼 때 이점이 있지만, 많지는 않다. 결국 뒤돌아보기를 멈춰야 앞으로 나아갈 수 있다.

심리 치료는 '이유'를 들여다볼 수 있게 해준다. 그동안 살면서 일이 제대로 풀리지 않았던 장면을 떠올려보라. 고통스러운 이별, 최악의 실직 과정, 걱정스러운 병원 검사 결과. 머릿속으로 장면을 거듭해서 떠올리며 그런 일이 왜 생겼는지, 어떻게 했어야 상황을 바꿀 수 있었을지 돌아보고 파헤친다. 과거를 되돌아보는 행동은 일어난 일을 이해하는 과정의 일부지만, 그게 지나치면 우리의 발목을 붙잡을 수 있다. 심리 치료 용어로는 되돌아보는 행동을 '반추rumination'라고 한다. 미국 예일대학교 심리학과 교수 수전 케이 놀런혹스마Susan Kay Nolen-Hoeksema는 반추를 '고통의 증상, 해결책이 아닌 원인과 결과에 집중된 관심'이라고 정의했다. 쉬운 말로 실패한 일을 너무 오랫동안 생각하기 때문에, 상황을 바로잡는 계획을 세우는 데는 충분한 시간을 쏟지 않는다는 뜻이다.

끊임없이 과거를 되돌아보는 행동의 한 가지 문제는 그 행동이 우리를 더 비참하고 불안하게 만들 수 있다는 점이다. 이미 일어난 일을 계속 떠올릴 때 그 고통이 머릿속에서 계속 되살아난다.

심한 경우에는 불안증과 우울증으로 이어지기도 한다. 과거를 지나치게 반추할 때의 또 다른 문제는 반추하는 행동이 실제로 상황을 바꾸는 데 도움이 되지 않는다는 점이다. 해결책을 고민하고 미래의 실패를 피할 수 있도록 돕기는커녕 그 문제에 갇혀 있게 만든다. 반추의 핵심이 미래의 문제를 피하는 것이라면 어느 시점에서는 미래를 계획하는 데 더 많은 힘을 쓰는 편이 낫다.

세계적인 광고회사 TBWA 샤이엇데이 뉴욕의 CEO 낸시 리즈Nancy Reyes는 지나간 일을 반추하고픈 유혹을 절묘하게 표현했다. 그녀는 2016년에 TBWA 뉴욕 경영진으로 합류해 몇 년간 부진을 겪은 회사의 매출을 정상화하는 작업에 들어갔다. 현명하고 인간적인 리더였던 낸시는 많은 시간을 들여 직원들과 대화를 나누면서 회사가 직면한 문제의 원인을 파악하고 직원들이 제기하는 어려움에 귀를 기울였다. "어떤 회사든 불만과 부정적 문제를 진단하고 분석하고 또 그런 문제를 털어놓을 시간을 주는 것이 중요합니다." 하지만 몇 달 뒤 낸시는 문제를 조사하는 과정이 끝도 없이 이어질 수도 있음을 깨달았다. 회사가 앞으로 나아가려면 이미 지나간 과거가 아니라 앞날을 바라봐야 했다. "어느 순간 문제를 우러러보는 일을 멈추고 이 문제를 해결하고 앞으로 나아가는 데 더 많은 시간을 쏟아야 합니다. 부정적인 부분에 너무 많은 시간을 쏟을수록 절대 고칠 수 없기 때문입니다."

'문제를 우러러본다'는 표현은 우리 모두가 품고 있는 과거로 돌아가 잘못된 일과 일어날 수도 있었을 일을 다시 돌려보고 분석하고 싶은 충동을 표현하는 완벽한 말이다. 만약 소속된 팀, 또는 조직이 실패했던 일을 생각하는 데 너무 많은 시간을 쏟고 있다면 낸시의 말은 좋은 깨달음을 준다. 즉 문제를 우러러보는 데 시간을 덜 쓰고 해결책을 우러러보는 데 더 많은 시간을 쏟으면 우리가 빠진 수렁에서 벗어날 수 있다는 말이다.

진실

슬럼프를 겪은 후 앞으로 나아갈 계획을 세우기 위해 우리가 맞닥뜨리는 가장 힘든 상실 중 하나인 사별에 대해 알아보기로 했다. 애도의 과정은 상실을 받아들이고 다시 한번 앞날을 내다보게 해준다. 삶의 다른 사건들과 애도의 과정을 비교하는 일이 약간 의외이고 갑작스럽게 느껴질 수도 있겠지만 우선 읽어주길 바란다. 모든 상실은 비록 사별만큼 충격이 크지는 않더라도 애도의 과정으로 볼 수 있다.

애도는 단지 죽음에 국한되지 않는다. 정말 중요한 사실이다. 우리는 다른 일에도 애도할 수 있다. 친구 관계를, 우리가 될 수 있었던 존재를, 일자리를 애도할 수도 있다. 코로나19는 애도를 하거나 애도를 대하는 방식 모든 면에서 큰 가르침을 주었다. 우리가 평생 애도의 경험 없이 살다가 누군가 죽었을 때 갑자기 애도를 하게 되는 것은 아니다. 그 과정에서 많은 연습이 이루어진다. 애도의 과정을 겪어내는 방법을 찾으면 정말 힘든 애도의 순간이 찾아올 때 더 잘 대비할 수 있을 것이다.

말기 환자 상담사 애나 라이언스Anna Lyons가 한 말이다. 그녀는 시한부 인생을 사는 환자와 환자의 가족, 친구들을 상담하는 일을 한다. 그녀의 목표는 사람들이 생애 마지막 순간까지 가능한 한 행복하게 살 수 있도록 돕는 것이다. 사람들에게 장례식을 다시 생각해 보도록 하겠다는 목표를 지닌 진보적인 장의사 루이스 윈터Louise Winter와 함께 운영하는 두 사람의 플랫폼 '라이프, 데스, 왓에버Life, Death. Whatever'는 많은 사람이 외면해왔던 죽음이라는 주제의 모든 면을 다룬다. 죽음에 대한 폭넓은 토론과 이해를 열정적으로 확산해온 두 사람은 『우리는 모두 끝을 알고 있다We All Know How This Ends』라는 책을 출간하기에 이른다. 책은 죽음과 죽어감을 마주하며 일한 경험을 바탕으로 삶과 살아감에 대한 교훈을 알아본다.

많은 자료가 '애도의 5단계' 즉 부인, 분노, 타협, 우울, 수용을 언급한다. 애나는 이 다섯 단계의 원래 대상은 애도의 과정이 아니라 죽어감의 과정이었다고 언급한다.

사람들이 이 다섯 단계를 거치지 않으면 정말 힘들 수 있습니다. 애도는 대단히 혼란스럽고 모든 사람들이 제각기 다르게 겪기 때문입니다. 하지만 중요한 점은 애도를 경험하고 애도와 함께 살아가는 방법을 찾는 것입니다. 어떤 수를 써서든.

더 유용한 방법은 윌리엄 워든William Worden의 '애도의 네 가지 과업'이다. 그는 '애도 과정을 마치고' '마음의 평안을 찾기 위해' 수행해야 한다고 믿는 네 가지 과업을 제시한다. 이 과정은 순서와 상관없이 이루어질 수 있으며, 워든은 시간이 흐르면 사람들이 이 과정을 다시 되풀이해야 할 수도 있다고 이야기한다. 이 네 가지 과업은 사랑하는 사람의 죽음을 더 전통적인 방식으로 받아들일 뿐 아니라 온갖 종류의 좌절과 상실을 경험한 이후에 회복할 수 있는 대단히 유용한 태도를 알려준다.

첫 번째 과업은 상실의 현실을 받아들이는 것

죽음은 곧 상실이다. 탄생은 무언가의 시작이며, 죽음은 무언가의 끝이다. 그리고 그 무언가의 끝은 우리가 준비되어 있지 않으며 끝내고 싶지 않은 것이다. 애도는 단지 누군가의 죽음 앞에서만 겪는 과정이 아니다. 꿈꾸던 삶을 잃고 계획했던 미래를 잃는 것도 애도할 수 있다. 우리는 어떻게든 새로운 미래를 만들어가고자 노력해야 한다. 대개 그 미래는 우리가 원하는 미래는 아니다. 따라서 훨씬 힘들게 느껴질 수 있다. 우리는 삶의 방향을 정해두고 선택을 하고 친하게 지낼 사람들을 고르기 때문이다. 그러다 어느 날 그런 삶이 사라진다. 계획했던 삶이 펼쳐지지 않는 것이다.

애나의 말처럼 미래의 목표와 꿈에 대한 이러한 상실감은 삶의 수많은 좌절을 겪은 후에 뼈저리게 느껴진다. 관계가 끝나고, 꿈꿨던 일자리를 얻지 못하고, 원하던 집으로 이사를 가지 못했을 때. 계획한 방향이 있고 가슴 설렜던 꿈과 목표가 있었는데 갑자기 모든 것이 사라지고 그 자리에는 슬픔과 좌절감, 무력감이 들어찬다. 받아들인다는 말은 우리가 계획했던 길이 원하는 대로 펼쳐지지 않으리라는 사실을 인정한다는 의미다. 결국 회복하겠지만, 계획했던 길과는 다른 길로 가게 될 것이다.

두 번째 과업은 상실의 고통을 몸소 경험하는 것

누구도 상실의 과정이 고통스러울 거라는 말을 듣고 싶어 하지 않지만, 실제로 그렇다. 고통, 좌절감, 분노의 감정을 더 많이 받아들일수록 차츰 그 감정이 우리에게 미치는 영향이 줄어든다. 루이스는 사랑하는 사람과 사별했을 때 장례식을 사람들이 모여서 상실감과 슬픔을 나누는 수단으로 삼는 게 중요하다고 단호하게 주장한다. "좋은 장례식의 핵심은 사람들을 한자리에 모아 슬픔을 나누며 서로 격려하고 삶이 결코 이전과 같지 않을 것이라고 인정하는 데 있습니다."

그 밖에도 상실의 고통을 겪어내는 방법은 상실을 겪는 사람들의 수만큼이나 많다. 어떤 사람들은 울부짖으며 슬퍼하고, 누군가는 침묵하며, 아델은 모든 사람이 눈물을 쏟는 노래를 만든다. 톰 일루브Tom Ilube 는 영국에서 가장 유명한 기술 기업인이자 교육자 중 한 명으로, 그는 사업의 실패와 손실을 받아들이는 자기만의 방법을 만들어냈다. "저한테 좋은 방법이 있어요. 완전히 실패하고 나서 저는 아이처럼 엉엉 웁니다. 고통과 괴로움, 분노로 가득 차서 실컷 울고 난 후 다시 회복합니다. 그리고 일어나서 어깨에 쌓인 먼지를 툭툭 털고 다음 할 일을 시작합니다." 엉엉 소리쳐 울든 밀리언셀러 앨범을 듣든 중요한 점은 스스로 고통과 좌절감, 분노를 느끼도록 내버려 둬야 상실의 시간을 지나갈 수 있다는 사실이다. 애나가 말하는 고통과 슬픔이라는 경험이 주는 힘은 죽음과 죽어가는 과정을 대상으로 할 때 발견되지만, 인생의 다른 수많은 상실 앞에서 생겨나는 감정도 이와 다르지 않다.

우리는 많이 참는 것 같아요. 우리가 어떤 일에 대한 감정을 표현하지 않고 붙들고 있으면 그 감정은 터져서 새어 나옵니다. 어떤 감정을 느끼고 어떤 일이 벌어지는지 표현해도 괜찮다는 사실을 아는 것만으로도, 심지어 그런 감정을 입 밖으로 크게 말하면 정말 추하게 느껴질지라도 괜찮다는 사실을 깨닫고 그렇게 하도록 허용해야 합니다. 또 그런 생각과 감정을 누군가도 품을 테고 타인에게 평가받지 않으리라는 사실을 아는 것만으로도 감정을 발산하고 위로받을 수 있다고 생각합니다.

세 번째 과업은 그 사람이 없는 세상에 적응하는 것

새로운 현실은 그야말로 새롭기 그지없다. 친구가 외국으로 이민을 가고, 회사가 문을 닫고, 막내가 집을 떠나 독립한 지금, 삶은 예전과 다르다. 나의 세상을 움직이게 했던 무언가가 없어지고, 이제 어느 정도 변화가 필요하다. 그중에는 새로운 일자리를 찾거나 이혼 준비를 하는 등 대단히 현실적인 변화도 있을 것이다. 다른 변화는 감정적인 부분일 것이다. 관계가 변했는데 왜 우리는 아직도 그 관계에 매달려 있을까? 우리가 세운 회사가 문을 닫은 지금 우리는 이제 누구일까?

이 세 가지 과업을 모두 마쳐야 비로소 애도의 과정이 끝난다. 그걸 자각할 때 우리는 다음 단계로 나아갈 수 있다. 과거의 이야기를 끝내야 새로운 이야기가 시작될 수 있다. 이것은 개인적인 세계뿐 아니라 직업의 세계에서도 똑같이 적용된다. 인디애나 대학교 전략경영학 학과장 딘 셰퍼드Dean Shepard는 사업에서의 손실이 어떻게 애도의 형태로 나타나고 직원들에게 애도할 시간을 주는 일이 얼마나 중요한지를 주제로 긴 글을 썼다. 그는 영업 손실에서 비롯된 부정적인 감정이 너무 크면 이 경험에서 교훈을 얻기 힘들다고 이야기한다. 또한 '슬픔을 회복하는 과정'이 없으면 사람들은 그 같은 힘든 상황에서 건져낼 수 있는 교훈을 얻을 수도 없다고 했다.

기업이 부진을 겪을 때 직원들에게 그러한 상실을 받아들일 시간과 공간을 제공하는 기업이 몇이나 될까? 얼마나 많은 기업이 우리가 좇고 있던 큰 목표 또는 더 이상 우리 일상에 없는 동료와 계획의 상실을 애도할 시간을 줄까? 아마도 부진에서 회복하는 동안 과거의 사업 실패를 최대한 빨리 모른 척하고 지나가려 하거나 감추기 급급할 것이다. 그보다는 직원들에게 상실을 받아들일 시간을 준 뒤에 에너지와 상상력을 쏟아야 하는 일에 다시 집중하게 하는 편이 훨씬 낫다.

마지막 과업은 새로운 현실에 다시 집중하는 것

이때 우리는 목을 길게 빼고 어깨 너머를 돌아보는 행동을 멈추고 앞을 바라봐야 한다. 새로운 현실에 집중하는 가장 효과적인 방법 중 하나는 앞으로 일어났으면 하는 일을 구체적이고 흥미로운 방식으로 그려보는 것이다. 새롭게 들어선 이 길에서 어떤 꿈을 이루고 싶은가? 애나는 사별을 이렇게 이야기한다. "삶은 결코 예전과 같지 않고, 그 전에 계획한 삶은 펼쳐지지 않을 것이다. 하지만 그렇다고 해서 놀라움으로 가득한 새로운 삶이 펼쳐지지 않는다는 의미는 아니다."

상상력과 창의력을 발휘해 다시 시작한 삶이 어떤 모습일지 그려보는 행동은 과거를 떠나보내는 강력한 도구다. 앞으로 일어났으면 하는 일을 기록해 볼 수도 있다. 새로운 직장은 나에게 무엇을 안겨줄지, 새집은 어떤 모습일지, 이상적인 날은 어떤 풍경일지 적어보는 것이다. 누군가는 그림을 그리거나 사진을 찍어 이미지로 기록하거나 그냥 친구랑 자세히 이야기하는 방법이 편할 수도 있다. 방법은 중요하지 않다. 중요한 것은 상상력을 동원해 새로운 현실을 다시 만들어내는 것이다. 생생하게 느끼고 냄새를 맡고 눈으로 볼 수 있을 정도로 심사숙고해서 만든다면 우리는 자연스럽게 그 새로운 현실을 실현하는 데 집중하게 된다.

이 모든 말이 어서 가서 비전 보드를 만들라는 인스타그램식 충고처럼 들린다면 걱정하지 마라. 내면의 창의성과 목표가 우리를 새로운 방향으로 움직이게 한다는 사실을 증명하는 강력한 과학적 근거가 있다. 그저 요가 매트 위에 앉아서 백만 달러를 떠올리는 방법은 안 된다. 하지만 힘든 시련을 겪고 앞으로 나아가려고 노력하는 중이라면 머릿속으로 앞으로 나아가는 모습을 그려보는 방식이 나아가는 속도를 높여 시련에서 벗어나도록 도와줄 것이다.

오랜 시간 동안 스포츠 선수들은 경기에서 이기고 좋은 성적을 내는 모습을 머릿속으로 그려봄으로써 스스로 동기 부여를 해왔다. 심리 치료사들은 환자에게 좋은 결과를 떠올리게 함으로써 시련에 빠진 사람들이 삶의 힘든 시기를 돌아보고 사색할 수 있도록 한다. 머릿속으로 긍정적인 이미지나 미래의 모습을 떠올리는 방법은 인지 행동 치료에서 중요한 역할을 한다. 이때 중요한 것은 과거에 일어난 일을 풀어내기보다 미래에 바라는 행동이나 반응을 만들어가는 것이다.

도구

과거에 일어난 일을 잊으려 고군분투하고 있다면 워든이 제안한 애도의 네 가지 과업 중 처음 세 가지 과업을 실천해 보고 상실의 고통을 진정으로 받아들이고 경험할 시간이 더 필요한지 자문해 보라. 결과를 돌아보고 받아들일 시간이 더 필요한가?

이제 새로운 미래를 그려볼 준비가 됐다면 다음의 도구를 사용해 보라. 이 질문들은 해결책 위주의 접근법으로 미래를 생각함으로써 앞으로 일어날 일을 머릿속으로 그려보게 한다.

여기서 가장 상상력을 자극하고 자신의 상황과 가장 관련성이 높은 문제를 두 개 골라 보라. 문제는 대부분 각자의 직장 생활과 개인의 삶에 맞춰 원하는 대로 바꿀 수 있다. 각 문제를 조용히 사색해 보고 아주 구체적인 답변을 해보라. 글을 쓰고, 그림을 그리고, 녹음을 하고, 친구와 이야기해 보라. 효과가 있는 어떤 방법이든 좋다.

이 연습을 거쳐 교훈, 아이디어, 영감을 얻어 해결책을 만들어낼 수 있다면 아픈 경험도 극복할 수 있다.

해결책 위주의 비전

내가 꿈꾸는 '완벽한 미래'는 무엇인가? 돈과 자원이 선택지에 없다면 나의 꿈은 무엇일까?

삶이나 일에서 무엇을 더 갖고 싶은가? 그것은 어떻게 얻을 수 있는가?

앞으로 5년 뒤의 이상적인 날을 묘사해 보라. 나는 무엇을 하고 있는가? 누구와 함께 있는가? 어디에 있는가? 무엇에 시간을 쏟고 있는가? 어떤 일이 일어나길 기대하고 있는가?

내일 잠에서 깼는데 목표가 이루어져 있다면 삶은 어떤 모습일 것 같은가? 어떤 기분일 것 같은가? 무슨 일이 일어날 것 같은가?

나의 목표는 무엇인가? 목표를 이뤘다는 사실을 어떻게 알 수 있는가? 다른 사람들은 내가 목표를 이뤘다는 사실을 어떻게 알게 되는가?

호프 패터슨,
어 번치 오브 덱헤드A Bunch of Deckheads 창립자

호프 패터슨Hope Patterson은 NBA에 가서 농구를 할 계획이었다. 머릿속으로 이 계획을 한 번도 의심한 적이 없었다. 이 꿈을 위해 호프는 몇 년간 피땀을 쏟아 훈련했다. 청소년 문제 상담사의 추천으로 농구에 입문한 호프는 토요일마다 걸어서 런던에서 토트넘까지, 월섬스토에서 윔블던까지 가서 여러 농구 경기에 참여한 탓에 훈련량이 과하다고 자주 꾸지람을 들었다. 토트넘에서 자주 집을 비우고 폭력을 일삼는 알코올 중독자 아버지 밑에서 자란 호프에게 농구는 누나와 형들에게서 벗어날 수 있는 기회였다. "농구는 저의 정체성을 갖고 이름을 알리는 저만의 방법이었어요." 심지어 농구는 그의 가치관과 생활방식까지 바꿔놓았다. 호프는 농구 덕분에 20대 후반까지 술과 여자를 멀리할 수 있었다고 말한다.

이제 40대인 호프는 아주 여유롭고 밝다. 잘 웃고 자기 이야기를 남들에게 터놓으며 따뜻하고 당당한 분위기를 풍긴다. 자신의 NBA 진출 꿈은 결국 이루어지지 못했다고 이야기했을 때 우리는 그 이유와 함께 그럼에도 어떻게 그처럼 긍정적이고 낙천적인 인생관을 지니고 있는지 궁금했다. 어떻게 이루지 못한 삶의 목표와 모습에 연연하지 않고 살 수 있었을까?

호프는 스무 살에 골드스미스 런던 대학교 대표 선수로 뛰고 있었는데, 그때 척추뼈가 비정상적으로 휘어 있는 척추측만증 진단을 받았다. 다시 농구를 할 수 없을 거라는 말을 들은 호프는 척추에 철심을 박아넣는 수술을 하러 병원에 갔다. 의사는 호프의 돌출된 체형 때문에 9개월간 허리 보조기를 착용한 뒤 수술을 하기로 했고, 호프는 무사히 농구를 다시 할 수 있게 됐다. 그는 역경을 이겨냈다. 또는 그렇게 보였다. 보조기를 뺀 지 6주 만에 호프는 뉴저지에 있는 애틀랜틱 캠프 베스킷볼에 참여했고, 그곳에서 다수의 팀 즉, 콜드웰 대학교, 피츠버그 대학교, 데솔스 대학교, 케언 대학교에서 장학금을 받고 선수로 뛰어달라는 제안을 받았다.

몇 년간 힘든 시간을 보낸 뒤 마침내 꿈이 이루어지기 직전이었다. 그때 호프는 장학금 제안을 거절한다. 호프는 경제적인 이유로 그 제안을 감당할 수가 없었다.

부분 장학금밖에 받을 수 없어서 학교 측이 학비는 지원해 주지만 생활비는 아니었죠. 생계비가 없어서 일과 공부를 병행해야 했고, 그게 불가능하다는 걸 알았어요. 다른 선수들의 기량이 얼마나 뛰어난지 봤고, 허리 부상 때문에 1년을 쉬어서 다른 많은 선수가 그렇듯 남는 시간을 전부 훈련과 경기에 쏟아야 한다는 걸 알았죠.

허리 수술과 경제적 형편 때문에 호프는 꿈을 포기해야 했다. 친구들이 프린스턴 대학교와 조지워싱턴 주립대에서 선수로 뛰는 동안 호프는 영국으로 돌아가 영국 최고의 내셔널리그 팀 중 하나인 브릭스턴 톱캣의 선수로 뛰었다. 그는 늘 기회가 다시 올 거라고 생각했지만, 스물여덟이 되던 해 그런 일은 일어나지 않을 것이라고 마음을 정하고 농구를 그만뒀다.

이 꿈이 끝났음을 받아들이는 데는 시간이 걸렸고, 호프는 몇 년간 상실감을 느꼈다. 호프는 도시에서 새로운 직업을 얻었다. 그 일은 보수가 좋아 그는 집과 시계, 자동차를 살 수 있었지만 농구가 주던 '기쁨, 행복감, 인정'을 안겨주지는 않았다. 하지만 몇 년이 지났고 호프는 자기 삶을 지탱하는 새로운 꿈을 찾았다. 호프는 풀타임 DJ로 일했고 그 일이 좋았다. 처음에는 취미로 시작했다가 점점 실력이 좋아져 런던과 오슬로에 정착해 살게 됐다. 몇 년이 지난 뒤 일이 쏟아져 들어오자 그는 '어 번치 오프 덱 헤드'라는 회사를 설립했다. 회사에는 80명이 넘는 DJ가 소속되어 있고 휴고 보스, 록스타 에너지 드링크, 트위터, 아소스 등의 브랜드와 일했으며, 프랑스 스노박스 스키 페스티벌에서 열린 스톰지 공연 오프닝을 맡기도 했다.

거의 이룰 뻔했던 꿈을 포기하고 새로운 꿈을 발견하면서 운명이 결정되었을 때 어떤 미련도 품지 않을 수 있었던 비결은 무엇이었을까? 호프는 꿈을 이루기 위해 정말 많은 노력을 했기에 꿈이 이루어지지 않았을 때 후회할 일이 없다는 사실을 깨달았다. 농구에 대한 그의 꿈은 큰 정도가 아니었다. 야심만만했다. "저는 위대한 선수가 되기를 줄기차게 소망했고, 분명한 비전과 목표를 품고 있었어요. 세계 최고의 농구 선수가 되고 싶었지만, 뛰어난 야구 선수가 되고 싶기도 했습니다. 제가 될 수 있는 최고의 선수가 되는 것만이 꿈이었죠. 그것보다 더 중요한 일은 없었으니까요."

그 꿈이 좌절되었을 때 그는 자신이 할 수 있는 일은 아무것도 없었음을 알았다. "당시 저한테 자원과 정보는 충분하다고 생각했어요, 그래서 바로 납득이 됐죠. 늦게 농구를 시작한 걸 생각하면 제가 이룬 성과는 그간 농구를 얼마나 열심히 했는지 보여주는 증거였어요. 그래서 정말 많은 걸 얻었다고 느꼈습니다. 제가 할 수 있는 일은 더 이상 없다고 생각했습니다."

호프는 다른 많은 사람이 그렇듯 도시에 남아 일했을 수도 있다. 하지만 이 힘든 상실의 시간 동안 호프는 변함없이 새로운 꿈을 알아보려고 노력했다. 농구는 생각한 대로 풀리지는 않았지만, 그에게 좋아하는 일을 하는 기분이 어떤지 깨닫는 선물을 주었다. "하고 싶은 일을 하는 겁니다. 거의 집착에 가깝죠. 지금 하고 있는 일이 그런 기분을 느끼게 해주지 않는다면 대체 뭘 하고 있는지 스스로에게 물어보세요."

호프는 그런 기분을 꺾이지 않는 열정이라고 부른다. 영감으로 논리를 이기고, 이상과 목표를 실현하고자 노력하며, 자신이 얼마나 뛰어난 인재가 될 수 있고 그 과정을 얼만큼 즐길 수 있는지 알아내고자 노력하는 마음이다. 호프가 DJ 활동을 시작했을 때 그는 또 다른 끝없는 열정의 대상을 찾았고, 완전히 새로운 현실에 다시 집중했다.

저는 스스로에게 이 질문을 계속해서 던집니다. "무엇이 가능하고, 나는 그걸 할 수 있나?" 이 일이 저를 앞으로 나아가게 합니다. 인생은 한 번뿐이고, 가능한 보람 있게 살고 싶잖아요. 맞아요. 인생에는 수많은 어려움이 따라오죠. 결코 공평하지 않고 비극과 불운과 불행으로 고통받겠지만, 우리에게는 그 인생을 가능한 보람 있고 풍요롭게 만들 힘이 있어요. 자신의 인생을 꽉 움켜쥐고 그 인생의 주인이 되세요.

호프는 DJ 경력이 자신에게 가져다준 것을 돌아보며 말한다. "열정이 저에게 그토록 많은 기회를 안겨줬다는 점은 여전히 놀랍습니다." 그는 열정이라는 기회가 자신에게 주어진 사실에 놀라워하고 감사해한다. 호프의 말을 듣고 우리는 다른 무엇 때문이 아니라 정확히 그의 뜨거운 열정 덕분에 좋은 기회가 찾아왔다고 생각했다.

결론

슬럼프가 찾아왔다는 것은 우리 삶의 무언가가 사라졌다는 의미다. 우리의 계획, 꿈, 그리고 상황이 어떤 식으로 펼쳐지리라 생각했던 마음속 희망까지. 이 상실을 느끼고 받아들일 때만이 앞으로 할 일에 우리의 에너지를 다시 쏟을 수 있다. 준비가 됐다고 느끼는 순간 양발을 단단히 딛고 새로운 현실과 늘 갖고 싶었던 크고 눈부신 꿈속으로 뛰어들어야 한다.

THE
REBUILDERS

2부

실패에서
도약하기

5장

대체
누구의 잘못일까?

'이 상황을 바로잡기 전에 모든 사람이
어느 정도 책임이 있다는 사실을 인정해야지.'
_최악의 사태가 진정된 뒤 우리가 속으로 하는 생각

책임을 묻지 말자. 앞으로 나아가고 싶다면 잘잘못을 따지는 일을 멈춰야 한다. 모든 상황에서 본인의 역할을 받아들여야만 다음에 펼쳐질 상황도 중심을 잃지 않고 이끌어 나갈 수 있다.

> 오해 상황을 누가 망쳤는지 알아야만 바로잡을 수 있다.
> 진실 우리가 신경 써야 하는 유일한 책임은 자신의 책임이다.

성공의 아버지는 많지만, 실패의 아버지는 없다. 이 익숙한 문장은 책임 소재를 따지는 일이 얼마나 주관적일 수 있는지 알려준다. 일이 틀어지면 우리는 본능적으로 잘못이 누구에게 있는지 찾으려 한다. 하지만 슬럼프에서 다시 일어서고자 한다면, 우리 자신을 포함한 모든 이들이 나서서 자신의 책임을 인정하고 거기서 교훈을 얻어야 한다. 안타깝게도 실제로 책임 소재를 밝히는 일은 어렵고 애매하다. 그렇다면 슬럼프에서 일어서는 과정에서 책임이 하는 역할과 책임 소재를 찾는 일이 꼭 필요한 과정인지 아니면 쓸데없는 짓인지 더 자세히 알아보자.

오해

'책임'과 책임의 못된 쌍둥이 동생 '비난'은 그야말로 바라보기 나름이다. 우리 주변에는 모든 일을 심각하게 받아들이고 상황이 엇나갈 때 곧바로 자기 탓을 하는 사람이 있다. 매사 걱정하고 자기 성찰을 한다고 해서 늘 생산적인 결과가 나오는 것은 아니다. 마찬가지로 잘 코팅된 프라이팬처럼 모든 책임을 요리조리 피해 가고 어떤 잘못이나 비난이 들러붙는 꼴을 못 보는 사람도 있다.

판사와 변호사가 특정 주제를 놓고 공방을 벌이는 흔한 신문 기사만 봐도 책임 소재를 밝히기가 얼마나 어려운지 알 수 있다.

누가 누구에게 무슨 짓을 했고, 이러한 행동에서 비롯된 심각한 결과의 책임이 누구에게 있는지는 모든 검찰 측과 변호인 측이 내세우는 주장의 토대다. 누가 악당이고 누가 피해자였는가? 실제로 책임 소재가 늘 분명한 것은 아니다.

세간의 이목을 끈 엘리자베스 홈스Elizabeth Holmes 사기 사건을 예로 들어보자. 홈스는 지금은 사라졌지만 질병 진단 기기를 만들던 실리콘밸리의 벤처 기업 테라노스Theranos의 CEO였다. 2021년 홈스는 수많은 투자자들에게 7억 달러를 받아 챙기는 금융 사기를 친 뒤 사기 혐의로 기소됐다. 테라노스는 오랜 시간 혁명적인 혈액 진단 기술을 개발했다고 주장했지만, 과학자와 규제 전문가들이 그 기술이 아무 효과가 없다는 사실을 발견한 뒤 회사(당시 자산 가치 90억 달러)는 무너졌다. 겉보기에 잘못한 사람은 아주 명백했다. 미국 법무 보좌관 로버트 리치Robert Leach는 이렇게 말했다. "거짓말과 속임수로 돈을 번 사기 사건입니다. 투자자와 환자들에게 거짓말을 해서 엘리자베스 홈스는 억만장자가 되었습니다."

하지만 그녀의 변호단은 실리콘밸리에서 성공해야 한다는 부담감과 당시 연인에게 심리적 폭행을 당했다는 등 여러 다른 이유와 상황 때문이었다고 홈스를 변호했다. 그들은 엘리자베스 홈스가 '실제로 매일같이 최선을 다했음에도 실패한 한 명의 살아 숨 쉬는 인간'이며, 그래서 범죄가 아니라고 주장했다. 그녀가 최선을 다했다면 그 결과로 생긴 사태에 책임을 져야 할까? 2022년 1월, 배심원단은 금융 사기 혐의로 홈스에게 유죄 판결을 내렸다.

그녀는 최고 형량이 총 80년에 이르는 혐의를 계속해서 부인했다.

심지어 훨씬 더 일상적인 상황에서도 책임 소재를 놓고 의견이 분분하다. 영국 이스트 런던에 사는 한 사람은 교통 법규를 여러 차례 위반해 주차 위반 과태료를 물게 생기자 벌금을 내는 대신 당시 벌금을 부과한 지방 의회를 핑계 삼아 상황을 역전시키기로 결심한다. 그는 과태료가 '정신적 고통'을 줬다고 주장하며 뉴엄 의회를 법정에 세웠고, 벌금 한 건당 손해액 5000파운드씩 총 2만 파운드를 지급하라는 판결을 끌어냈다.

위의 두 사례는 책임 소재 판단이 얼마나 주관적일 수 있는지를 잘 보여준다. 엘리자베스 홈스와 주차 위반 과태료 사건에는 책임 공방 당사자 모두에게 분명한 이득이 있다. 모든 당사자는 득이나 실이 있기에 실제 책임이 누구에게 있는지에 대한 객관적 견해를 왜곡하고 모호하게 만든다. 우리는 이 책의 자료 조사를 하는 동안 이런 상황을 수시로 만났다. 사람들이 책임이 있다고 생각하는 부분은 종종 실제 원인과는 별로 관계가 없으며 관련된 사람들의 다양한 목표가 더 큰 원인이다. 실패한 사업이든 망한 결혼이든 원인과 책임을 따지려 드는 일은 힘만 들고 성과는 없을 때가 많다. 그래서 변호사들이 그토록 많은 돈을 버는 것일 테지만.

하지만 꼭 사람들의 개인적 동기나 목표만이 상황을 복잡하게 만드는 원인은 아니다. 상황에 따라 행동의 결과가 굉장히 달라진다는 사실을 증명하는 연구도 많다. 우리는 자신이 운명의 주인이라고 믿고 싶어 하겠지만, 당시 상황과 우연이 같이 섞여 들어가 여러 상황에서 사람들이 저마다 어떤 역할을 했는지 알아내기가 더 힘들어진다. 이 말이 사실로 밝혀진 분야는 성공한 리더의 세계다. 힘 있는 리더들은 자신의 행동과 아이디어가 성패를 좌우한다고 믿고 싶어 하겠지만, 하버드 대학교의 한 교수는 최고위 리더들조차 자신이 이끄는 조직에 거의 또는 전혀 영향을 미치지 않는다는 사실을 증명했다. 분명 많은 '고위직 리더'들의 자존심을 건드릴 만한 연구에서 가우탐 무쿤다Gautam Mukunda는 '각 리더가 실제로 최종 결과에 책임이 있는지, 아니면 좋든 싫든 우연히 그 자리에 있었을 뿐인지' 묻는 많은 사회과학적 증거를 살펴봤다.

무쿤다는 여러 요인이 복잡하게 얽혀 대부분의 리더가 얻는 결과가 결정되며, 이 모든 요인은 그냥 남다르고 재능 있는 천재가 되는 것보다 훨씬 덜 섹시하다고 결론짓는다! 이런 요인에는 리더의 능력과 행동의 자유를 제약하는 외부 상황과 환경이 포함된다. 리더들이 해결해야 하는 내부 정치와 조직 역학도 여기에 들어간다. 또한 대부분의 리더가 경력이 비슷하며 똑같은 선정 과정을 통해 선출되었다는 말은 고위직 채용 후보들이 비슷하게 훌륭한 자질을 가지고 있다는 의미다. 이런 채용 장치는 자격이 부족하거나 무능한 리더가 대표 자리에 앉는 상황을 막아줄 뿐 아니라 많은 유력한 후보가 대체 가능한 영향력을 갖출 수 있도록 해준다. "제너럴 일렉트릭GE만 봐도 그렇죠. GE의 이사진이 책 웰치가 아닌 다른 사람을 골랐다면 어땠을까요? 회사는 같은 성과를 냈을까요? 웰치가 최고 경영자 자리를 수락하지 않았더라면 대단히 비슷한 사람을 골랐을 가능성이 높아요." 무쿤다가 말했다. 이런 이유로 무쿤다는 웰치를 '개인적 영향력이 적은' 리더라고 부른다. 그에 따르면 GE 경영진이 선택한 다른 후보 역시 웰치와 비슷한 성과를 냈을 것이다.

무쿤다의 주장은 우리가 처한 환경이 대개 우리가 하는 일의 결과에 큰 영향을 미친다는 사실을 강조한다. 즉 어쩌면 우리 앞에 놓인 상황이 우리의 행동보다 결과에 더 큰 영향을 미친다는 것이다. 어쩔 수 없는 이런 상황은 특정 집단에만 특권이 주어지는 사회 문제를 생각해 보면 분명히 존재한다. 누구든 조금만 노력하면 무엇이든 이룰 수 있다는 생각은 사회에서 영향력이 낮은 많은 집단에게 불리하게 작용하는 사회 전반의 편견을 고려하지 않은 것이다. 심지어 사회의 수많은 사람들에게 불리하게 작용하는 갖가지 편견 없이도 우리의 행동과 재능 외의 수많은 요소가 삶의 많은 결과에 영향을 미친다는 사실을 보여주는 증거는 끝도 없다.

척 로스Chuck Ross라는 젊은 작가 지망생의 독특한 사례를 살펴보자. 로스는 추리 소설을 한 편 썼지만, 큰 포부에도 불구하고 그의 원고는 여러 출판사에서 계속 퇴짜를 맞았다. 로스는 많은 출판사가 원고를 보지도 않고 거절했다고 확신했다. 그래서 원고의 품질보다 출판사의 결정에 훨씬 더 영향을 미치는 요소가 있음을 증명하는 기발한 계획을 생각해 냈다. 이 사실을 증명하기 위해 로스는 전미 도서상을 수상한 작가 저지 코진스키Jerzy Kosinski가 쓴 베스트셀러 소설의 원고를 저자명과 제목만 바꿔서 여러 출판사에 보냈다. 코진스키의 원고는 모든 출판사에서 퇴짜를 맞았다. 코진스키의 이름을 표지에 넣지 않으면 그 원고는 출판하기 부적합하다는 평가를 받았던 것이다.

실패할 조짐이 가득한 일의 책임이 누구에게 있는지 따지기는 쉽다. 여러 개인적 문제는 책임 소재가 어디 있는지에 대한 우리의 생각을 왜곡하며, 전후 상황과 환경, 심지어 사회적 편견은 일의 결과에 영향을 준다. 이렇게 되면 리빌더들은 어떤 상황에 처할까? 성장을 위해 노력하는 과정에서 누구에게 어떤 책임이 있는지 이해하려는 생각을 버리면 될까? 그렇다면 이미 일어난 상황에서 우리에게 어떤 책임이 있는지 어떻게 알 수 있을까? 개인적 책임은 아예 무시하면 될까? 이 말은 약간 무책임하게 들릴까? 그리고 우리가 무엇도 통제할 수 없는 상황이라면 어떻게 스스로를 피해자로 바라보지 않을 수 있을까?

진실

스포츠는 이런 질문에 대한 답을 찾을 때 참고하기 좋은 분야다. 팀이 이기고 지는 것은 분명히 알 수 있지만, 팀 스포츠에서 누가 어떤 기여를 했는지 알아내기란 이보다 더 힘들다. 우리는 2003년 럭비 월드컵에서 우승한 잉글랜드 팀의 수석 코치 클리브 우드워드Clive Woodward 경과 대화를 나누면서 그가 선수들과 함께 책임과 의무를 어떤 식으로 바라보는지 알게 됐다. 클리브 경은 '창문과 거울' 개념을 소개했다.

창문은 큰 시합에서 이겼을 때 선수들이 '창문'으로 경기에 대한 평가를 시작한다는 의미입니다. 즉, 창문을 통해 들여다보고 다른 모든 사람의 공을 인정하면서 자신에 대해서는 한마디도 하지 않습니다. 창문으로 들여다보면 다른 선수들, 코치진, 부모님, 그리고 모든 사람이 대단하다고 이야기할 수 있습니다. 자신에 대한 이야기는 하지 않고 다른 사람들, 그리고 좋은 결과만 이야기합니다. 큰 경기에서 지면 선수들은 '거울'로 봅니다. 패배에 책임을 져야 하는 유일한 사람은 거울 속에 있는 사람입니다. 팀원들은 경기에서 지더라도 제 탓을 하지 않습니다. 저는 이미 자책하며 거울을 들여다보면서 이렇게 말하기 때문이죠. '내 잘못이야. 나는 경기에서 패배한 수석 코치야.' 하지만 팀원들 역시 거울을 보며 생각해야 합니다. '나는 과연 뭘 했지?' 이 선수 잘못일지 저 선수 잘못일지 묻는 대신 말입니다. 책임이 있는 유일한 사람은 거울 속에 비치는 사람입니다. 우리가 정말 원하는 건 사람들이 각자의 책임을 지는 것이죠.

클리브 경은 다른 사람을 탓하지 말라고 분명히 경고한다. 타인은 우리가 바꿀 수 없는 '바깥'에 있는 요소이기 때문이다. 그는 또한 창문과 거울 개념이 사후에 누가 잘했고 못했는지 책임을 따지기 위한 방법이 아니라고 강조한다. 이 방법은 모든 팀원이 책임감을 가지고 경기에서 승리하기 위해 사전에 무엇이든 바꿀 수 있도록 격려하는 방식이다. 즉 경기 전에 무언가 잘못됐다는 생각이 들면 목소리 높여 이야기한다는 의미다.

주중에 경기를 준비하면서 어딘가 문제가 있다는 생각이 들면 저는 말합니다. 이 부분에선 격식을 차리지 않습니다. 이렇게 말하죠. '다들 괜찮나? 이대로 가도 되겠어?' 준비가 덜 된 것 같은데 아무도 나서서 말하지 않으면 우리는 중요한 경기에서 지겠죠. 저는 사람들이 '아직 준비가 안 됐어요. 이건 어때요? 우리 이건 안 해봤어요'라고 말하길 바랍니다. 경기가 있는 토요일에는 모든 사람이 완벽하게 준비됐다고 생각하기를 바라죠. 경기가 끝나고 월요일 아침에 와서 이걸 했어야 됐네 저걸 했어야 됐네 불평하지 말고요.

클리브 경은 우리가 실제로 신경 쓸 수 있는 유일한 책임은 자신의 책임이라고 분명히 이야기한다. 바로 거울 속에 있는 사람. 어떤 일의 결과에 영향을 미치는 요인은 많겠지만, 자신을 피해자로 보고 다른 사람을 탓하는 대신 우리가 바꿀 수 있는 한 가지, 스스로의 노력과 행동에 집중하면 확실히 도움이 된다. 그때 이기든 지든 우리는 할 수 있는 노력을 다했다는 사실을 안다. 이처럼 자신의 행동과 노력에만 집중하기로 선택하면 기분 좋은 유능감을 느낄 수 있고, 어느 정도 통제력을 되찾을 수 있다. 힘든 시간을 보내거나 어려운 일을 겪을 때 통제감은 초능력과도 같다. 또한 그의 개념대로라면 '창문'을 통해 어쩔 수 없는 것들은 포기하게 해준다. 우리 힘으로 바꿀 수 없는 사람들과 상황에 대한 책임을 내면화하기를 멈추고 쓸데없는 걱정에서 벗어날 수 있다.

이 방법은 클리브 경을 비롯한 오늘날 다른 많은 사람이 여전히 활용하고 있으며, 오랜 세월을 거쳐 증명된 인생관이다. 기원전 3세기 스토아 철학자들은 중요한 것은 삶의 여러 사건이 아니라 사건에 대한 자신의 판단과 반응이라고 믿었다. 이런 믿음 덕에 그들은 당시 일상이었던 잦은 전쟁과 사회적 불안, 타인들의 중상모략을 잘 이겨낼 수 있었다. 사르트르 Jean Paul Sartre 역시 이 생각을 실존주의의 핵심 사상으로 받아들였다. 사르트르는 사람은 자신의 선택에 전적인 책임이 있으며, 그래서 우리가 환경을 선택할 수는 없지만 그 환경에 어떻게 행동하고 반응할지는 선택할 수 있다고 믿었다. 1940년 제2차 세계대전 기간 동안 프랑스가 나치군에게 점령당하는 사회적으로 엄청난 불안을 겪던 시기에 사르트르가 전쟁 포로 생활을 하면서 이런 믿음이 생겨난 건 우연이 아니다.

이 같은 사고방식은 삶에 시련이 찾아올 때 큰 힘이 된다. 최선을 다해도 때로 어쩔 수 없는 상황이 우리의 발목을 잡는다. 상황이 통제할 수 없는 지경에 이르렀을 때조차 어떻게 반응할지 선택할 수 있는 권한이 여전히 자신에게 있다는 사실을 기억하면 큰 힘이 된다. 그래서 우리는 가장 힘든 상황에 놓였던 사람들에 대한 이야기를 되풀이해서 들으며 그들이 어떻게 반응했는지 깊이 들여다보는 것이다. 이 분야에서 가장 큰 영감을 주는 아름다운 이야기 중 하나는 전쟁 포로였던 작가 빅터 프랭클Victor E. Frankl이 쓴 책 『죽음의 수용소에서』다.

빅터는 사람들에게 존경받던 정신과 의사였지만, 1944년 아우슈비츠 수용소에 수감되었다. 오랜 수감 생활과 가족을 잃는 역경을 겪으면서도 그는 결국 살아남았다. 이 끔찍한 상황에서 빅터는 어떻게 행동할지 선택함으로써 의미를 찾았고 후에 이 선택이 자신의 목숨을 살렸다고 썼다. "한 인간에게서 모든 것을 빼앗아 가더라도 빼앗을 수 없는 한 가지가 있다. 그건 바로 주어진 상황에서 어떤 태도를 취할지, 어떤 길을 택할지 선택할 수 있는 자유다." 그는 가장 힘든 상황에서도 여전히 자신에게 통제력이 있다고 믿었다. "자극과 반응 사이에 공간이 있다. 그 공간에는 어떤 반응을 할지 선택할 수 있는 힘이 있다. 우리가 어떻게 반응하느냐에 따라 우리의 성장과 자유가 결정된다."

도구

누가 그 미팅을 망쳤는지 확실했기에 분노의 이메일이나 문자를 보내고 싶었던 적이 있는가? 신중하게 정한 계획이 틀어졌을 때 하늘을 올려다보며 '왜 하필 저입니까?'라고 외치고 싶었던 적은? 이런 적이 있다면 다들 그랬으니 걱정하지 않아도 되고, 한 번도 남 탓을 한 적이 없다면 그건 거짓말이다. 이 도구는 잠시 멈춰 일어난 일을 곱씹어보고 다른 누군가가 아닌 우리가 그 일을 어떻게 하고 싶은지 계획을 세우는 과정에 도움을 주기 위해 만든 것이다. 어떤 사건에 어떻게 반응할지는 우리가 선택할 수 있다. 이 선택대로 실행하면 우리는 자유로워지고 다음에 일어날 일도 통제할 수 있게 된다.

사건
무슨 일이 일어났는가?
어떤 슬럼프를 겪었는가?

반응
기분이 어떤가?
그 사건 직후 어떤 감정이 들었는가? 스스로에게 솔직해지고, 분노나 좌절감을 떨쳐내라. 자신의 감정을 인정하면 그 감정을 이겨낼 수 있다.

현재 행동
나는 지금 어떤 말과 행동을 할 수 있는가?
무슨 일이 벌어졌는지 충분히 생각했다면 다음에 어떤 행동을 취할 것인가? 상황을 개선하고 앞으로 나아가기 위해 나는 무엇을 할 수 있는가?

다음 행동
다음에는 어떻게 다르게 말하고 행동할 수 있을까?
이 상황에서 어떤 교훈을 얻을 수 있는가? 다음에 더 나은 결과를 얻기 위해서 다른 무엇을 할 수 있는가?

그림 5-1 어떤 상황 앞에서 신중하게 행동·반응하기 위한 도구

영감의 주인공

제이슨 곤살베스,
〈더 페이스〉 글로벌 브랜드 디렉터

제이슨 곤살베스Jason Gonsalves는 영국을 대표하는 스타일 매거진 〈더 페이스〉의 글로벌 브랜드 디렉터다. 제이슨은 크리에이티브한 광고·미디어 업계에서 화려한 경력을 쌓은 뒤 조직 생활을 그만두고 많은 유명세를 누렸지만 2019년 폐간된 잡지를 재발행

하는 과감한 행보를 선택했다. 불확실성을 사랑한다고 말하는 용감한 사상가인 제이슨은 젊은 시절에 한 경험 덕분에 개인의 책임을 받아들여야 한다는 사실을 배웠다고 이야기한다. 31살에 이혼한 후 스스로를 돌아보는 기간에 행동과 결과에 대한 책임이 오롯이 자신에게 있다는 사실을 받아들이는 것이 어떤 힘이 있는지 깨달았고 덕분에 그 후 삶의 다양한 부침을 잘 이겨낼 수 있었다고 말한다.

몇 년 전 재혼해 행복한 결혼 생활을 꾸려가고 있는 제이슨은 첫 결혼의 결말이 가르쳐준 교훈을 이렇게 이야기한다.

실패한 첫 결혼에서 가장 크게 얻은 것이 있다면 제 자신이 누구인지 분명히 알게 된 점입니다. 멈춰 서서 자신의 잘못, 강점, 또 나를 나답게 만드는 점을 생각해 보세요. 제가 그 시간에서 벗어날 수 있었던 이유는 제 책임이 무엇인지, 어떤 점을 정말 잘했고, 어떤 점을 바꿔야 했는지 분명히 파악했기 때문입니다. 저는 자신이 어떤 사람인지 장단점을 솔직하게 파악했습니다. 이런 깨달음은 제가 정신을 차리고 힘을 내고 그 이후 많은 일을 할 수 있게 해준 큰 원동력이었습니다. 한결같은 방식으로 자신을 돌아본 덕분에 그 후 20년간 즐기면서 살 수 있었습니다. 당시 저는 화가 나고 당황스럽고 실패한 느낌이 들었습니다. 제 앞에 놓인 두 가지 선택지가 분명히 떠오릅니다. 하나는 모두 다른 사람의 잘못이라고 믿고 나가서 파티를 즐기며 문제를 잊어버리는 거였죠. 다른 하나는 어느 정도 책임을 지고 자신을 들여다보는 것이었습니다. 스스로를 들여다보고 생각하고 반성할 시간을 갖는 일을 하는 길을 택했습니다. 스스로가 그런 선택을 해서 대단히 기뻤습니다. 그 선택은 제가 오늘 느낀 자신감과 만족감의 큰 원천이 됐습니다. 물론 우리가 어쩔 수 없는 문제들도 있습니다. 하지만 모든 변명은 접어두고 이렇게 자문해 보세요. "나는 어떻게 살아왔지? 무엇이 나를 움직이게 하지? 그리고 내 자신에 대해 무엇을 알아야 하지?" 이 질문에 진정으로 솔직하고 분명하게 답할 수 있다면 다른 모든 일은 쉬워집니다.

또한 우리가 바꿀 수 있는 일로 눈을 돌리게 해줍니다. 우리 힘으로 어쩔 수 없는 일이 너무 많을 때 자신의 상태를 속속들이 파악해 보세요. 내 책임은 무엇일까? 나는 무엇을 통제할 수 있을까? 이렇게 하면 어느 정도 통제력을 되찾을 수 있습니다.

예전 직장에서 교육을 받으러 갔을 때 동료들이 일과 커리어 이야기를 하면서 모두 화를 냈던 기억이 납니다. 자신들에게 기회가 주어지지 않는다고 느껴서였죠. 나는 이제 절대 그러지 말아야지 생각했던 기억도 납니다. 제가 한 모든 일에 책임을 지면 변명할 일이 없겠죠. 모두 제 통제 범위 안에 있으니까요. 그날부터 저는 그렇게 했던 것 같아요. 그리고 가끔 머릿속으로 통제력을 되찾는 상상을 하면 대단히 도움이 됩니다. 책임이 주어지면 힘이 생기거든요. 나 자신이 다른 사건들의 결과라고 믿으면 통제력과 힘을 빼앗깁니다. 삶의 모든 일에 더 많은 책임을 질수록 더 자유로워집니다.

결론

실패를 분석해 잘잘못을 따지면 아무것도 나아지지 않는다. 아무리 분석하고 비난해봤자 사건이 어떻게 일어났는지 그 복잡한 진실은 절대로 풀지 못할 것이다. 거울을 들여다보고 자신이 어떤 역할을 했는지에 집중하는 편이 훨씬 유용하다. 일단 우리가 선택한 행동과 반응에 책임을 지면 더 이상 다른 모든 사람의 이야기에서 피해자가 되지 않고 자신의 이야기를 직접 써 나가는 저자가 될 수 있기 때문이다.

6장

물잔은 반이 비어 있지도,
반이 차 있지도 않다

'긍정적으로 생각하라는 말 듣기도 지겨워.
지금까지 그런 식으로 잘된 적이 없잖아.'

_우리가 대개 어느 순간에 하는 생각

낙관주의의 굴레. 우리는 긍정적으로 생각하면 모두 잘될 거라는 말을 들으며 자랐다. 이번 장에서는 앞으로 나아가기 위해 긍정적인 생각에 추가해야 하는 다양한 재료들을 이야기하려 한다.

> 오해 긍정적인 생각은 성공의 열쇠다.
> 진실 현실주의와 낙관주의 사이 적당한 균형을 찾는 법을 배워라.

'걱정하지 마. 절대 그런 일은 없을 거야.' 일이 잘 풀릴 때 들어도 짜증 나는 말이다. '그런 일'이 실제로 벌어져서 상황을 수습 중일 때 들으면 더 분통 터지는 말일 테고. 그렇다면 슬럼프에서 무사히 회복하려면 어떤 마음가짐을 가져야 할까? 낙관주의? 비관주의? 물잔이 반이나 차 있다는 마음가짐? 반이나 비어 있다는 마음가짐? 아니면 하루의 시간대나 카페인 섭취량에 따라 두 마음가짐 사이를 이리저리 오가야 할까?

오해

올바른 마음가짐이 성공에 얼마나 중요한 역할을 하는지 강조하는 글은 차고 넘친다. 지금 구글에 마음가짐 코치mindset coach를 검색해 보면 결과가 1300만 개가 넘는다! 문제는 그중 상당수의 조언이 모순적으로 보인다는 사실이다. 지나치게 긍정적인 마음가짐은 천진난만하고 비현실적이라고 인식되는 한편, 지나치게 부정적인 마음가짐 역시 못마땅한 취급을 당한다. 그렇다면 우리는 어떤 마음가짐을 취해야 할까?

'행복한 생각을 해봐', '긍정적인 생각만 해', '다 잘될 거라고 자꾸 생각해봐'……. 우리는 긍정적인 생각을 하면 뭐든 해낼 수 있다고 쾌활하게 이야기하는 잡지 기사와 인스타그램 포스팅에 둘러싸여 살아간다. 온통 '긍정적인 태도는 늘 승리한다, 반드시'

라는 마음가짐을 품으라는 이야기들이다.

이처럼 긍정적 생각을 행복한 삶의 열쇠로 보는 태도는 비교적 현대적인 개념으로, 1990년대 후반 당시 미국심리학회 회장을 지내던 마틴 셀리그먼Martin Seligman이 대중화했다. 새롭게 회장이 된 셀리그먼은 정신 건강 문제와 정신 질환을 치료하는 데 집중하던 기존의 심리학을 '모든 사람의 삶을 더 충만하고 생산적으로 만드는' 쪽으로 옮겨 가기로 작정하고 자칭 '긍정 심리학'이라는 운동을 일으켰다.

셀리그먼은 행복, 감사, 연민처럼 사람들이 삶의 긍정적 사건과 영향에 집중하면 좋은 성과를 거두고 최고의 삶을 살 수 있다고 믿었다. 이후 긍정 심리학은 폭발적인 인기를 누렸지만, 비판을 받기도 했다. 어떤 사람들은 긍정 심리학이 건강 산업의 성장으로 상품화되면서 가치가 떨어졌다고 주장했다. 또 어떤 사람들은 긍정 심리학이 사람들의 발전을 가로막는 가난, 인종 차별, 여러 구조적 편견과 트라우마 같은 대단히 현실적인 문제를 고려하지 않는다고 주장했다. "긍정 심리학은 좋은 생각만 하면 모든 일이 잘되고 행복해질 수 있다는 인상을 준다." 임상 심리학자이자 셀리그먼의 동료였던 짐 코인Jim Coyne은 이렇게 비판했다.

진실이 무엇이든 우리에게 '긍정적으로 생각하라'고 충고하는 무지갯빛 노트가 현실을 정확히 바라보게 해주지는 못할 것이라는 확신이 든다. 낙관주의만이 힘든 시기를 극복할 수 있게 해준다는 이 만병통치식 생각은 지나치게 단순하며, 여러 연구에서도 맹목적인 낙관주의가 실제로는 발전을 가로막는 장애물이 될 수 있다는 결과가 나왔다.

2015년 유타 대학교의 한 연구진은 낙관주의가 성과에 긍정적 영향을 미친다는 주제를 실험한 끝에 '사람들은 낙관주의의 역할에 지나치게 낙관적일지도 모른다'는 탁월한 결론을 냈다. 또한 '사람들은 낙관적 태도가 도움이 될 거라고 생각하지만, 그 믿음은 대개 잘못됐다는 사실을 보여주는 사례가 많다'고 덧붙였다. 낙관적인 사람들은 연구진이 준 과제를 더 열심히 더 오랫동안 풀었지만(가령 〈월리를 찾아라〉에서 월리를 찾는 과제), 결과가 더 나아지지는 않았다. 실제로 낙관주의는 별 도움이 안 될뿐더러 때로 역효과를 냈다. 가령 낙관적인 실험 참가자들은 긍정적 태도를 원동력으로 월리를 찾는 데 더 많은 시간과 노력을 쏟았지만 월리를 더 잘 찾지는 못했다! 다른 많은 연구에서도 지나치게 긍정적인 태도의 한계가 입증됐다. 체중을 감량 중인 여성들을 대상으로 한 어느 연구에서는 다이어트의 결과를 긍정적으로 생각할수록 실제 감량하는 체중은 더 적다는 결과가 나왔다.

지나친 낙관주의는 때로 폴리애나 신드롬Pollyanna Syndrome이라고도 불리는데, 1913년 출간된 동명의 소설에서 따온 이름이다. 소설『폴리애나』의 주인공인 소녀 폴리애나는 힘든 환경에서도 한결같이 쾌활하다. 심리학자와 정신과 의사들은 폴리애나처럼 '과도하거나 맹목적으로 낙관적인 사람'이 되어 장밋빛 발걸음을 따라가면 위험하다고 경고한다. 지나친 낙관주의는 모든 사람의 삶에 찾아오는 역경을 헤쳐 나갈 능력을 감소시키기 때문이다. 그렇다면 비관주의는 어떨까? 폴리애나와 정반대되는 캐릭터는 『위니 더 푸』에서 시종일관 우울한 당나귀 이요르다. 잘 알려진 '희망은 전략이 아니다'라는 익숙한 문구조차 긍정적 사고가 목표를 달성하게 만들어 주지 않는다고 경고한다.

삶이 시련을 안겨줬다면 목표를 낮춰 실망할 일을 없애는 쪽이 타당해 보인다. 어떤 사람들은 '실용적 비관주의자'가 되는 방법을 택한다. 최악의 상황을 걱정하며 실망스러운 상황에 대비한다. 결국 불행이 모든 곳에 도사리고 있다고 생각하면 실제로 불행한 일이 찾아와도 놀라지 않을 것이다. 하지만 비관적 태도를 고수하는 데는 나름의 대가가 따른다.

세라는 실제로 이런 경험이 있다. 세라는 불안정하고 폭력적인 환경에서 자란 탓에 늘 최악의 경우를 예상하는 어른이 됐다.

어린이책 『치킨 리킨』의 주인공인 치킨 리킨은 저에 비하면 아무것도 아니었어요. 저는 늘 하늘이 무너지는 상황을 대비했고 큰일이 닥치면 꽤 잘 대처했어요. 문제는 이런 식의 삶은 사람을 너무 지치게 해요. 늘 최악을 예상하고 걱정하면 매일의 즐거움이 사라지고 기진맥진해지거든요.

이런 식의 사고는 충격적인 일을 겪었거나 불안감이 높거나 강박 장애 같은 정신 질환을 앓는 사람들에게서 흔하다. 이런 극

단적인 사고를 '파국화'라고 하는데, 자신도 제어할 수 없을 정도로 부정적인 생각이 꼬리를 물다가 최악의 상황을 떠올리는 것을 말한다. 하지만 이런 사고 패턴은 그 자체로 파괴적일 수 있다. 불필요하고 지속적인 걱정은 높은 불안감과 우울증을 낳기도 하기 때문이다.

슬럼프를 극복하고 다시 일어서는 리빌더들 대부분은 심한 파국화 사고를 하지는 않겠지만, 정도가 약하더라도 이 원칙은 여전히 적용된다. 나쁜 결과를 예상하고 걱정하는 일은 감정 에너지를 엄청나게 고갈시키고 다음에 할 일을 창의적으로 생각하는 능력을 저해한다. 감정 에너지와 창의성 둘 다 슬럼프에서 일어서는 리빌딩 과정에 꼭 필요한 자원이다.

비관주의가 창의성과 문제 해결 능력을 저해하는 경우는 직장에서 흔히 볼 수 있을 것이다. 한 팀이 모여 앉아 복잡한 문제를 푸는 법을 고민할 때 어떤 해결책을 제시해도 '전에 해봤는데 별효과 없었어'를 되풀이하는 사람만큼 사기를 떨어뜨리는 것도 없다. 일터에서 만나는 이런 사람들을 우리는 '에너지 흡혈귀'라고 부른다. 부정적인 말을 쏟아내며 주변의 긍정적인 분위기를 모조리 빨아들이기 때문이다. 팀의 사기가 떨어지는 것은 물론이고 새로운 해결책을 찾을 수 있으리라는 믿음은 사라지고 일은 진척되지 않는다.

부정적이고 걱정 가득한 생각이 '분위기를 망치는' 데 그치지 않고 어째서 성장을 가로막고 창의성을 말살하는지 보여주는 과학적 증거가 있다. 신경과학 연구는 뇌가 두려움을 느끼는 동안에는 창의력을 발휘할 수 없으며, 따라서 걱정에 사로잡히면 문제에서 빠져나오는 참신한 해결책을 생각하는 능력이 떨어진다는 사실을 증명했다.

진실

이 까다로운 마음가짐 문제의 해결책은 포로 수용소에 갇혔던 한 베트남전 참전 군인에게서 찾을 수 있다. 긍정주의를 이야기하면서 흔히 다루는 주제는 아니지만 참고 읽어주길 바란다. 이 이야기에서 얻을 수 있는 교훈은 완전한 긍정주의도 비관주의도 답이 아니라는 사실이다.

미군 최고위 장교였던 스톡데일Stockdale 장군은 악명 높은 '하노이 일턴' 교도소에 전쟁 포로로 8년간 수용되었다 풀려났다. 그는 자신이 겪은 경험을 책으로 펴냈고, 인터뷰에서 집으로 돌아갈 수 있으리라는 보장이 없던 그 험난한 환경에서 어떻게 살아남았는지 이야기했다. "저는 수감 생활의 결말에 대한 믿음을 버린 적이 없어요. 나는 여기서 나가서 결국 승리할 것이며, 그 경험을 절대 바꾸지 않을 내 삶의 결정적 사건으로 만들 거라고 믿어 의심치 않았어요."

어느 인터뷰에서 살아남지 못한 사람은 누구냐는 질문을 받고 스톡데일 장군은 낙관주의자들이라고 답했다.

이렇게 말하는 사람들이었죠. '우리는 크리스마스 전에는 나갈
수 있을 거야.' 그리고 크리스마스가 지나가면 그들은 이렇게
말했죠. '부활절 전까지는 나갈 수 있을 거야.' 그렇게 부활절이
지나가고 추수감사절이 지나고 다시 크리스마스가 돌아왔죠.
결국 그들은 마음의 병을 앓다 생을 마감했습니다.

스톡데일이 한 이야기의 핵심은 낙관주의와 지극한 현실주의
를 결합하는 것이었다. "이건 대단히 중요한 교훈입니다. 절대 잃
어서는 안 되는, 결국 승리할 것이라는 믿음과 뭐가 됐든 현재 처
해 있는 가장 잔인한 현실을 직면하기 위한 원칙을 혼동해서는
안 됩니다."

이런 태도는 '스톡데일 패러독스'라 불리게 됐다. 물잔이 반이
나 차 있다는 긍정주의도 반이나 비어 있다는 비관주의도 아니다.
둘 다. 모두 잘될 거라는 강한 낙관주의와 현재의 현실을 받아
들일 용기를 더하면 어떤 문제든 해결할 수 있다는 태도다.

1장에서 언급한 크리스 할렌가는 이런 태도를 행동으로 옮긴
대표적인 사람이다. 유방암 인식 개선 자선 단체 코파필!의 설립
자인 크리스는 20대 초반에 갑작스럽게 유방암 4기 진단을 받는
다. 크리스는 지금 개인적으로 또 직업적으로도 충만한 삶을 살
고 있다. 그녀는 30대 초반에 이미 우리 대부분이 평생 이룰 수

있는 일보다 더 많은 일을 해냈다. 난치암 진단을 받았는데도 불고하고 말이다.

크리스는 에너지와 긍정적인 기운이 넘치는 사람이다. 암 진단을 받은 이후 장기적 계획을 세울 때는 신중해졌지만, 자신에게 즐거움을 주는 일은 더 많이 하게 됐다. 크리스는 암 진단을 받은 후 약해지기는커녕 첫 항암 치료를 받는 동안 코파필!을 설립해 영국에서 세 번째로 큰 암 자선 단체로 키워냈다.

그 과정에서 고양이 한 마리를 키우게 됐고, 콘월로 이사했으며, 사랑하는 쌍둥이 언니와 커피와 케이크를 파는 밴을 운영하고, 수천 명 앞에서 강연을 하고, 자랑스러운 영국인상도 수상했다. 크리스는 이렇게 말한다. "저는 스물세 살에 유방암에 걸린 사람이 아니라 영웅적인 일을 해낸 사람으로 기억되고 싶어요."

하지만 크리스는 절대로 현실을 외면하지 않는다. 자신의 치료 방법에 늘 낙관적인 태도를 유지하면서도 자기 앞에 놓인 길을 선택할 때는 현실주의자가 된다.

저는 지금도 (치료 과정에서) 새로운 장애물을 만날 때면 제가 힘든 상황에 처해 있고 그 상황을 헤쳐 나왔다는 사실을 생각하려고 애씁니다. 저는 여기 살아 있고 잘하고 있으니까요.
그러니까 제가 다시 괜찮지 않을 거라고 생각할 이유가 없어요. 그런 순간이 오면 저는 다시 괜찮아질 거라고 확실하게 믿는 것 같아요. 하지만 더 많은 치료법을 시도할수록 그 확신은 줄어들기 시작해요. 캐비닛 속 약이 줄어들수록요. 처음에는 시도할 수 있는 치료법이 있으면 치료를 받아요. 그런 뒤 어떤 치료법이 더 이상 효과가 없으면 다른 치료법을 시도하죠. 저는 12년 동안 그렇게 살아왔어요. 하지만 어느 단계에 이르면 이 치료법은 바닥이 납니다.

하지만 제가 실천하는 또 한 가지 방법이 있습니다. 저에게 일어나는 모든 감정을 느끼도록, 그 감정에 빠져 있도록 두는 겁니다. 저한테 그럴 권리가 있다고 생각하지만 동시에 저에게 일어나는 일을 마냥 천진난만하게 바라보고 싶지는 않아요. 비현실적으로 살고 싶지는 않습니다. 저는 어느 정도 현실주의자거든요. 저는 제가 아흔까지 살 거라는 환상을 갖고 있지 않아요. 제 삶이 유한하다고 믿으며 삽니다. 그런 식으로 생각하면 죽음에 대해 제 생각을 조정하기 위해 해야 할 일이 있다는 사실을 받아들이게 됩니다.

크리스는 최근에 임종을 앞둔 사람들에게 일대일 상담을 제공하는 '임종 도우미' 자격을 취득하는 과정을 시작했다. 크리스는 사실상 그 과정을 듣는다고 본인의 임종 도우미 역할을 할 수 없다는 건 알지만, 덕분에 자신의 죽음에 대한 몇 가지 어려운 주제를 직시할 수 있게 됐다.

이 과정 덕분에 저는 많은 사람이 두려워하는 여러 문제를 대면

할 수 있게 됐습니다. 저 역시 이런 문제를 생각하기가 정말 두려웠던 때가 있었어요. 하지만 문제를 직시하면 해결할 수 있고, 이 과정이 끝나면 문제를 마무리 짓고 앞으로 나아갈 수 있어요. 저는 이런 식으로 받아들이고 대처해 왔어요. 그것이 제가 어떤 일을 마주하고 대처하는 방식입니다.

크리스는 '자신의 죽음과 친구가 되고 있다'고 말하며, 이외에도 죽음의 필연성에 맞서기보다 삶의 현실성을 받아들일 때 어떤 힘이 있는지 보여주는 사례들도 더 찾아볼 수 있다.

도구

낙관주의와 현실주의 사이 균형 잡기는 모든 사람이 할 수 있는 일이다. 그때 우리는 긍정적인 동시에 현실적인 태도를 유지할 수 있으며, 현재 상황에 상반되는 감정을 느끼더라도 걱정을 내려놓을 수 있다. '뿌리와 가지' 도구는 이 상반되는 감정에 집중하고 어떤 상황의 양면을 살펴볼 수 있도록 해준다. 다음의 질문들을 지금 처한 상황을 살펴보는 길잡이이자 기준점으로 삼아 보라.

뿌리는 현재 본인이 처한 현실을 반영한다. 뿌리는 진흙 속에 깊이 묻혀 더러워질 수 있지만, 모든 나무가 자라는 데 꼭 필요한 토대이자 기반이다. 가지는 가장 해가 잘 드는 전망을 찾는다. 가지는 빛을 향해 뻗어 올라가고 새로운 성장과 생명이 움트는 원천이 된다.

낙관주의를 키우는 가지branch **질문**
- 내가 가장 바라는 결과는 무엇인가?
- 그 결과는 지금 상황에 어떤 영향을 미치는가?
- 그 결과를 실현하기 위해 내가 할 수 있는 세 가지 일은 무엇인가?
- 그 결과를 얻기 위해 내가 그만둬야 하는 한 가지 일은 무엇인가?

현실주의를 키우는 뿌리root **질문**
- 가장 괴로운 결과는 무엇인가?
- 그 결과는 지금 상황에 어떤 영향을 미치는가?
- 그 결과에 대비하기 위해 내가 할 수 있는 세 가지 일은 무엇인가?
- 그 결과를 막기 위해 내가 그만둬야 하는 한 가지 일은 무엇인가?

그림 6-1 낙관주의와 현실주의 사이 균형을 잡는 뿌리·가지 도구

이 도구를 일터에서 활용한 강력한 사례는 기존 광고주를 지키기 위해 TBWA에서 한 광고를 들 수 있다. 암스테르담에 있는 TBWA/네보코가 대형 소매업체와 계약을 연장하기 위해 경쟁 피티를 준비할 때 TBWA 팀은 모든 만일의 사태를 고려하고 계획했다.

경쟁에서 이기면 거대한 규모의 창의적인 광고주와 몇

년 더 일할 수 있다. 경쟁에서 지면 회사는 재정적·감정적 타격을 입게 될 것이었다. 회사는 좋은 결과를 얻기 위해 가능한 모든 노력을 기울였다. 해결책을 찾는 데 집중했고 몇 주간 이어진 힘든 비딩에 온 힘을 쏟아부었다. 그들은 팀이 패배의 두려움이 아니라 승리의 가능성에서 동기 부여를 할 수 있도록 했다. 모든 실질적인 조치를 취해 최고의 자원과 인재를 비딩에 투입하고 가능한 수단을 전부 동원했다. 동시에 비딩의 경쟁이 심하다는 사실을 대단히 현실적으로 받아들이고 광고주가 계속 자신들과 일하는 것을 결코 당연하게 생각하지 않았다. 비딩에서 지면 회사는 규모와 사업 형태를 조정해야 했고, 이러한 결정 역시 신중하게 계획해서 내려야 했다.

CEO는 결과가 나오기 전에 모든 최종 결과를 심사숙고해야 했다. 좋은 소식과 나쁜 소식을 어떻게 전달해야 할지, 어떻게 하면 가장 충격이 적은 방식으로 모든 필요한 변화를 시행할 수 있을지 구체적으로 고민했다. 성실한 리더였던 그는 모든 만일의 상황을 꼼꼼하게 계획해 광고주를 잃게 되더라도 회사가 받는 충격을 최소화할 수 있도록 했다. 회사는 최고의 상황과 최악의 상황을 위한 시나리오를 모두 준비했고, 비딩에서 이겼다는 기쁜 소식을 받아들었다.

낸시 레이즈,
TBWA 샤이엇데이 뉴욕 CEO

낸시 레이즈Nancy Reyes는 솔직하고 용감한 여성 사업가로, 뉴욕에서 가장 유명한 광고회사 중 한 곳인 TBWA 샤이엇데이 뉴욕의 CEO다. 하지만 늘 승승장구하지는 않았다. 낸시가 6년 전 CEO 자리에 올랐을 때 한때 이름을 떨쳤던 이 회사는 부진을 겪고 있었고, 그녀는 직원들과 함께 회사를 다시 정상화하는 일을 맡았다.

단도직입적이고 단호한 성격답게 낸시는 주저 없이 과거에 어떤 실수가 있었는지 냉정하게 분석하기 시작했고, 이를 통해 문제를 찾아 해결하고자 했다. 문제를 면밀히 살펴보는 그녀의 방식은 결실을 이루어 회사는 몇 가지 민감한 문제를 해결하고 어느 정도 긍정적인 성장세를 이루었다. 하지만 이런 접근법을 쓴 지 1년이 지난 뒤 낸시는 깨달았다. 지나치게 과거를 돌아보면 앞으로 나아가기가 힘들어진다는 사실이었다.

긍정적 성장세를 보였지만, 회사는 여전히 최근의 부진과 과거에 겪은 부진으로 타격을 받고 있었어요. 또한 제가 회사에 어떤 일이 일어나고 있고, 무엇 때문에 회사가 부진을 겪었고, 문제가 되는 부분이 어디였는지 파악하는 데만 상당한 시간을 쏟았다는 사실을 깨달았습니다. 그리고 회사에 대단히 예리한 시각을 가진 사람이 한 명 있었어요. 젊은 전략 담당자였죠. 점심을 사주면서 물었습니다. "제가 어디에 집중해야 될 것 같아요? 제가 회사에서 어떤 부분을 더 잘할 수 있을까요?" 그 직원은 제 평생 최고의 조언을 해주었죠.

직원은 이렇게 말했습니다. "회사가 성장할 수 있다고 믿지 않는 사람들 대신 대표님과 같은 가치를 공유하고 회사가 성장할 수 있다고 믿는 사람들에게 집중하고 더 많은 에너지를 쏟아주실 수 있나요? 부정적인 부분에 시간을 쏟는 대신 긍정적인 부분에 집중하면 대표님도 우리도 성장하고 회사는 더 빨리 앞으로 나아갈 수 있을 테니까요."

문제를 우러러보는 데 쓰는 시간을 줄이고 문제를 해결하고 앞으로 나아가는 데 더 많은 시간을 쏟는 게 중요합니다. 이 부분이 매우 어렵고 우리가 쉽게 실패하는 지점입니다. 실제로 부정적인 면에만 너무 많은 시간을 쏟으면 결코 문제가 되는 부분을 고칠 수 없습니다. 우선 조직 안에 있는 긍정적인 면을 찾아내야 해요.

오늘 기차에 올라탈 준비가 된 사람들, 거기에 집중하고 더 많은 시간을 쏟으면 부정적인 면에 모든 시간을 쏟을 때보다 같은 생각을 하는 사람들을 더 많이 불러 모으고 다 함께 앞으로 나아갈 수 있습니다. 이것이 제가 얻은 가장 큰 교훈이에요. 일단 에너지가 그쪽으로 집중되니 더 빨리 성장할 수 있었던 것 같습니다.

결론

슬럼프는 우리의 장밋빛 세계관에 흠집을 낼 수 있지만, 이러한 경험 때문에 낙관주의를 완전히 버려서는 안 된다. 낙관주의와 현실주의가 적당히 섞이는 편이 훨씬 유용하다. 그래야 우리는 용기를 잃지 않고 삶의 역경에 맞설 준비를 할 수 있다. 결국 물잔은 반이 차 있기도 하고, 반이 비어 있기도 하다. 하지만 더 중요한 사실은 다시 채울 수 있다는 점이다.

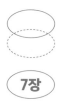

7장

깨닫게 될 때까지
기다리지 마라

"아주 오랜 시간 해안에서 멀어질
각오가 없는 사람은 신대륙을 발견할 수 없다."

_앙드레 지드 Andre Gide

무지의 상태. 삶의 모든 길은 사각지대로 가득하다. 아무리 철저히 대비해도 마찬가지다. 이번 장에서는 전체 상황을 파악하지 못할 때 확신을 가지고 앞으로 나아가는 방법과 어째서 길을 잃어야 더 좋은 결과가 나오는지 알아본다.

오해 어디로 향하는지 정확히 알지 못한 채 길을 나서지 마라.
진실 호기심이 지식보다 우리를 더 먼 곳까지 데려다줄 것이다.

"옳을 확률이 40퍼센트인 정보만 있다면 행동하지 마라. 하지만 100퍼센트 확실한 사실을 알 때까지 기다리면 너무 늦다." 육군 4성 장군이자 아프리카계 미국인으로서는 유일하게 미 합동참모본부 의장을 지내고 지금은 고인이 된 콜린 파월Colin Powell이 한 말이다. 생사가 달린 아주 중요한 결정을 내린 사람의 조언이므로, 그런 이가 실상을 전부 알게 될 때까지 기다리면 안 된다고 말하면 믿어야 한다. 파월 전 의장은 이 생각을 군대와 업무의 확고한 지도 원칙으로 삼고 40/70 공식을 만들어내기에 이르렀다. 공식에 따르면 성공 확률이 40~70퍼센트에 이르는 정보가 있다면 결정을 내리라고 한다. 파월이 수시로 강조한 점은 실상을 전부 파악하게 될 때까지 기다리면 위험이 줄어들기보다 커진다는 것이다. 그에게 있어 이 결정은 대개 자신의 결정을 확신할 때까지 대기하다 보면 수많은 생명이 위험에 빠질 수 있는 군사 작전이었다. 더 오래 기다리면 손 쓰기엔 너무 늦어지기 때문이었다.

대부분의 사람들이 국가 안보 문제를 다루는 일을 하지는 않아도, 모든 것을 확실히 알게 될 때까지 기다리고 싶은 마음은 다들 잘 알 것이다. 더 많이 알수록 더 좋은 결정을 내릴 것이라는 생각은 무척 타당해 보인다. 특히 별로 좋지 않은 결과를 얻은 후 회복을 계획하는 경우라면 더 그렇다. 연구도 대화도 사실 확인도 한 번 더 해 봐야 성공이 보장될 것이다. 솔깃한 말이지만 사실은 아니다.

콜린 파월은 모든 것을 다 아는 데는 너무 긴 시간이 걸린다고 지적한다. 하지만 또 다른 문제도 있다. 시간이 문제가 아니라고 해도 무엇에 대해 충분히 알고 있다고 느끼기란 사실 불가능에 가깝다. 인터넷을 사용해 본 사람이라면 알 것이다. 인터넷에는 정보가 너무 많고, 무엇보다 대부분의 정보가 모순된다. 우리가 구글을 통째로 삼킬 수 있다고 해도 그 정보에 따라 행동할 때쯤에는 이미 쓸모없는 정보가 되어 있을 것이다. 지금의 세계는 너무 빠르게 변하기 때문이다.

인간은 현재 뷰카VUCA 시대에 살고 있다. 1987년 처음 만들어진 용어인 뷰카는 변동성volatility, 불확실성uncertainty, 복잡성complexity, 모호성ambiguity의 앞 글자를 딴 말이다. 이 네 개의 단어는 삶에서 질서와 안전을 추구하는 사람들의 등골을 써늘하게 한다. 2020년 이후 코로나19 시기를 헤쳐 나가고 있는 모든 사람은 느닷없이 시작된 전 세계적인 혼란을 실감해야 했다. 수많은 개인, 가정, 기업은 이제 겨우 회복하기 시작했다. 유독 전례 없는 사건이다 보니 뉴스 매체는 전례 없다는 단어를 닳아 없어질 정도로 쏟아냈다.

그렇다면 우리는 지금 어디에 서 있는지, 어떤 일이 펼쳐질지 결코 확실히 알 수 없을 전례 없는 세상을 어떻게 헤쳐 나갈 수 있을까? 첫 단계는 '충분히 안다'는 생각을 내려놓고 약간 길을 잃은 것 같은 기분은 어쩔 수 없지만, 실제로는 좋은 기회일 수도 있다는 생각을 받아들이는 것이다.

혼돈의 중간 단계

대부분의 리빌더는 새로운 앞길을 찾는다. 새로운 직업, 관계, 더 행복한 마음가짐. 즉 발전하고 변화하며 과거의 상태에서 미래의 상태로 넘어간다. 이 전환의 과정에서 약간의 혼란을 겪어야 변화가 일어난다. 기존의 상태에서 다른 상태로 옮겨가기 위해서는 약간 혼란스럽게 느껴지는 중간 과정이 있을 것이다. 이 또한 괜찮다.

이러한 '전환' 관리의 창시자는 윌리엄 브리지스William Bridges 다. 조직·컨설턴트인 윌리엄은 평생 전환에 대해 공부했고 사람들이 전환의 과정을 헤쳐 나갈 수 있도록 돕는 일을 했다. 그는 첫 번째 부인이 죽었을 때 자신 역시 고통스러운 상실과 변화의 시기를 거쳤다고 말한다. 윌리엄의 저서 『전환: 삶의 변화 이해하기 Transitions: Making Sense of Life's Changes』는 변화와 위기에서 비롯되는 직업적·개인적·감정적 전환의 가이드 역할을 한다. 그의 말에 따르면 변화는 우리 삶의 상황을 바꾸고 대개 다시 일어서게 하는 외부적 사건이다. 이러한 전환은 우리가 변화를 탐색하고 변화에서 벗어날 때 내면에서 벌어지는 중요하고 점진적인 과정이다. 그는 전환의 과정을 이해하기 위해 단순하면서 유용한 지도를 만들었다. 우선 끝이 있고, 그다음에는 '뉴트럴 존'이라 부르는 중간 단계, 마지막으로 새로운 시작 단계가 있다.

우리는 4장에서 '끝'에 대해 알아봤다. 외부적인 뷰카, 즉 불확실하고 모호하고 가변적인 사건은 무언가가 끝났다는 사실을 느끼게 해준다. 그때 우리는 대개 온갖 불쾌한 감정을 느낀다. 상심하거나 분노하거나 충격을 받을 수도 있다. 끝을 경험한 뒤에 곧바로 새로운 시작을 기대할지도 모른다. 하지만 브리지스를 비롯한 다른 전환 전문가들은 그보다 먼저 겪게 되는 필수적인 시기가 있다고 말한다. '중간 지대' 또는 다소 불길한 느낌이 드는 '비옥한 공백 fertile void'의 시기다.

이 시기는 가장 불편한 단계인 동시에 좋은 일이 생기는 단계이기도 하다. 이 단계에서 대부분 상실감, 좌절감을 느끼고 '왜 이게 아직 해결되지 않은 거야'라는 생각을 한다. 또한 이를 바득바득 가는 것 말고는 아무 일도 벌어지지 않고 어서 이 단계를 건너 반대편으로 빠져나가고 싶은 마음만 간절해진다. 하지만 이 중간 단계는 새로운 시작과 성공적인 회복의 토대를 다지는 중요한 단계다. 이 불편한 중간 단계에서 변화가 일어난다. 우리는 이전의 정체성을 벗고 새로운 정체성을 입어본다. 이때 앞으로 뻗은 새로운 길, 새로운 생각, 새로운 방식을 탐색할 수 있다. 즉, 두 공중그네 사이 허공에 머무는 상태다. 무서우면서도 신나는 곳이다. 그리고 새로운 공중그네를 붙잡기 위해서 반드시 머물러야 하는 공간이다.

무엇을 해야 할지 모르는 이 무지의 시기는 다양한 이름으로 불리지만, 성공적 전환의 열쇠라고 널리 받아들여지고 있다. 인류학자들은 이 기간을 '경계 지대'라 부른다. 이쪽도 저쪽도 아닌 중간 상태다. 브레네 브라운Brené Brown은 이를 '혼란스러운 중간 단계'라고 부르며 이 단계를 지나가는 일은 피할 수 없을 뿐 아니라 실제로 변화의 과정에서 필수적이라고 강조한다. "중간 단계는 혼란스럽지만 동시에 마법이 일어나는 곳이다. 이 단계의 긴장감에서 좋은 일이 생기고 배움이 일어난다."

이 중간 지대를 서둘러 지나 비교적 확실한 반대편으로 나가고 싶은 욕구가 강하게 든다. 우리 모두 이 혼란스러운 중간 단계에서 충분한 시간을 쓰지 못한 때를 떠올릴 수 있을 것이다. 기업들은 변화의 과정을 서둘러 처리하며, 직원들이 하룻밤 새 한 곳에서 다른 곳으로 건너뛰는 것이 아니라 정신적으로 전환할 수 있는 시기가 필요하다는 사실을 자주 간과한다. 마찬가지로 우리도 스스로에게 필요한 충분한 시간을 주지 않고 바로 다음 단계로 돌진하고 싶어 한다. 충분한 준비가 되어 있지 않다고 느끼면서도 새로운 일과 관계를 시작한다. 상실이나 삶의 충격적인 사건을 겪은 후에 큰 결정을 내리고, 결국 나중에 후회하는 길로 간다. 하지만 스스로에게 시간을 주면 올바른 시작이 찾아올 것이고, 그때 변화를 맞이할 준비가 완벽하게 됐음을 깨닫게 된다.

그렇기에 우리는 슬럼프에서 회복하는 여정에서 어떤 길을 가고 있는지 또는 어디를 향해 가게 될지 정확히 알지 못하는 자신을 용서할 수 있다. 어떤 일을 성공시킬 만큼 충분히 알지 못한다는 걱정을 멈출 수 있으며, 대신 불편한 상태를 편안하게 받아들여야 한다. 정해진 지도를 버리려 노력하고, 어떤 새롭고 흥미진

진한 길과 목적지가 나타날지 지켜봐야 한다. 인도 출신의 의사이자 작가 디팩 초프라Deepak Chopra는 이렇게 말했다고 한다. "버리는 과정에서 우리는 많은 것을 잃겠지만 우리 자신을 찾게 될 것이다."

진실

군인과 경제학자는 애매성과 복잡성을 그다지 좋아하지 않겠지만, 우리가 교훈을 얻을 수 있는 또 다른 집단이 있다. 이 집단은 잘 알지 못하는 무지의 상태가 얼마나 중요한지 그 가치를 오래전부터 알고 있었다. 바로 예술가들이다. 그들은 정말 새롭고 창의적인 무언가가 펼쳐지려면 평소 갖고 있던 생각을 버리고 배운 것을 잊어버리는 시기가 필요하다는 사실을 알았다.

데이비드 보위David Bowie는 평생 길을 잃은 기분으로 음악 활동을 했다. 그는 이전에 알던 사실을 잊어버리는 것을 좋아했고, 이를 연료로 삼아 수많은 재창조 작업을 했다. 종종 성공의 정점에서 하던 일을 멈추고 다음에 어떤 일이 생기는지 그저 지켜봤다. 보위는 인기가 최정점에 이르렀을 때 '지기 스타더스트(1972년 보위가 발매한 앨범이자 보위의 페르소나이기도 했다-옮긴이)' 활동을 중단하고 소울 음악과 펑크 음악을 기웃거리다 대성공을 거둔 '다이아몬드 독스Diamond Dogs' 투어 활동 이후 돌연 활동을 중단하고 '씬 화이트 듀크Thin White Duke'라는 앨범과 새로운 페르소나로 다시 나타났다. 이 재창조의 대가에게 불안정한 감정은 성장의 열쇠였다. 보위는 늘 무엇을 해야 할지 모르는 상태에서 음악 활동을 해왔다고 이야기하며, 능력 밖의 일을 해보라고 적극 권장했다.

지금 일하고 있는 분야에서 안심하고 있다면 제대로 된 곳에서 일하고 있지 않는 겁니다. 늘 들어갈 수 있다고 느끼는 것보다 조금만 더 깊은 물 속으로 들어가 보세요. 자기 능력보다 조금 더 가보고, 발이 바닥에 잘 닿지 않는 불편한 기분이 든다면 흥미로운 일을 할 수 있는 곳에 있는 겁니다.

혼란스러운 중간 단계에서 황금을 캐낸 사람은 보위만이 아니었다. 영국의 도예가 그레이슨 페리Grayson Perry 역시 혼란 속에서 신선한 아이디어를 찾아냈다.

저는 의심과 불확실성의 시기에 중독된 것 같아요. 만약 그런 감정이 들지 않는다면 걱정해야 합니다. 충분히 노력하고 있지 않다는 말이니까요. 계획하는 모든 일이 잘될 거라는 확신이 들면 무슨 의미가 있죠? 저는 의심과 불확실성이 새로운 일이 시작될 조짐이라고 생각해요.

보위와 페리에게서 영감을 얻지 못하겠다면 아이들이 좋아하는 소설 『이상한 나라의 앨리스』이야기를 떠올려보라. 작가는 토끼 굴을 통해 거대하고 '혼란스러운 중간 세계'를 만들어냈다. 독자들을 포함해 무슨 일이 일어나고 있는지 알아챈 사람은 거의 없다. 비록 앨리스는 약간 미심쩍은 물약의 도움을 받기는 하지만, 잘 안다고 생각했던 자기 자신과 세상에 대한 모든 것이 의심스러워진다. 결국 앨리스는 자신이 누구였는지 완전히 잊고 만다. 애벌레가 앨리스에게 누구냐고 묻자 앨리스는 그날 아침에 일어났을 때만 해도 자신이 누구인지 알았지만 여러 번 변하고 난 뒤 더 이상 자신이 누구인지 모르겠다고 답한다.

잠시 길을 잃음으로써 얻을 수 있는 건 상상의 여행만이 아니다. 과학과 기술 분야도 오랜 기간 실험적인 접근법에서 도움을 얻었다. 어떤 결과가 나올지 불확실하지만 열린 마음으로 노트와 펜을 들고 일단 시작하는 것이다. 현대 의학의 흐름을 바꿔놓은 1928년 페니실린의 발견은 놀라운 우연이었다. 알렉산더 플레밍 Alexander Fleming 박사는 독감 치료약을 연구하던 중, 2주간 휴가를 갔다가 돌아온 뒤 배양 접시 위에서 이상한 곰팡이가 자라고 있는 것을 발견했다. 역사상 가장 생산적인 휴가였다.

이 모든 개척자들의 공통점이자 새로운 발견을 가능케 한 비결은 그들의 지식이 아니라 호기심이다. 그들은 모두 어떤 대상을 속속들이 알지 못하더라도, 마음을 열면 훨씬 더 흥미로운 사실을 알게 될 것이라고 기꺼이 믿고 기대했다. 이러한 마음가짐은 터너상을 받지 못했거나, 거대한 버섯 위에 앉아 물담배를 피는 애벌레와 대화를 나눠보지 못한 우리 같은 평범한 사람도 가질 수 있다.

우리가 '리빌더스' 팟캐스트 인터뷰를 처음 시작한 시기는 영국에서 코로나19가 확산된 지 몇 주 지나지 않았을 때였다. 엄청나게 불안한 시기였고, 기업도 가정도 앞으로 무슨 일이 일어날지 전혀 알 수 없던 때였다. 대화를 나눈 대다수의 사람들이 위기감과 불안감을 느끼고 있던 반면, 그러한 감정을 호기심으로 이겨낸 남다른 이들도 있었다. 이런 호기심 덕분에 그들은 당시의 대혼란을 덜 불편하게 받아들이고, 걱정하는 대신 다음에 무슨 일이 일어날지에 집중했다.

그중 한 사람이 앞서 언급한 〈페이스〉 매거진의 최고 브랜드 관리자 제이슨 곤살베스였다. 제이슨은 천성적으로 호기심이 많고 창의적인 사람으로, 선택과 필요에 따라 삶의 여러 전환기를 성공적으로 헤쳐 나왔다. 제이슨은 개혁과 변화를 거듭하는 현대 영국 문화계의 핵심 인사다. 흑인이 등장하는 서부 영화부터 기후 변화에 대한 음악계의 접근 방식까지 제이슨을 비롯한 〈페이스〉 팀은 늘 변화하는 문화계의 소식을 전한다. 우리는 제이슨과 대화를 나누면서 그가 코로나19 이전에 세운 계획을 대수롭지 않게 여기고 사회, 가정, 기업이 원치 않게 겪게 된 변화를 기꺼이 받아들이는 태도에 깊은 인상을 받았다.

작년에 세운 계획을 붙들고 있다면 지금의 세상은 너무 힘들 거예요. 지금이야말로 '모든 것이 백지 상태가 됐다'라고 스스로에게 말하기 정말 좋은 기회입니다. 모든 것을 다시 바라보고 백지 한 장이 주어졌다고 생각해야 할 순간입니다. 당연히 세상을 바라보는 관점을 바꿔줄 대단히 흥미롭고 기발한 놀라운 아이디어가 등장할 겁니다. 정상 상태로 돌아가는 쪽이 더 큰 비극일 겁니다. 각자의 기업에 속해 있는 개인에게, 또 사회 전체에 주어진 진정한 기회는 2020년에 일어난 일을 변화의 분기점으로 받아들이고, 이미 일어난 모든 일을 바탕으로 지금 실제로 일어나는 일을 생각하는 겁니다. 세상이 어떤 모습이어야 한다고, 기업은 어떤 모습이어야 한다고 생각하나요? 삶의 질을 낮추는 대신 높이기 위해 어떤 식으로 기업을 운영하고 있나요? 기업을 운영하고 문화를 만들어가는 모두에게 재미있는 도전이라고 생각합니다. 누구나 모든 것을 손에 쥘 수 있다고 생각해 보세요. 마음만 먹으면 건물 부지를 바꾸고 기업의 방향을 완전히 바꿀 수 있다고 상상해 보세요. 지금까지보다 더 자유롭게 변화를 만들어낼 수 있습니다. 기업이 아무런 유산도 없는 상태에서 맨땅에서 다시 시작해야 하는 상황이라면 어떻게 될까요? 우리에게는 이제 그럴 기회가 주어졌습니다.

영국에서 코로나19가 확산한 지 불과 일주일이 지난 시점이었다. 어린 두 아이를 집에서 공부시키며 잡지의 폐간을 막으려고 애쓰고 있던 제이슨은 이미 앞날을 생각하며 '뉴노멀'이 어떤 모습일지 설레는 마음으로 궁금해하기 시작했다. 그는 아직 답을 찾지 못한 질문을 좋아했기 때문이다. 걱정과 혼란에서 자유롭지는 않았지만 특유의 호기심 덕에 혼란스러운 상황에 빠르게 적응했다.

저는 불확실성을 좋아합니다. 사실 어느 정도는 즐기는 것도 같아요. 제 태도가 늘 답이 아니라 질문에 따라 정해지기 때문인 것 같습니다. 제가 설레는 순간은 계획을 세우지 않을 때입니다. 하지만 몇 가지 좋은 질문은 필요합니다. 저는 모든 일을 대개 그런 식으로 접근하고, 이런 태도 덕분에 다른 방식으로 말하고 행동하고 반응할 수 있죠. 하지만 저는 정답을 찾아냈다고 생각해서 행동하는 것보다 정말 정말 좋은 질문에 훨씬 더 가슴이 뜁니다.

불교에는 이처럼 질문하는 열린 태도를 가리키는 용어가 있다. 바로 '초심'이다.

마음이 공허하다면 원인이 무엇이냐에 따라 시간이 필요할 수도 있다. 마음은 모든 것에 열려 있기 때문이다. 초심자의 마음에는 수많은 가능성이 있지만 전문가의 마음에는 가능성이 거의 없다.

초심을 갖는다는 말은 아직 잘 알지 못하는 상태의 가능성, 그리고 앞으로 새로운 것을 배울 가능성에 마음을 열어둔다는 의미다. 자신이 옳다고 증명하고 모든 답을 아는 쪽을 포기하는 대신 어떤 새로운 아이디어와 해결책이 있을지 알아본다는 뜻이다. 다행히 호기심 어린 초심은 모든 사람들이 약간의 연습만으로도 키울 수 있다.

도구

'호기심'. 어린아이들은 끊임없이 궁금해한다. 걸음마를 배우는 아이에게 하루에도 수천 번씩 '왜'라는 질문을 받아본 사람은 알 것이다.

아이들은 늘 새로운 것을 배우고 잘 모르는 상태를 아무렇지 않게 받아들이고 탐험하고 실험하지만, 우리는 나이가 들수록 이 호기심을 잃기 시작한다. 질문하기보다 정답을 알고 싶어 하고, 자신이 옳다고 증명하고 싶은 욕구가 배움을 밀어낸다. 이 도구는 어린아이 같은 호기심을 어느 정도 회복할 수 있도록 도와줘 다시 미지의 세계를 탐험하게 하고 무언가를 배우는 능력을 길러 준다.

더 기쁜 소식은 우리 뇌의 화학 구조와 변연계는 우리가 호기심을 발휘하는 동안은 걱정을 하지 않도록 만든다는 점이다. 그래서 앞으로 어떤 일이 일어날지 잘 모르겠다는 생각이 들 때 호기심을 발휘하면 정답을 찾지는 못해도 걱정을 멀찌감치 물리칠 수는 있다.

C(Childlike): 어린아이처럼 바라보기. 내 안에 숨어 있는 다섯 살짜리와 대화를 해보라. 그런 뒤 처리해야 할 문제를 비롯해 주변 상황을 새로운 눈으로 바라보라. 왜 나는 이 일을 할까? 왜 이 일은 나를 이런 기분으로 만들까? 전문가가 되려는 노력을 멈추고 세상을 새롭게 바라보는 놀라운 경험에 빠져보라.

U(Unlearn): 배운 것을 잊어버리기. 내가 아는 것을 열심히 의심해 보라. 특정 상황이나 주제의 어떤 부분을 사실이라고 믿었는가? 그게 사실이라고 100퍼센트 확신하는가? 그 반대가 사실이라면 어떤 일이 벌어지는가? 전문가의 안경을 벗는 게 힘들다면 지인에게 전화해 완전히 새로운 견해를 들어보라. 대개 할머니들은 익숙한 상황을 엉뚱한 시선으로 바라보기 좋은 존재다.

R(Release Expectations): 기대 버리기. 일이 어떻게 될 거라는 기대를 내려놓아라. 알렉산더 플레밍이 독감 치료제를 찾겠다는 생각을 내려놓고 휴가를 떠나지 않았더라면 페니실린은 발명되지 못했을지도 모른다.

I(Inquiry): 질문하기. 질문을 많이 던지고, 되도록 답이 정해져 있지 않은 질문을 해보라. '~하면 어떨까? 만약 ~하면 어떤 기분일까? 만약 ~하면 어떤 일이 벌어질까?' 같은 질문은 상상력에 불을 붙일 것이고, 질문 더미 어딘가에 완전히 새롭고 멋진 답이 숨어 있을 것이다.

O(Open): 열어두기. 모든 가능성을 향해 생각을 열어둬라. 어떤 상황의 모든 가능한 결과를 생각해 보라. 심지어 일어날 것 같지 않은 결과까지도. 앞에 무엇이 놓여 있는지 100퍼센트 알지 못하고, 무엇이 가능한지 또는 무엇이 가능하지 않은지도 아직 알지 못하는 지금이 모든 길을 살펴보기 좋은 때다.

U(Unavoidable): 피할 수 없음을 받아들이기. 혼란스러운 중간 단계는 피해 갈 수 없지만 동시에 상당한 결실을 거둘 수도 있는 단계임을 받아들여라. 서둘러 지나가려 하지 말고, 찬찬히 상황을 파악하고 탐색할 시간과 공간을 확보하라.

S(Start Small): 작은 것부터 시작하기. 이제 모든 일을 실험하고 실행할 때다. 다양한 길, 다양한 정체성, 다양한 미래. 하지만 곧장 모든 것을 걸기보다는 작은 실험부터 시작해 보라.

칩 콘리, 기업인 겸 작가

칩 콘리Chip Conley는 50대 후반이며 그가 자주 방문하는 장수 웹 사이트에 따르면 앞으로 살 날이 족히 40년은 남았다. 칩이 재창조와 재기를 경험한 시기는 50대 초반이었고, 그는 중년이 전환을 시도하기 얼마나 좋은 때인지 여러 곳에서 이야기해왔다. 자신이 중년이라고 믿든 아니든 '초심자의 마음으로 호기심을 갖기를 멈추면 그때부터는 줄곧 내리막길'이라는 칩의 확고한 신념은 모든 변화와 전환의 순간에서 명심해야 할 부분이다.

칩은 50살까지 부티크 호텔 경영인으로 살았다. 26세에 사업을 시작해 돈을 모아 지역 성매매 여성들이 주로 이용하던 샌프란시스코의 낡은 건물을 사들였다. 호텔업에 대한 재능으로 소박하게 사업을 시작한 칩은 주아 드 비브르Joie de Vivre라는 반항적 철학을 가진 부티크 호텔 체인 브랜드를 키워냈다. 직원 수가 3500명이 넘었고 유명인들도 수없이 호텔에 다녀갔다.

2011년 주아 드 비브르는 52개가 넘는 지점을 둔 호텔로 성장했지만, 근간의 불황으로 정신적·재정적 타격을 입었고 칩은 변화가 필요하다는 결론을 내렸다. 20년간 온몸을 던져 일군 회사를 매각한 후 그는 표류하는 느낌이 들었고, 앞으로 뭘 해야 할지 확신이 서지 않았다. 그때 아들뻘 되는 어린 CEO 한 명이 찾아와 문을 두드렸다. 에어비앤비를 공동 창립한 스물네 살의 브라이언 체스키Brian Chesky는 칩이 자신의 멘토가 되어 호텔업에 대한 풍부한 경험을 빠르게 성장 중인 스타트업이었던 에어비앤비에 전수해주기를 바랐다.

칩은 디지털 문외한이었다. 2013년 그의 휴대전화에는 리프트나 우버 앱이 깔려 있지 않았고, 심지어 '공유 경제'라는 말을 들어본 적도 없었다. 칩이 스물다섯 살짜리 디지털 천재 꼬마들에 둘러싸여 처음 에어비앤비를 시작했을 때만 해도 꿔다 놓은 보릿자루 같은 기분이었다. 하도 모르는 게 많아서 자신이 브라이언의 멘토 역할을 할 수 있을지조차 의심스러워서 멘토이자 인턴 역할을 동시에 하는 '멘턴mentern'이 되기로 했다. 칩은 자신이 아는 지식을 전수하는 일뿐 아니라 배우는 일 역시 새로운 커리어의 갈림길에서 필수적인 부분임을 깨달았다. 얼마 안 있어 그는 풀타임 글로벌 접객 및 전략 책임자 자리에 올랐고, 오랜 시간 브라이언의 멘토이자 조언자 역할을 해왔다. 브라이언은 에어비앤비를 창립자가 목표로 했던 세계적인 숙박 브랜드로 키울 수 있었던 비결은 칩 덕분이라고 공을 돌린다. 대체 그는 어떻게 그럴 수 있었을까?

우선 칩은 혼란스러운 중간 단계를 인정하고 받아들였다. 그는 이 시기 동안 다시 초심자로 돌아간 기분이었으며 정체성을 바꾸는 과정에서 길을 잃었다고 말한다. "한마디로 말하면요?

'끈적끈적'했어요. 나비로 변하는 과정에서 그런 것처럼요." 전문가, 사업주, CEO라는 옷을 벗어야 새로운 삶의 단계에 맞는 역할을 찾을 수 있었다. 둘째, 그가 지닌 경험과 지혜와 더불어 부족한 IT 지식 탓에 갖게 된 호기심은 아주 유용하게 쓰였다. 칩은 이렇게 말한다. "호기심이 촉매가 되어 활활 불이 붙었죠. 저의 초심 덕분에 우리 회사가 지닌 몇 가지 맹점을 더 잘 볼 수 있었거든요. 전문가처럼 보는 습관을 버렸기 때문입니다." 디지털 지식이 부족했던 덕에 기술에 집중하기를 단념하고 에어비앤비 모델의 핵심이었던 호스트와 게스트에 집중할 수 있었다. 그는 아무도 한 적이 없던 뻔하고 멍청한 질문을 했다. "직원도 아닌데 호스트가 왜 고객 경험의 수준을 신경 써야 하죠? 왜 우리 리뷰 시스템은 이런 식일까요? 호스트 경험의 수준을 검색 순위로 직접 이어지게 하면 어떨까요?"

경험과 호기심을 효과적으로 결합한 덕에 칩은 브라이언 체스키와 에어비앤비 팀에게 4년 넘는 시간 동안 기업의 방향을 결정짓는 중요한 충고를 해줄 수 있었다. 지금 칩은 모던 엘더 아카데미The Modern Elder Academy라는 센터에서 생의 중대한 전환기를 맞고 있는 중년들을 지지하고 지원하는 일을 하고 있다. '호기심은 기회를 넓히고 지혜는 기회를 줄인다'는 그의 신념 위에 설립한 회사다.

결론

우리는 삶의 모든 모퉁이마다 무엇이 놓여 있는지 알고 싶어 하지만, 앞으로 펼쳐질 모든 일을 계획하기란 불가능하다. 슬럼 프에서 벗어나 더 나은 곳으로 가는 여정을 시작하고 싶으면 잠시 방황할 수밖에 없음을 받아들일 필요가 있다. 혼란스러운 중간 단계의 시기를 피할 수 없기도 하지만 이 시기에 온갖 위대한 생각과 계획이 탄생하기 때문이다. 그러니 어디로 가야 할지 갈 피를 잡지 못하겠고 다음에 무슨 일이 일어날지 모르겠는 순간 이 온다면, 데이비드 보위도 누렸던 순간이니 당연히 좋겠거니 생각하라!

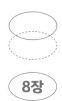

8장

과소 평가된
속도 늦추기의 힘

"속도를 늦추는 건 시간 낭비야.
뒤처져서 다시는 시작도 못 할 거야."

_지쳐 쓰러지기 직전 우리가 되뇌는 말

속도 늦추기. 성공의 속도는 너무 자주 잠재력을 평가하는 기준점이 된다. 이번 장에서는 다시 앞으로 나가기 위해서 속도를 늦추고 심지어 멈춰 서는 일이 얼마나 중요한지 집중적으로 다뤄본다.

> **오해** 어제 그 일이 일어나지 않았으면 앞으로도 영원히 일어나지 않을 것이다.
>
> **진실** 인내의 미덕과 멈춤의 가치를 인정하라.

우리 대부분은 속도를 늦춰야 할 때가 왔음을 본능적으로 느낀다. 쳇바퀴가 걷잡을 수 없는 속도로 돌아가서 거의 숨도 제대로 못 쉴 것 같은 휴일 직전이나 결승선까지 기어서 가는 듯한 금요일 오후가 그렇다. 또 상황이 천천히 진행되지만 잘못된 방향으로 가고 있는 경우에도 그럴 수 있다. 그런데 이제 점검할 시간이라는 생각이 들 때 속도를 늦추거나 멈추는가? 당연히 아니다. 우리는 자주 그 반대로 행동한다. 마치 발사 직전의 미사일처럼 몸과 마음의 한계치를 향해 맹렬히 달려간다.

오해

열심히 일하고 끝없이 속도를 높이는 것은 많은 사회의 기준점이자 우월한 삶의 방식이 되었다. 쓸모 있고 성공적인 공동체 구성원임을 증명하는 방식이다. 이런 심리는 성경에서도 찾을 수 있는데, 한결같이 부지런한 개미를 게으른 인간보다 낫다고 평가한다.

게으른 자여 개미에게 가서 그가 하는 것을 보고 지혜를 얻으라. 개미는 두령도 없고 감독자도 없고 통치자도 없으되 먹을 것을 여름 동안 대비하며 추수 때에 양식을 모으느니라. 게으른 자여 네가 어느 때까지 누워 있겠느냐. 네가 어느 때에 잠이 깨어 일

어나겠느냐. 좀 더 자자. 좀 더 졸자, 손을 모으고 좀 더 누워 있
자 하면 네 빈궁이 강도 같이 오며 네 군핍이 군사 같이 이르
리라.

16세기에 존 캘빈과 마틴 루터는 이러한 노동관을 종교 개혁
을 통해 영속화하고 근면한 노동을 신앙심과 구원의 증거로 받
아들였다. 유럽 생활이 너무 편안해지자 청교도인들은 미국으로
향했고, 더 큰 자제력과 근면함을 발휘해 아메리칸 드림을 일궈
냈다. 이 영원한 지옥살이의 공포는 오늘날까지 이어지는 작업
방식의 씨앗이 되었다. 즉 더 많이 일할수록 더 큰 성공을 거둔
다. 더 빨리 일하면 노력에 대한 보상과 성취도 더 커진다.

속도를 늦추거나 쉬거나 하늘이 금지한 잠을 자지 않고 초고
속으로 이뤄내야 한다는 잘못된 믿음은 잠은 시간 낭비(자신은 매
일 긴 낮잠을 잤으면서)라고 널리 선포한 토머스 에디슨 같은 19세
기 권위자들의 무익한 주문과 윈스턴 처칠이 남긴 "나는 행동하
는 건 걱정하지 않는다. 아무 행동도 하지 않는 것을 걱정할 뿐이
다"라는 말 때문에 한층 더 힘을 얻었다.

페이스북 창업자 마크 주커버그 역시 다음과 같은 슬로건으로
속도를 강조했다. "빠르게 움직여 파괴하라. 낡은 틀을 파괴하지
않는다면 충분히 빠르게 움직이고 있지 않은 것이다." 실리콘 밸
리의 이 슬로건은 21세의 슬로건이 된 듯하다. 기술 기업 직원이
든 초등학교 교사든 마찬가지다. 각자의 속도보다 빠른 속도가

우선시된다.

문제는 회로판과 코드는 깨졌더라도 다시 바로잡을 수 있지만 인간의 경우에는 그리 쉬운 문제가 아니라는 사실이다. 부서지기는 쉽지만 고치기는 더 어렵다. 하지만 정기적으로 속도를 줄이는 시간을 가지면 큰 변화를 만들어낼 수 있으며, 휴식과 성과가 얼마나 밀접한 관련이 있는지도 그동안 수없이 증명됐다.

과거 미국 대통령을 지낸 윌리엄 하워드 태프트William Howard Taft는 1910년에 미국의 모든 근로자는 '다음 해에도 열심히 일하고 좋은 성과를 내기 위해' 1년에 2~3개월의 방학 기간을 가져야 한다고 제안했다. 미국 국회의원들은 그렇게 생각하지 않았고, 지금까지 미국 근로자들은 유급 휴가를 법적으로 보장받지 못한다. 대서양 반대편에 있는 유럽의 많은 나라는 유급 휴가의 필요성과 이점에 동의했으며, 독일, 프랑스, 스웨덴, 영국은 1년에 평균 5주간의 유급 휴가를 준다.

이러한 권리가 법으로 보장됨에도 불구하고 2016년 영국 직장인들이 쓰지 못하고 날려버린 연차 휴가는 1억 6300일에 달했고, 평균적으로 쓴 연차 휴가가 채 5일이 되지 않았다. 아이러니하게도 설문 조사에 참여한 근로자 중 36퍼센트가 '너무 일이 많아 휴가를 갈 수 없어서' 유급 휴가를 전부 쓰지 못했다고 말했다.

연차 휴가가 긴 휴식에 해당한다면, 짧은 휴식은 어떨까? 그마저도 사정이 더 낫지는 않다. 영국의 사무실 근로자들은 매일 점심시간 때 평균 16분밖에 쉬지 못하며, 보통 자기 책상 앞에서 밥을 먹는다. 그야말로 점심을 먹으면 끝나는 휴식 시간이다. 영국인들은 정말이지 쉬는 데 재능이 없어 보인다! 이런 이유로 나머지 G7 국가에 비해 영국이 오랫동안 생산성 격차 문제를 겪고 있는 걸까?

상사의 노여움을 사는 걸 두려워하는 우리가 보기에 우리의 상사들도 잠깐의 휴식이 주는 이점을 모르지는 않는다. 경제 분석 기관 옥스퍼드 이코노믹스Oxford Economics가 분석한 미국의 한 연구에 따르면 대부분의 관리자는 근무 중간 잠깐의 휴식을 취할 때 생산성이 높아지고, 업무 현장의 사기가 강해지고, 직원들의 근속 기간이 길어지고, 건강상의 이점도 있다는 사실을 알고 있다.

이런 이유로 우리 마음 깊숙이 죄책감과 스스로에 대한 무능감이 들더라도 때로 속도를 늦춰 쉬어가는 일이 얼마나 필요하고 가치 있는지 받아들이는 것이 중요하다. 속도를 늦추고 잠시 멈추면 정말 큰 이점이 있다. 오롯이 휴식할 때 무엇보다도 중요한 회복, 균형감, 연료를 얻을 수 있기 때문이다. 하지만 우리는 그간 모두가 신경 쓰고 목표로 하는 발전이라는 지표를 통해서 이 개념을 이야기한 적이 단 한 번도 없다.

진실

〈허핑턴 포스트〉의 공동 창업자인 동시에 휴식 플랫폼 스라이브 글로벌Thrive Global의 창업자 겸 CEO인 아리애나 허핑턴Ariana Huffington이 휴식의 이미지를 새롭게 바꾼 건 놀랄 일은 아니다. 그녀는 휴식을 '정지 시간down time'이 아니라 '성장 시간thrive time'이라고 부르자고 제안한다. 아리애나가 팟캐스트 '우리의 일하는 뇌Your Brain at Work'에서 이야기했듯이 열심히 일한 뒤 재충전하는 일을 사치라고 생각해서는 안 된다. 성공을 향해 가는 과정에서 꼭 필요한 시간이라고 생각해야 한다. 이 이야기는 번아웃이 국가적인 문제가 되었다는 2020년 갤럽 리포트 설문 조사에서 확인됐다. 설문에 참여한 정규직 근로자 약 7500명 중 23퍼센트가량이 항상 또는 대단히 자주 번아웃을 경험한다고 답했다.

이에 대해 토니 슈워츠Tony Schwartz와 캐서린 매카시Catherine McCarthy는 〈하버드 비즈니스 리뷰〉에 게재한 논문 「시간이 아니라 에너지를 관리하라」에서 흥미로운 관점을 제시했다. 두 사람은 미국의 와초비아 은행 직원들을 대상으로 지금은 매우 유명해진 연구를 진행했으며, 사람들이 정기적인 휴식을 취할 때 생산성이 눈에 띄게 증가한다는 결과를 얻었다. 그들은 논문 마지막에서 네 가지 에너지 회복 시간에 집중하면 몸과 마음이 최적의 휴식을 취할 수 있다고 권한다. 이 네 가지는 바로 신체 에너지, 감정 에너지, 정신적 에너지, 영적 에너지다. (유한하고 불변하는) 시간보다 (각자가 높이거나 낮추고 통제할 수 있는) 에너지에 집중하는 일은 휴식이 앞날을 위해 만들어내는 가치를 생각하기에 정말 좋은 방법이다.

그럼 우리의 경우는 어떤지 생각해 보자.

불편하든 그렇지 않든 잠시 속도를 늦추거나 멈추면 우리는 넘어져도 더 쉽게 회복하고, 더 강하고 건강하고 또 행복해질 것이다. 아이들은 그런 행동을 본능적으로 한다. 피곤하면 낮잠을 잔다. 어떤 문제에 맞닥뜨리면 멈추고 잠시 한 발짝 물러난다. 아프면 학교에 결석계를 내고 몸을 회복한다. 그럴 때 죄책감이나 나만 뒤처진다는 두려움을 느끼지도 않는다.

운동선수들 역시 속도를 늦추는 일, 즉 테이퍼링tapering에 능숙하다. 주기적인 휴식 시간, 계획된 재활 기간을 신중하게 조정해 필요한 순간에 최고의 기량을 발휘할 수 있도록 한다. 속도를 줄이지 않고 언제나 전력투구하겠다는 생각은 아무것도 하지 않고 잘해내기를 바라는 일만큼이나 어리석다.

이 점을 보여주는 또 다른 예로 역도가 있다. 역기를 들 때 근육에는 압박이 가해진다. 이 압박으로 근육 조직이 살짝 파열된다. 팔이 회복할 수 있는 시간을 주면 근육 조직은 더 강하게 맞붙는다. 이 회복 과정은 근육 조직을 더 튼튼하게 회복시켜 준다. 피트니스 센터에서 운동하는 동안 근육을 압박하는 데 그쳐서는 안 된다. 압박을 하고 회복 과정을 갖지 않으면 근육이 다치고 상할 것이다. 바로 이 회복이 우리를 성장하게 해준다.

이러한 이유로 (인기 있는 운동 보충제) 크레아틴은 다량 복용 시 경기력을 향상시키는 약물로 분류되어 경기에 출전하는 선수들에게 복용이 금지되었다. 크레아틴이 정확히 그런 작용을 하기 때문이다. 즉 운동을 하는 동안 근육의 빠른 회복을 돕는다. 회복은 경쟁에서 유리하게 작용하며 두말할 필요 없이 좋은 경기력의 전제 조건이다.

강제적인 신체 회복은 더 쉽게 받아들이는 반면(우리의 몸이 계속하지 못하게 막을 테니까), 머리를 쉬게 하는 일은 훨씬 더 힘들다. 특히 강제적인 정신의 휴식 기간은 수량화하기가 더 힘들기 때문에 개인과 기업을 돌보는 문제에서 '소프트 툴'로 여겨진다. 하지만 회복의 원칙은 개인과 기업 모두에 적용된다. 따라서 몸과 마음이 회복할 수 있는 최선의 중간 휴식 기간을 찾는 일이 중요하다. 그리고 무엇보다 그 시간을 긍정적으로 받아들이며 보내야 한다!

도구

스트레스 일시 멈춤. 속도를 늦추고 몸과 마음에 적당히 숨 돌릴 시간을 주는 비법은 슬럼프에서 다시 일어설 때 자주 빠뜨리는 재료다.

우리는 대부분 주말과 휴일에도 '일을 한다.' 하지만 몇 주, 몇 달간 마라톤 근무를 하느라 지쳐서 생각하거나 균형 감을 잡을 여력도 없이 종종 기어서 결승선까지 간다. 이러니 당연히 휴가의 절반을 앓아누운 채 보내지 않는 사람이 있을까? 우리는 일상에서 꼭 필요한 일시 정지 버튼을 누르는 걸 잊는다. 매일 잠시간의 멈춤, 현재 맞닥뜨린 문제에 따라 하루 몇 번의 멈추기를 할 필요가 있다.

그림 8-1에 나오는 '스트레스 일시 멈춤'은 언제, 얼마나 오랫동안 속도를 늦춰야 하는지 판단하는 방법이다.

사람들은 저마다 부담감과 스트레스를 다르게 경험한다. 누군가에는 식은 죽 먹기인 일이 다른 누군가에는 전쟁처럼 느껴질 수 있다. 누군가는 카페까지 빠르게 걸어가서 커피 한잔하면 회복할 수 있지만 누군가는 하루 종일 쉬어야 회복할 수 있을지도 모른다. 우리는 모두 다르다. 이 도구는 다양한 회복 전략 또는 '늦춤' 모드를 구분할 수 있도록 도와준다. 중요한 사실은 매일, 그리고 주기적으로 쉬는 것이다. 의식적으로 휴식을 취하는 일은 '재택근무' 환경에서는 특히 중요해진다. 업무를 중단시키는 요소가 적다는 장점은 더 오랜 시간 앉아서 일하게 만드는 단점이기도 하다. 하루 종일 같은 방에 앉아 스무 걸음도 채 안 걷기 십상이다.

멈춤 (매일 몇 번)	휴식 (매일)
늦춤 (주기적)	후진 (주기적)

속도
늦춤
빈도 (세로축)

속도 늦춤 기간 (가로축)

그림 8-1 스트레스 일시 멈춤으로 자기 속도 찾기

멈춤

- 낮 시간에 여러 차례 취하는 짧은 휴식
- 새로운 풍경을 보고, 다리 스트레칭을 하고, 일에서 잠깐 멀어지는 시간
- 물과 간식을 먹고 신선한 공기를 마시고 동료나 친구와 수다 떨기
- 목적: 다음 업무를 하기 위해 충전하고 에너지를 최상으로 끌어올리며, 피로감과 짜증을 덜 느낀 채 하루를 마감하고 퇴근 후의 시간을 즐긴다.

휴식

- 제대로 쉰 것처럼 느껴지는 매일의 휴식 시간! 피트니스 센터를 가고 가족들과 넷플릭스를 보고 저녁을 먹고 강

아지 산책을 가거나 명상을 할 수도 있다. 회의와 회의 사이에 잠깐 쉬는 것보다는 길게 쉬고, 더 긴 휴식 기간보다는 짧게 쉰다.

- 목적: 다가올 날과 지나간 날을 균형 있게 바라볼 수 있는 방해받지 않는 휴식 시간으로, 온갖 할 일과 스트레스에서 완전히 벗어나 통제권을 찾고 우선순위를 정할 여유를 가진다.

늦춤

- 평소보다 여유를 갖는 더 긴 휴식 또는 기간
- 회사에서 특히 많은 스트레스 받는 기간이나 개인적으로 힘든 일을 겪은 뒤일 수 있다.
- 일을 줄이고 중간중간 자유 시간을 가져라.
- 목적: 탈진에서 회복하고 번아웃을 예방하며 스트레스가 많은 시기에 놓아버렸을 건강한 습관을 다시 들일 충분한 시간을 준다. 부담감을 낮추고 스스로에게 재조정할 시간을 주는 것이다.

후진

- 멈춤과 되감기가 자주 이루어지는 방향 전환
- 지금의 작업 방식이 행복하고 지속 가능한 방식으로 앞

으로 나아가는 것을 방해할 때 쓰기 좋은 방법

- 반사적인 임시변통으로 곧장 결과를 얻어야 한다는 부담감을 버리고 원래의 사고방식, 습관, 목표를 해체해 보라. 그 후 자기만의 틀을 다시 짜라.
- 목적: 스스로에게 삶과 일을 대하는 방식을 바꿀 수 있는 여유를 주기 위함이다. 빨리 해치우는 게 아니라 지속 가능한 방식으로 제대로 하는 게 중요하다. 목표는 몇 가지 기본 원칙을 바꾸고 나쁜 습관을 버리고 더 강하게 다시 스스로 일으켜 세우는 것이다.

(영감의 주인공)

톰 호지킨슨, 〈아이들러 The Idler〉 에디터

톰 호지킨슨 Tom Hodgkinson은 늘 자신의 시간을 통제하고 있다는 생각을 좋아했다. 신문 기자로 일한 회사 생활은 그가 원하는 것을 안겨주지 않았다. 평생 바쁘게 사느라 '자신이 뭘 하고 어디로 가고 있는지 깊이 생각할' 시간도 자유도 없었다. 톰은 누워서 책 읽는 시간을 아주 좋아하고, 저녁에는 맥주를 마시고, 짧은 간격으로 빈둥거리다가 일하기를 번갈아 가면서 한다. 그렇게 자유 시간을 확보해 관심 있는 다른 일을 한다. 톰은 '어떻게 살까?'와 '어떻게 일할까?'라는 질문에 관심이 많다. 결코 일을 싫어하지 않는다. 다만 필요 이상으로 회사에서 많은 시간을 보내고 승진을 위해 목숨 바쳐 일하는 걸 좋아하지 않고, 회사 책상에 10시간을 앉아 있으면 4시간을 앉아 있을 때보다 더 많은 일을 할 수 있다고 믿지도 않는다. 톰의 말처럼 12시간 교대 근무를 한 외과 의에게 수술을 받고 싶은가? 실제로 그의 말대로 빠른 생산성에 대한 사회의 집착은 노인, 장애인, 9~5시 근무 환경에서 일하지 않는 사람들에게 차별적이다.

그래서 톰은 속도를 늦추고 삶의 중요한 질문에 답하는 시간을 갖겠다는 자신의 약속과 신념을 한 단계 더 진전시켜 빈둥거림을 주제로 한 잡지를 창간했다. 잡지의 이름은 절묘하게도 게으름뱅이라는 뜻의 '아이들러'라고 정했다. 〈아이들러〉는 '사람들이 더 충만한 삶을 살 수 있도록 돕는 일에 전념하겠다고 약속합니다. 우리는 격월간 잡지를 발행하며 온라인 수강 과정을 만들고 라이브 행사를 운영합니다. 독자 여러분이 속도를 늦추고 즐기면서 행복하게 살기를 바랍니다!' 〈아이들러〉와 이러한 철학으로 만들어진 수강 과정은 매일 적당히 빈둥거리는 시간을 가져야 한다고 주장한다. 실제로 톰은 휴가를 가고 싶어질 필요가 없을 정도로 매일의 삶을 즐겨야 한다고 굳게 믿는다! 빈둥거림이 주는 이점 중 하나는 직업과 삶에 대한 비전을 구상하고 실행할 능력을 키워준다는 점이다. 생산성 자체를 위한 생산성에 덜 목매고 자신의 시간, 에너지, 방향에 더 목적의식을 가질 수 있다. 이를 통해 더 능률적으로 일할 수 있다. 아직 빈둥거리는 시간을 기쁘게 즐겨본 적이 없다면 지금이 기회다! 일단 시작해 보고 당당하게 누려라!

우리에게 영감을 줄 다음 사람은 닉이다. 닉은 속도 늦춤과 휴식의 이점을 수량화해냈다. 닉은 긴급 의료 상황을 겪은 뒤 이 경험을 삶과 업무를 회복하는 전략으로 삼았고, 톰처럼 회사를 세웠다.

닉 프로퍼,
임팩트 휴먼 퍼포먼스Impact Human Performance CEO

몇 년 전 닉 프로퍼Nick Propper는 결혼반지가 손가락에 약간 낀다는 느낌을 받았다. 또 양말의 고무줄 부분이 다리에 깊고 둥근 자국을 남긴다는 사실을 알아챘다. 얼마 지나지 않아 온몸이 풍선처럼 부풀기 시작했다. 병원에 가서 진찰을 받은 결과 닉은 심장마비를 일으키기 직전이었고 신부전을 앓고 있었다. 몇 달간 경고 신호를 모른 척 해왔다. 일은 바빴고, 어딘가 문제가 있을지도 모른다는 생각 자체가 불편했다. 약을 먹기 시작했고 괜찮아지는 것 같았다. 그래서 마치 아무 일도 없었던 것처럼 계속 바쁜 일정을 이어갔다.

하지만 그대로 넘어갈 수는 없었다. 얼마 지나지 않아 닉은 우울감이 들기 시작했다. 심한 우울증이었다. 이번에는 무언가 달라져야 한다는 필요성을 자각했다. 그러다 우연히 한 교육 과정을 듣고 에너지를 관리한다는 관점에서 인간이 가진 능력의 중요성에 관심을 갖게 됐다. 사람들은 일과 삶 속에서 에너지를 더 잘 관리하기 위해 어떤 방법을 쓸까? 당시 많은 회사가 관심을 기울이던 주제는 아니었다. 분명 대부분의 사람들이 직장에서 전문성을 키우는 동안 만나게 되는 주제도 아니었다.

하지만 그 주제는 닉의 관심을 끌었고, 그는 이거야말로 자신이 하고 싶었던 일이라고 확신했다. 바로 더 많은 에너지를 얻는 주제에 관해 배우고 가르치는 일이었다.

닉은 이렇게 말했다.

우리는 시간과 능률에 집착합니다. 시간 자체를 가치 창출이라고 봅니다. 우리는 시간을 관리하는 방법을 이야기하고 배웁니다. 바쁜 것은 영광의 훈장입니다. 그리고 너무 많은 조직에서 시간을 돈처럼 인식합니다. 여기에 더해 우리는 에너지 관리에 대해 이야기해야 합니다. 에너지가 없는 시간은 별 가치가 없습니다. 본인의 에너지 관리를 소홀히 하는 동안 다른 사람은 열심히 관리하고 있을 겁니다.

닉은 개인과 조직의 에너지를 더 효과적으로 관리하는 법을 알려주는 회사 임팩트 휴먼 퍼포먼스를 공동 창립해 운영 중이다. 그는 에너지 관리에 대한 사람들의 인식을 바꾸고 싶어 한다. 즉 에너지 관리를 그저 있으면 좋은 소프트 툴이 아니라 기업 운영에 필수적인 투자 요소라고 생각하게 되길 바란다.

중요한 건 늘 성과입니다. 제가 하려는 건 관습을 거부하는 모험이 아닙니다. 사람들이 포기하는 대신 계속 잘해나갈 수 있도록 돕고 싶어요. 즉, 회복탄력성을 키우고 싶습니다. 회복은 회복탄력성과 성과의 핵심 요소니까요. 하루 중 틈틈이 의도적으로 쉬는 것이 중요합니다. 주말과 연차 휴가만으로는 충분치 않습니다. 하루 1시간마다 회복 시간을 갖는 방법으로 전략적으로 스트레스를 관리하고 균형을 유지해야 합니다. 아주 작은 변화라고 해도요. 이 변화로 불가능한 일을 가능하게 하려는 게 아닙니다. 실제로 불가능을 가능케 하려는 시도는 성과 개선의 가장 큰 걸림돌입니다. 일터에서 잊지 않고 물 한잔을 마심으로써 오후 4시만 되면 어김없이 찾아오는 두통을 피하고 기분 좋고 행복하게 퇴근해 가족들과 시간을 보내고 여가 시간을 즐기세요.

결론

사람들은 종종 쉬면서도 죄책감을 느낀다. 지금 혹시 게을러 보일까? 의욕이 별로 없어 보일까? 오늘 나보다 많이 쉬지 않은 사람은 나보다 더 좋은 성과를 낼까? 이런 걱정은 모두 오래된 미신과 건강하지 못한 사회적 기준에서 나온다. 우리는 당연히 쉴 자격이 있을 뿐 아니라 휴식은 우리를 더 유능하고 강하게 만들고 슬럼프에서 빠르게 회복할 수 있도록 도와준다.

9장

모든 길은
실패를 거쳐간다

'나는 실패했고 실패자가 된 기분이야.'

_어떤 일이 잘못되고 난 뒤 사람들이 흔히 하는 생각

실패라는 존재. 모든 성공 뒤에는 이전의 수많은 실패가 있다. 이번 장에서는 발전의 전제 조건인 실패, 그리고 실패를 통해 앞으로 나아가는 방법을 알아본다.

오해 실패는 성공하지 못한 사람들에게 찾아온다.
진실 실패는 성장에 꼭 필요한 요소다.

가수 돌리 파튼Dolly Parton은 한때 돌리 파튼 닮은꼴 대회에서 패배한 적이 있다. 실패는 때로 그냥 찾아오기도 한다는 사실을 보여주는 최고의 증거다. 실패를 버킷리스트에 올리는 사람은 없다. 실패에서 무사히 빠져나온 뒤 이렇게 생각하는 사람도 없다. '최고의 결과를 냈어. 기분 좋다. 잘했어.' 우리는 실패를 피해야 하고 반복해서는 안 되는 손실로 본다. 슬럼프에서 회복하려고 계획 중이라면 분명 더 그럴 것이다. 삶과 일 중 어떤 측면에서 흔들리거나 실패했기 때문이다. 그렇다면 어떻게 실패를 극복하고 상황을 개선할 수 있을까? 이번 장에서는 발전의 전제 조건인 실패, 그리고 실패를 덜 불편하게 받아들이고 심지어 긍정적으로 바라볼 수 있는 방법을 알아본다.

오해

우리는 실패에 둘러싸여 살아간다. 결혼한 부부의 40퍼센트 이상이 이혼한다. 스타트업의 25퍼센트가 창업 첫해에, 60퍼센트는 창업 3년 안에 문을 닫는다. 그리고 마트에 출시되는 모든 신제품 중 80퍼센트는 사라진다. 심지어 우리는 나중에는 성공담으로 변하는 실패담에 둘러싸여 살아간다. 월트 디즈니는 첫 직장인 캔자스시티의 한 신문사에서 해고를 당한다. 편집장이 '상상력이 부족하고 괜찮은 아이디어가 없다'는 이유로 해고했다.

애나 윈터Anna Wintour는 〈하퍼스 바자〉에서 주니어 패션 에디터로 일하다 해고를 당한 뒤 불과 12년 만에 〈보그〉의 전설적 편집장이 된다.

실패는 이처럼 흔한 일인데 우리는 왜 그토록 실패를 두려워하고 피하려 할까? 왜 멀쩡하고 분별력 있는 사람들이 실패할 수도 있다는 생각만으로도 두려움에 떨까? 어떻게 하면 실패가 우리에게 남기는 부정적 영향을 극복할 수 있을까?

왜 우리가 그토록 실패를 싫어하는지, 또 이러한 감정이 어떤 면에서는 뇌의 작동 방식 때문이라는 사실을 이해하면 도움이 된다. 떠나고 나면 상황이 더 나빠질까 봐 도움이 안 되는 관계나 회사에 남아 있었던 적이 있는가? 실패가 두려워서 하고 싶은 일을 시도도 하지 않았던 적이 있는가? 일정 부분은 우리의 작은 뇌가 원인이다. 뇌는 실패나 손실의 위험이 있는 상황을 피하도록 만들어져 있기 때문이다. 이런 경향을 '손실 회피 성향'이라고 하며, 뇌가 결정을 내리는 체계적이지만 때로 결함이 있는 방식, 즉 인지 편향의 한 종류다.

쉽게 말해 뇌는 무언가를 잃는 것을 정말 싫어한다. 그렇다 보니 같은 크기의 무언가를 얻는 경험보다 잃는 경험이 머릿속에서 훨씬 더 크게 인식된다. 한 예로 연구자들은 우리가 100파운드를 얻을 때의 즐거움보다 100파운드의 잃을 때의 불쾌감이 더 크다는 사실을 밝혀냈다. 그 결과 우리는 어떻게든 무언가를 잃지 않으려 애쓴다.

손실을 회피하는 경향은 분명 우리가 위험한 결정을 내리지 않게 해준다는 점에서 도움이 된다. 내기로 집이나 차를 거는 상황을 피하게 하고 어제 기차에서 만난 사람과 사랑의 도피를 하지 않도록 해준다. 하지만 손실 회피 성향은 심사숙고해서 내린 결정을 가로막기도 한다. 손실과 위험에 대한 두려움이 너무 크기 때문이다. 하지만 선택할 가치가 있고 삶에서 중요한 결정들은 어느 정도의 위험이 따른다. 이때 실패와 그에 따른 손실의 두려움은 좋으면서도 약간은 겁나는 새 일자리를 선택하는 걸 망설이게 만든다.

싱글 라이프를 잃기가 두려워 좋은 관계에 정착하기를 주저하게 만들고, 처음에 실패한 경험 때문에 다시 벤처 사업에 도전하기를 주춤하게 한다. 글로벌 기업가 정신을 주제로 한 최근의 어느 연구에서는 창업을 희망하는 사람들의 약 3분의 1이 실패에 대한 두려움 때문에 아예 창업을 시도하지도 않는다는 결과가 나왔다. 당연히 사업 실패나 손실을 경험해 본 사람은 같은 일이 되풀이될까 두려워 다시는 사업에 도전하지 않으려 할 것이다.

이처럼 우리에게 애초에 실패를 두려워하는 성향이 있다면, 삶이나 일에서 실패를 경험한 뒤 다시 도전하고 싶지 않을 때 자신을 너무 몰아붙여서는 안 된다. 모험을 해봤는데 계획대로 되지 않은 경험은 그 이후의 태도에 엄청난 영향을 미칠 수 있다. 우리의 불안과 걱정을 키우는 건 우리의 작은 뇌라는 사실을 잊지 마라.

어떤 일이 잘못되면 다시 잘못될 수 있다고 걱정하는 게 당연하다. 결국 이것이야말로 실수에서 배움을 얻는 당연한 과정 아닐까? 하지만 정말 그럴까? 다시 한번 사람의 뇌가 어떤 상황을 이해하는 방식에 주목할 필요가 있다. 인간은 패턴을 찾는 존재로, 어떤 사건과 정보를 받아들이고 이해하려고 한다. 이 뛰어난 패턴 파악과 이해 능력은 우리 인간 종이 배움을 얻고 판단을 내리는 데 도움을 준다. 네 살 때 우리는 아무도 보고 있지 않을 때 정원 한쪽 끝에서 이상하게 생긴 빨간색 열매를 따 먹었다. 이후 심하게 아프고 나서, 다시는 그런 짓을 하지 않았다! 남동생의 눈을 찔렀더니 남동생이 울었는데 안아줬더니 좋아했다. 그래서 찌르는 건 관두고 안아주기만 하기로 했다. 패턴은 혼돈 속에서 질서를 찾게 해준다. 패턴은 누런색을 띠는 눈은 먹지 말고 쌩쌩 달리는 차 앞에 달려들지 말라고 가르쳐준다. 하지만 인간의 뇌는 패턴을 찾는 일을 지나치게 잘해서 심지어 있지도 않은 패턴을 발견하게 하고, 그 결과 존재하지 않는 것까지 믿게 만든다.

음모론, 미신, 구름 속에서 얼굴을 찾는 행동 모두 여기에 해당한다. 빨간색 바지를 입으면 정말 시험에 붙을까? 〈스포츠 일러스트레이티드〉 표지에 얼굴이 실리면 '스포츠 일러스트레이티드 징크스(운동선수나 스포츠팀이 뛰어난 성적을 내다가도 〈스포츠 일러스트레이티드〉 표지에만 실리면 성적이 뚝 떨어지는 현상-옮긴이)'가 생겨서 성적이 나빠질까? 누군가는 정말 토마토에서 예수의 얼굴을 봤을까? 아마도 아닐 것이다. 우리의 뇌가 우연한 행동과 별개의 사건들에서 정교한 패턴을 찾아 거기서 그럴듯한 이야기를 만들어냈을 가능성이 높다.

실패 앞에서도 똑같이 행동할 수 있다. 어떤 일에 실패해 화나고 수치스러운 손실을 경험하면 우리는 그 경험을 엮어 하나의 이야기로 만든다. 그 경험은 우연이 아니라 배워야 할 교훈이자 우리가 다시 시도한다면 어떤 일이 일어날지 보여주는 전조가 된다. 처음에 성공하지 못했다면 다음에도 실패할 것이다. 우리는 실패자다. 하지만 때로 실패는 우연히 일어난다. 앞으로 벌어질 더 많은 문제의 징조도, 앞으로 찾아올 실패의 전조도 아니다. 그저 단 한 번의 실망스러운 사건일 뿐이며, 그 사건을 엮어 패턴을 만들거나 한 번의 실패에 과한 의미를 부여해서는 안 된다.

이겼는지 졌는지 두 가지 항으로 보여주는 득점표와 함께 승리와 패배가 수시로 일어나는 스포츠의 세계만큼 이를 잘 이해할 수 있는 분야도 없다. 자밀 쿠레시Jamil Qureshi는 세계적으로 유명한 스포츠 심리학자로, 일류 스포츠 선수 여섯 명을 각자의 분야에서 세계 1위로 만들었다. 자밀은 실패에 대한 두려움이 성공을 쟁취하고 최고의 성적을 내는 데 가장 큰 방해 요인 중 하나이며, 이런 두려움은 대부분 전혀 근거가 없다고 믿는다. 자밀은 두려움fear이 실제처럼 보이는 가짜 증거false evidence appearing real의 약자라고 농담했다. 또한 우리는 대체로 일어나지도 않을 일에 대한 두려움 때문에 하고 싶은 일을 하지 못한다고 덧붙였다. 자밀은 실패를 실패담으로 만들지 말고, 있지도 않은 패턴을 찾지 말라고 경고한다.

"한 골퍼가 2년 안에 세계 1위가 되는 것을 목표로 하고 있어요. 경기 한 번 진다고 그 선수가 장기 계획을 실천할 능력이 없다고 말할 수 있을까요? 오늘의 패배가 그 선수의 장기적 성공에 영향을 미칠까요? 절대 아닙니다."

실제로 자밀은 더 나아가 실패와 성공 간의 긍정적 연관성을 찾으라고 말한다. 우리는 세상을 사는 법을 거의 모른 채 이 세상에 태어났고, 우리가 배우고 성장하는 유일한 방법은 성공할 때까지 계속 실패하는 것이다. 자밀은 실패는 성공의 할부금이라고 믿는다. "성공의 대가는 언제나 전액 선불로 치러야 하는 고통입니다. 발전하고 성장하고 싶다면 반드시 실패와 성공을 긍정적으로 연결해야 합니다. 거듭해서 실패할 준비가 되어 있지 않으면 발전과 성장을 기대하기 어렵습니다."

진실

결국 실패는 피할 수 없어 보인다. 때로 실패는 그냥 일어난다. 실패에 너무 많은 의미를 부여해 그다음 일의 성공 확률을 결론 내리지 마라. 엘리자베스 테일러는 자그마치 일곱 번째 결혼을 앞두고 이 사실을 깨달았다. 실패가 삶과 일의 불가피한 부분이라는 사실을 받아들이는 것 말고 달리 어떻게 이를 이해하고 극복할 수 있겠는가? 그냥 일어나지 않은 척 무시하고 그전처럼 열심히 살아가야 할까?

고맙게도 많은 사람들이 미래의 더 좋은 성과를 위해 실패를 긍정적으로 바라보는 방법을 연구했다. 이 분야의 선구자는 캐럴 드웩Carol Dweck이라는 훌륭한 여성이다. 그녀는 대개 아동기에 초점을 맞추는데, 인간의 삶에서 가장 많은 실패와 배움이 일어나는 시기이기 때문이다. 캐럴은 지금은 널리 알려진 '성장 마인드셋growth mindset'이라는 용어를 만들어냈다. 그녀는 오랜 연구 끝에 아동기의 성공적인 성장과 발달에 중요한 역할을 하고 마찬가지로 어른들에게도 적용되는 두 가지 마인드셋을 찾아냈다. '고정 마인드셋fixed mindset'을 가진 사람들은 자신의 재능과 지능이 고정되어 있으며 나아질 수 없다고 믿는다. 똑똑하고 재능 있게 태어나거나 그렇지 않거나 둘 중 하나에 달려 있으며, 타고난 운이라고 생각한다. 반면 성장 마인드셋을 가진 사람들은 자신의 지능과 재능이 연습과 노력을 통해 나아질 수 있다고 믿는다.

슬럼프에서 일어서는 사람들에게서 찾을 수 있는 흥미로운 공통점은 어떤 마인드셋, 즉 마음가짐을 지녔느냐에 따라 실패를 대하는 태도가 다르다는 것이다. 고정 마인드셋을 가진 사람들은 능력을 증명하고 서류로 입증하려는 경향이 있다. 각종 시험을 재능을 키우는 기회로 보기보다는 재능을 입증하는 수단으로 본다. 이들은 실패를 잘 이겨내지 못하고, 실패를 자신의 능력이 부족하다는 증거라고 느낀다.

성장 마인드셋을 가진 사람들은 실패에 대처하는 방식이 완전히 다르다. 어려운 시험과 도전을 배움과 성장의 좋은 기회로 받아들인다. 시험에서 떨어지면 스스로 도전하고 배우고 더 똑똑해지고 있다는 증거라고 생각한다. 이러한 성장 마인드셋은 배움을 진심으로 좋아하는 마음과 실패에서 회복하는 고유한 능력을 키워준다. 캐럴은 어느 연구에서 열 살 아이들에게 약간 풀기 어려운 시험을 냈다. 고정 마인드셋을 가진 아이들은 시험 결과가 좋지 않자 큰 충격을 받았다. 추가 연구에서 아이들은 더 열심히 공부해서 다시는 실패하지 않겠다고 답했다. 어떤 아이들은 더 열심히 공부하는 대신 다음에는 커닝을 하거나, 자기보다 더 나쁜 성적을 받은 아이를 찾아서 위로를 받겠다고 말했다.

다행히 우리 모두 성장 마인드셋을 키울 수 있다. 문제와 한계를 배움과 발전의 기회로 다르게 바라봄으로써 실패라는 경험이 우리에게 미치는 영향을 줄일 수 있다. 회복탄력성을 키우면 익숙한 영역에서 벗어나 배움을 얻을 수 있는 영역으로 발을 내디딜 도전 의식과 의욕이 생긴다. 한 가지 방법은 어떤 일을 해결하기 힘들거나 해결할 수 없을 때 드는 감정을 바꿔 보는 것이다. 패배감을 느끼기보다는 이 좌절감을 성장의 신호로 보려고 노력해야 한다. 도전적인 일을 찾는 행동은 우리 뇌가 새로운 신경 경로를 만들고 있으며 지능이 개선되고 있다는 의미다. 언어가 이 과정에 도움이 될 수 있으며, 캐럴은 '아직 not yet'이라는 말을 써보라고 말한다. 어떤 일을 할 수 없는 게 아니라 아직 그 일을 하는 방법을 모를 뿐이다. 그 아이디어는 실패한 아이디어가 아니라 아직 완성되지 않았을 뿐이다. 노력과 실패의 의미, 그리고 이를 가리키는 언어를 바꾸려는 이 단순한 방식이 성과를 높인다는 사실은 이미 수없이 입증됐다.

우리의 마인드셋을 '고정'이 아닌 '성장'에 더 가깝게 바꾸는 방법과 더불어 노력과 실패의 과정을 거쳐 성장하기 위해 활용할 수 있는 다른 방법은 무엇이 있을까? 발전의 기회를 실제 발전으로 이어지게 할 방법이 있을까? 우리는 같은 일을 반복하는 건 미친 짓이라는 말을 들으며 살았는데, 그렇다면 실패에 너무 집착하지 않으면서 배움을 얻으려면 어떻게 해야 할까? 실패한 뒤 곧장 다음 일로 무작정 달려드는 건 별로 좋은 방법이 아니다. 성장은 이전의 실패에서 적극적으로 배움을 얻고자 할 때 일어날 확률이 높다. 수많은 연구는 기업 경영인들이 어떻게 사업 실패에서 배움을 얻거나 또는 얻지 못하는지 여러 사례를 검토했고, 실패한 뒤 빠르게 일어나서 다시 시작하는 것이 정답이 아님을 증명했다. 한 연구는 20년이 넘는 시간 동안 한 기업 경영인이 다섯 번 사업에 실패하는 과정을 추적 조사했고, 이유는 다양하지만 모든 실패에는 공통된 특징이 있음을 밝혔다. 그 경영인은 이전의 실수에서 배움을 얻지 못했고, 연구는 실패에서 배움을 얻는 과정은 자동으로 일어나지 않으며 실패한 경험을 신중하게 돌아보는 시간이 필요하다고 결론 내렸다.

만약 개개인이 성장할 수 있는 방법을 알아보고자 한다면 세계 최고의 자리에 오른 사람들이 최고가 되기 위에 무슨 일을 하는지 살펴보면 도움이 된다. 일류 운동선수와 뮤지션들은 어떤 방법을 쓸까? 바이올린을 힘주어 켜거나 테니스 라켓을 힘껏 휘두르면서 '엄청나게 성장할 기회야'라고 생각하면 될까? 아니면 무언가가 조금 더 필요할까? 사실 무언가가 약간 더 필요하며, 이를 '의도적 연습'이라고 한다.

의도적 연습은 일류 선수들의 훈련 방식에서 찾아볼 수 있는 성적 향상법이다. 단지 같은 일을 계속해서 반복하기보다는 집중적으로 학습하려는 노력을 말한다. 경기 방식이나 기술에서 약점을 찾아낸 뒤 그 약점을 작은 부분으로 쪼개 한 번에 하나씩 집중해 연습한다.

의도적 연습을 하기 위해서는 집중과 전념, 그리고 약점의 특정 부분이 나아지고 있는지 알아보기 위한 피드백이 필요하다. 가령 체스 선수는 특정 말을 잡는 기술을 연마해 여전히 살아남은 특정 말만 가지고 엔드게임을 반복해서 연습한다. 또 뮤지션들은 한 곡의 동일한 구간을 연습하고 또 연습한다.

이런 방식은 우리가 더 잘해내고 싶은 거의 모든 분야에 적용할 수 있다. 꼭 세계 신기록 보유자가 되겠다는 목표를 가지고 있지 않더라도 말이다. 예를 들어, 목표가 갈등 상황이나 어려운 대화를 더 잘 풀어가는 것이라면 우선 최근에 나눈 힘들었던 대화 몇 가지를 떠올려보라. 대화 이전과 도중, 이후의 각 부분을 곰곰이 생각해 보라. 어떤 부분을 더 잘할 수 있었는가? 다음에는 어떤 시도를 해볼 생각인가? 딱 한 가지만 집중해서 한다면 뭘까? 이 부분이 중요하다. '다음에 더 잘하자'는 애매한 목표보다 '세 번 심호흡을 한 뒤 더 차분한 마음으로 회의실에 들어가기'처럼 작은 부분 한 가지를 개선하는 데 집중해 보라. 이후 상사나 전 배우자, 까다로운 고객을 상대할 때 그 한 가지 행동에만 집중해 보라. 그런 뒤 자신의 개선된 행동을 떠올려보고 개선하고 싶은 또 다른 부분을 선택해 집중적으로 연습하고 반복하라. 이는 자 동 반사적인 반응을 멈추고 개선하고 싶은 작은 부분들을 적극 적으로 생각해낸다는 의미다. 목표는 매주 작고 지속적인 개선을 해내는 데 있다. 계속 성장하고 꾸준히 노력한다면 1~2년 동안 얼마나 많은 성장을 이룰 수 있을지 상상해 보라.

도구

실패를 성장의 기회로 보는 마인드셋을 키우려는 노력 과 함께 실질적인 행동의 단계를 거쳐 우리가 얻을 결과를 개선할 수 있다. 이 도구는 의도적 연습이라는 개념을 바탕 으로 만들었으며, 의도적 연습은 더 좋은 결과를 얻고 싶은 삶의 거의 모든 부분에 적용할 수 있다. 글쓰기부터 발표, 생산성, 스포츠, 요리, 인간관계까지 꾸준한 노력과 집중을 통해 큰 성장을 이룰 수 있다. 여기서는 많은 사람이 어려

위하는 목표인 발표 능력을 높이는 방법을 사례로 들어보고자 한다.

의도적 연습의 단계

1. 목표 정하기

집중적으로 개선하고 싶은 부분이 무엇인지 명확히 정하라. 이 일이 왜 자신에게 중요하고 또 그 목표를 이루면 어떨지 유념하면 집중력과 의욕을 계속 발휘할 수 있을 것이다.

예 많은 직원 앞에서 발표를 해야 하는 회의 같은 상황에서 자신 있게 발표하는 것을 목표로 삼는다.

2. 여러 단계로 나누기

처음부터 끝까지의 전체 과정을 여러 단계로 나눈 뒤 어디에 집중할지 결정하라.

예 우선 자료 준비에 집중한다. 슬라이드를 활용한 시각 자료는 효과적이면서 전달력을 높일 수 있다.

3. 사소한 개선

특정 부분을 개선하기 위해 어떤 방법이 더 나아 보이는

지 파악하고, 신중한 시선으로 여러 차례 반복해서 끊임없이 개선해 나가라.

예 몇몇 훌륭한 TED 강연을 보면 말하는 속도를 늦추고 중간중간 말을 끊어주고 호흡하는 횟수를 늘려 강연 속도를 대폭 늦춰야 한다는 힌트를 준다. 이 점을 명심하고 화면에서 나오지 않는 자신만의 이야기를 많이 추가해 보라.

4. 집중력 유지하기

어떤 일을 더 많이 할수록 자동적으로 반응할 가능성이 높아진다. 하지만 의식을 집중하지 않으면 성장할 수 없다. 계속해서 '의도적으로' 연습하라.

예 발표 연습을 할 때 언제 호흡할지, 속도를 늦추고 더 긴 시간 말을 멈추면 몸이 어떻게 반응하는지 주의를 기울여 보라.

5. 피드백 구하기

다른 사람들, 녹음하기, 점수표 매기기 등 피드백 그룹과 주기를 만들어 발전 상태를 신중하게 점검하라. 피드백을 반복해서 참고해 어떻게 발전하고 있고 어떤 부분을 고칠 수 있을지 확인하면 효과가 있을 것이다.

예 친구에게 발표 내용을 듣고 피드백을 달라고 하거나 직접 녹음해서 듣고 어떤 부분을 개선해야 할지 적어보라. 다음에 사람

영감의 주인공

세라 테이트, 『리빌더』 공동 저자

난독증이 있는 사람은 책을 쓸 수 없다. 실제로 난독증 환자는
쇼핑 목록조차 적기 힘들다. 이 책의 저자 세라는 스무 살에 자신
이 난독증이라는 사실을 깨달은 뒤 혼자서 그렇게 되뇌며 살았다.

하지만 저는 지금 책을 쓰고 있어요. 저를 여기까지 이끈 여정
은 실패에 대한 부정적인 믿음을 떨쳐낼 때 어떻게 우리가 자유
로워질 수 있는지 중요한 교훈을 줍니다. 제가 난독증이 있다는
사실을 발견한 계기는 믿을 수 없을 정도로 웃깁니다. 몇 달간
열심히 공부해 입학시험을 쳤고 그 유명한 옥스퍼드 대학교 영
문학과에 입학했습니다. 저는 늘 열심히 공부하는 학생이었지
만, 제가 쓴 과제는 늘 이상하게 엉성하고 꼼꼼하지 못했어요.
선생님들은 제대로 집중하라고 잔소리를 했죠.

리빌더

그리고 대학교에서 공부하기 시작했죠. 책 읽기는 버거웠고 과제는 어려웠고 시험은 망쳤어요. 어느 학기에는 문학 수업에서 실패를 주제로 과제를 썼는데 아이러니하게도 실패라는 단어를 'failiure'라고 여러 번 오타를 냈어요. 이때 현명한 선생님 한 분이 제가 난독증일지도 모른다고 이야기했고, 말도 안 된다고 생각했지만 결국 사실이었죠.

검사를 받고 난독증 진단을 받은 뒤 완전히 패배자가 된 기분이었어요. 아무리 열심히 노력하고 집중해도 죽을 정도로 힘에 부쳤던 3년간의 비참한 공부를 마치는 데 별 도움이 되지 않았죠. 저는 실패자였고, 학위는 망했고, 자신감은 무너졌어요. 예전에는 제가 좋은 학생이라고 생각했지만 이제 형편없는 어른이 될 거라고 믿게 됐죠. 그렇게 저는 저의 '실패'라고 생각했던 부분을 가지고 직장 생활을 시작했어요.

난독증이 있고 특정 작업, 특히 장문 글쓰기 능력이 평균 이하라는 사실이 저를 계속 괴롭혔어요. 제가 결단코 뛰어넘을 수 없는 장애물이라고 확신했어요. 같이 일하는 사람들이 제가 쓴 이메일이나 업무용 문서에서 오타를 발견하고 저를 판단하기 전에 난독증이 있다는 사실을 밝혔어요. 글쓰기가 마치 전염병이라도 된듯 피했죠. 광고제에 출품할 카피를 쓰라고 할까 봐 두려움에 떨었고, 상사들에게 난독증이 있어서 문장을 쓸 수 없으니 시킬 생각도 하지 말라고 대놓고 선언했어요. 정말 그랬을까요? 어느 정도는요. 하지만 절대로는 아니에요. 글은 쓸 수 있어요. 단지 쓸 때 다른 사람들보다 투덜거리면서 용을 쓸 뿐이죠. 하지만 저는 이 이야기에 집착했어요, 그래야 제가 쓸모 없다고 느껴지는 상황을 피하고 또 다른 실패도 피할 수 있었거든요. 하지만 동시에 이 이야기는 저를 앞으로 나가지 못하게 만들었어요. 저는 광고 카피를 쓰지 않아서 상을 받지 못했어요. 동료들이 앞다투어 카피를 쓸 때 저는 의식적으로 연습해서 글쓰기 능력을 개선하려는 생각을 버렸어요. 더 나아지려는 노력을 포기했고 패배감에 젖어 있었죠.

그러다가 실패에 대한 제 생각을 믿지 않는 사람을 만났어요. 저와 이 책을 함께 쓴 애나 보트는 제가 수없이 못하겠다고 이야기했는데도 당연히 책을 쓸 수 있다고 말했어요. 전직 운동선수였던 애나는 세상을 보는 시선이 달랐죠. 맞아요, 저는 글쓰기를 어렵게 생각했고 글 쓰는 시간이 많이 걸리지만(또 싫어하고요!), 애나는 끈기 있게 연습만 한다면 제 글은 구제 불능이 아니라고 믿었죠. 그렇게 25년 동안 스스로와 타인들에게 펜을 들 수조차 없다고 말했던 제가 이렇게 글을 쓰고 있습니다. 쉽진 않지만 또 불가능하지도 않은 일에 도전하고 있습니다. 고통스럽게 한 장 한 장씩 써나가는 동안 제 글이 나아졌다는 사실을 알아차렸습니다. 연습은 정말 효과가 있더군요. 25년 전에 희망과 노력을 전부 내팽개치지 않았더라면 얼마나 더 좋아졌을까요!

우리가 온 힘을 쏟아부은 일이 완전히 실패한 뒤 자신감이 떨어지는 건 당연하지만, 한 번 실패했다고 다음번에도 성공하지 못한다는 의미는 아니다. 실제로는 정반대다. 실패는 성장과 성공으로 가는 길에서 피할 수 없는 한 단계다. 의도적인 연습까지 더하면 우리는 마음먹은 어떤 일이든 더 잘 해낼 수 있다.

10장

유연함이
해답이다

'생각을 바꾸는 건 뚜렷한 의견이 없는
사람들이나 하는 짓이야.'
_변화가 찾아올 때 우리는 이렇게 생각하도록 길들여져 있다.

생각 바꾸기. 사회는 생각을 바꾸는 행동이 우유부단하고 변덕스
러운 성격의 증거라고 생각하도록 우리를 길들여왔다.

> 오해 무슨 일이 있어도 자신 있고 확고하게 원래 의견을 고수해야
> 한다.
> 진실 생각을 바꿀 수 있다는 것은 좋은 경청자, 확신 있는 사상가,
> 권한을 나눌 줄 아는 리더라는 증거다.

"너 방금 말(생각) 바꿨잖아!" 비난처럼 쏟아지는 이 말을 들어보지 않은 사람이 있을까? 이미 결정한 의견을 번복하는 행동은 잘못된 결정을 밀고 나가는 일보다 더 고통스럽게 느껴진다. 몇 년 전 애나가 광고 제작물 리뷰 회의를 하면서 있었던 일이다. 중요한 프레젠테이션을 앞둔 하루 전날 밤이었다. 회의실에 있던 팀은 똑같은 아이디어, 스크립트, 인쇄광고 콘셉트를 다섯 번째인가 여섯 번째 수정 중이었다. 모든 사람이 검토를 마쳤고, 만장일치로 그날 만든 제작물을 다음날 고객에게 발표하기로 결정했다.

그런데 갑자기 누군가의 머릿속에 한 줄기 의심이 찾아들기 시작했다. 수차례 제작물을 검토하고 보니 아이디어 중 하나가 브리핑 단계에서 이야기한 전략 방향과 다르고, 경쟁사에서 예전에 내놓은 결과물과 약간 비슷하지 않았던가? 처음부터 익숙한 콘셉트처럼 보이긴 했지만, 막판에 와서야 그 한 줄기 의심은 확고한 의심이 되어 격렬한 반대를 하기에 이르렀다. "아이디어 전체를 다시 정리하는 게 훨씬 낫지 않을까요?" 회의실에서 회의를 이끌던 CEO는 버럭 화를 내며 그 사람에게 곧장 이렇게 따져 물었다. "이 아이디어를 본 적이 있으면서 그때는 바꾸자고 하지 않았잖아요. 이제 늦었어요. 이대로 밀고 나가야 합니다." 그러자 문제의 당사자는 이렇게 답했다. "어제 제가 아무 말도 하지 않았다고 해서 오늘 이 아이디어가 틀렸다는 사실이 바뀌지는 않습니다. 바뀌야 해요." 그렇게 우리는 꼭두새벽에 아이디어를 다시 짰다. 반대의 선택을 했다면 우리는 전혀 프로다워 보이지 않았을 것이기 때문이다.

오해

마지막으로 생각을 바꿨던 때를 생각해 보라. 어떤 기분이 들었는가? 긴장됐는가? 갈팡질팡했는가? 비난받는 기분이었는가? 가장 최근에 아는 사람 중 누군가 의견을 바꿨을 때를 생각해 보라. 그 사람에게 어떤 마음이 들었는가? 불만스러웠는가? 그가 잘못된 판단을 해서? 아니면 좋은 인상을 받았는가?

스스로 생각을 바꾸는 상황을 쉽게 받아들이고 또 생각을 바꾸는 다른 사람에게 박수를 보낼 수 있다면 잘하고 있다. 그런 융통성은 칭찬받을 만하다. 그렇다면 이번 장은 건너뛰어도 괜찮다. 약간이라도 불편한 마음이 든다면 잠자코 앉아 있어라. 이번 장은 그런 사람들을 위한 내용이니까.

이 책에서 다루는 수많은 도구들과 마찬가지로 쉽게 수정하고 방향을 바꾸는 유연한 사고방식 역시 인간이 선천적으로 갖고 태어나는 자질이 아니다. 여기에는 몇 가지 과학적인 근거가 있는데 확증 편향, 손실 회피 성향, 그리고 수많은 세월 동안 실천해 습득한 행동이 대표적이다. 이런 행동의 결과는 시간이 갈수록 사회의 발전, 개인의 행복에 점점 더 큰 부담으로 작용했다.

생각을 그때그때 바꾸는 유연함을 부정적으로 바라보는 경향은 스스로를 바라보는 감정, 그리고 더 근본적으로는 다른 사람이 자신을 어떻게 바라볼지 두려워하는 마음에서 비롯된다. 사람들은 내가 실수했다고 생각할까? 내가 원래 의견을 밀고 나갈 능력이 없는 사람이라고 생각할까? 확고한 생각이나 분명한 목표가 없다고 생각할까?

1965년 저명한 캐나다계 미국인 경제학자 존 케네스 갤브레이스John Kenneth Galbraith는 〈뉴욕 타임스〉에 존 메이너드 케인스John Maynard Keynes의 유명한 저서 『고용, 이자, 화폐의 일반 이론The General Theory of Employment, Interest and Money』의 서평을 기고했다. 갤브레이스는 미국에서 케인스의 경제 이론이 늦게 받아들여진 사실에 대해 이야기했다. 특히 케인스의 전작 『화폐론A Treatise on Money』을 비판한 경제학자 앨빈 H. 한센Alvin H. Hansen이 생각을 바꾼 행동을 강조했다.

생각을 바꾸는 행동에 저항감을 갖는 경향에 대해 갤브레이스는 이렇게 말했다. "생각을 바꿀 것인지, 아니면 그럴 필요가 없다는 사실을 증명할지 선택의 기로에 섰을 때 거의 모든 사람은 서둘러 증거를 찾는다."

갤브레이스는 경제 이론에 대한 논쟁을 이야기한 것이지만, 이 날카로운 일갈에 분명 많은 사람이 뜨끔했을 것이다. 캐나다 퀸스 대학교의 심리학 전문가들이 실시한 연구에 따르면 사람들은 하루 평균 6200가지가 넘는 생각을 한다. 이 모든 생각이 고정 불변해서, 진화하고 변화하거나 새로운 사실로 뒤집히지 않는다는 건 상상하기 힘들다.

하지만 여전히 생각을 바꾸기란 어렵다. 우리는 기존의 사고 방식을 바꾸는 걸 싫어해서 어떤 사람들은 환각제의 도움을 받아 이 신경의 암호를 푸는 새로운 방식을 찾기도 한다. 『마음을 바꾸는 방법How to Change Your Mind』의 저자 마이클 폴란Michael Pollan은 환각제는 자기 해체ego dissolution의 과정에 도움을 준다고 이야기한다. 환각제는 어느 순간 우리에게 일어나는 일을 통합하는 과정과 우리가 어떤 사람인지에 관해 늘 품고 있던 생각을 분리시켜준다. 그리고 이때 뇌 안에서 일시적으로 새로운 연결이 일어나는 것처럼 보인다. 이 새로운 연결은 새로운 깨달음, 견해, 세계관을 만들어낸다. 과학자들이 느끼기에 이러한 화학 작용은 늘 뇌를 재가동하게 해준다. 뇌가 좁은 기존의 홈에 갇히면 모든 깊은 홈이 일시적으로 작동을 멈추며 생각의 틀에서 벗어날 수 있도록 해준다. 폴란은 환각제가 '사람을 제정신이 아닌 상태로 만든다'는 평판을 얻었지만, 자신의 연구 결과에 따르면 적절한 환경에서 적정량을 사용하면 '사람을 제정신으로 만들어줄' 수도 있다고 주장한다.

혹시나 해서 하는 말이지만, 그렇다고 마이클 폴란이 약물 사용을 지지한다는 건 아니다. 그보다는 때로 환각제가 편리하고 익숙한 현재 상태에서 뇌를 벗어나게 하는 방편이 될 수도 있다는 일종의 견해일 뿐이다.

진실

우리 중 일부는 이미 이러한 상태를 경험하고 있다. 진정한 의미의 정신 승리를 거두고 있는 사람들이다. 인디음악 유통 회사 CD 베이비의 창립자 데릭 시버스Derek Sivers는 언젠가 이렇게 말했다. "저는 아침에 일어나서 생각한 것과 반대로 오늘 하루를 살았다는 생각이 들면 기분이 좋아요. 저에게 그것만큼 기분 좋은 일은 없습니다. 실제로 제가 어떤 주제에 관해 마음을 바꿨거나 누군가에 의해 마음이 바뀌는 순간이요. 정말 기분 좋습니다. 제가 인생에서 제일 좋아하는 부분이죠."

우리는 생각을 바꾼 뒤 칭찬을 듣는 경우가 잘 없다 보니 누군가 새로운 정보와 경험을 바탕으로 의견을 바꿀 때 얼마나 많은 것을 얻었는지 열광적으로 이야기하는 걸 들으면 정말 속이 시원해진다.

버락 오바마 전 미국 대통령은 넬슨 만델라의 생일을 기념하여 미국 흑인 역사 박물관에서 연설을 하며 이런 유명한 말을 남겼다. "저는 사실을 바탕으로 매번 생각을 바꿉니다."

이 과정에서 중요한 점은 생각과 행동의 전환이 계획적이고 신중하게 일어나야 하며, 원하는 결과를 더 낫게 만들어야 한다는 것이다. 단순히 이해 관계자를 기쁘게 하거나 부족한 확신을 강화하는 데 그쳐서는 안 된다.

변화가 수시로 일어나는 매일의 현실에서 기업을 운영하는 사람, 집안일을 돌보는 사람, 또는 아이들을 키우는 사람은 어떤 일도 좀처럼 계획대로 되지 않는다는 사실을 알 것이다. 일단 부모가 되면 식당에서 자신과 아이를 바라보는 시선이 달라진다. 가까운 사람이 큰 병에 걸리게 되면 삶의 우선순위를 달리해야 한다. 변화에 건설적으로 대응하고, 즉각적으로 드는 생각과는 다른 시각에서 어떤 관점을 바라보기란 쉽지는 않다. 하지만 늘 다른 상황, 다른 경험, 다른 해결책이 있다.

딕 포스버리Dick Fosbury는 현재의 상황이 자기 앞길을 가로막도록 결코 내버려 두지 않았다. 딕은 미국 출신의 높이뛰기 선수였으며, 배와 가슴을 가로대 쪽에 두고 앞으로 넘는 기존의 점프 방법과 달리 점프하기 전 마지막 네다섯 걸음을 커브를 이루며 달린 뒤 가로대를 등 쪽에 두고 넘는 배면 뛰기 기술을 연구해 완성시켰다. 이 방식을 쓴 덕에 딕은 가로대 위에서 몸을 기울이면서 회전할 수 있었고, 그 결과 무릎을 굽히기도 전에 무게 중심을 낮춰 체공 시간을 늘렸다. 또한 공중으로 뛰어오를 때 안쪽으로 기울였던 몸을 바깥쪽으로 빠르게 이동시키면서 몸을 가로대 축을 따라 회전시켜 가로대와 몸 사이 간격을 좁혔다. 유연한 사고방식을 쉽게 받아들이는 능력 덕분에 딕은 다른 모든 선수보다 높이 뛸 수 있었고, 1968년 멕시코시티 올림픽에서 금메달을 땄다.

사람들이 흔히 그렇다고 믿고 또 이런 행동이 좋은 것처럼 포장하지만, 입장을 고집스럽게 고수하는 행동은 대체로 입장을 바꾸는 행동보다 더 하기 쉽다. 왜일까? 입장을 바꾸려면 서로 다른 견해를 생각하고 평가하고 재고하고 해결할 필요가 있지만, 원래 입장을 고수하면 아무것도 잘 해낼 필요가 없기 때문이다. 꿋꿋이 버티며 의견을 고수하는 행동이 옳은 결정일 때도 있다. 고객에게 괴롭힘을 당하는 걸 거부하거나 입사를 고민하던 두 회사 중 연봉이 더 낮은 회사를 선택하는 경우가 그렇다. 하지만 단호한 태도를 유지하려면 우선 자신과 다른 사람들에게 합당한 결과를 얻기 위한 한결같은 노력이 바탕이 되어야 한다.

그리고 누군가의 마음을 열 때 생기는 상호 효과를 잊지 말자. 우리가 필요한 순간에 다른 사람의 의견을 기꺼이 경청하고 주의를 기울이고 평가하고 수용할 때 그 사람은 더 큰 확신을 갖고 우리에게 또는 다른 사람에게도 똑같이 할 것이다. 열린 마음과 유연한 태도는 전염성이 있다. 아낌없이 활용하라.

도구

누군가 '내가 뭘 좋아하는지 알고 있고, 내가 아는 게 마음에 들어'라는 식의 태도를 갖고 있다면 다음의 도구는 새로운 관점을 재고할 때 얻을 수 있는 몇 가지 이점을 알려준다.

⛰️	목표를 잊지 마라
📜	경청하라
👂	계속 공부하라
👤✓	다른 견해를 존중하라(특히 내 견해와 다르다면)
😊	새로운 일을 위협이 아니라 즐거움으로 받아들여라
👥👤	대화의 가치를 재발견하라
🖐️	마음을 열고 즐겨라

그림 10-1 유연한 태도 갖기

목표를 잊지 마라

목적을 의사 결정의 중심에 두고 자신의 역할은 자기만족이 아니라 그 목표를 이루는 것임을 받아들이면 '내가 맞는지 틀리는지' 질문하는 대신 '우리가 처한 상황에 적합한지 아닌지' 질문하기가 더 쉬워진다.

경청하라

몇 개의 단어를 들음으로써 신경 스위치가 켜지고 어떤 일을 바라보는 관점을 바꿀 수 있다는 생각이 어떤 환각제보다도 훨씬 더 매혹적이다.

계속 공부하라

확증 편향과 게으른 고정관념에서 약간 멀어져 어떤 상황이나 사실을 다른 시각에서 생각해 보라. 우리는 대부분 부모가 되거나 큰 병을 극복하거나 사랑하는 사람을 잃고 난 뒤 세상을 보는 시각이 바뀐다.

다른 견해를 존중하라(특히 내 견해와 다르다면)

인간의 평균 주의 지속 시간이 금붕어의 주의 지속 시간인 8초 이하로 점점 줄어들고 있기 때문에, 우리가 모든 대화 상대의 말을 공평하게 들어준다는 건 상상하기 힘들다. 다른 사람의 말을 진심으로 경청할 때 대부분의 대화가 더 활기를 띤다. 둘 다 그 대화에서 더 많은 것을 얻게 된다. 주의를 기울여 진심으로 경청하면 새로운 생각에 더 마음이 열린다는 사실을 알게 될 것이다.

새로운 일을 위협이 아니라 즐거움으로 받아들여라

자신의 생각을 지나치게 고집하면 가진 것을 잃을까 두렵고, 다른 길을 선택했다면 얻을 수 있었을 것을 보지 못하게 된다. 손실 회피 성향은 앞으로의 행동을 가로막는 강한 걸림돌이다.

대화의 가치를 재발견하라

논쟁 상대에게 사실 정보와 화려한 언변, 설득력 있는 비언어적 요소를 알맞게 사용해 다른 관점을 이해시키는 옛날식 토론을 했던 날들이 그립지 않은가? 단지 사실 정보만 쏟아내는 것이 아니라 그 정보를 전후 사정과 연결 지어 강한 영향력을 발휘하게 만드는 일이 중요하다.

마음을 열고 즐겨라

절대 받아들이지 않겠다는 꽉 닫힌 마음으로 앉아서 다른 사람의 이야기를 들으면 얼마나 따분하겠는가? 어떤 이야기든 들을 준비가 안 된 사람과 대화를 나누면 상대 또한 얼마나 짜증스럽겠는가?

영감의 주인공

카왈 슈어 & 나빈 탈제라, 움The Womb 창립자

인도에서 가장 많은 상을 받은 독립 광고회사 움의 창립자 카왈 슈어Kawal Shoor와 나빈 탈제라Navin Taljera는 다른 사회보다 더 많은 유연성을 수용하는 사회에서 자랐다. 카왈은 대화 초반에 이렇게 말했다. "인도에는 3300만 개의 신이 있어요." 오직 하나의 신만 믿는 다른 많은 문화권에 비해 인도는 훨씬 많은 수의 신과 여신을 믿는다. 이게 과거의 일이라고 해도, 미래 역시 못지않게 변화의 가능성이 많다.

이 남아시아의 강대국을 잘 알지도 이해하지도 못했던 우리는 오래 전부터 인도가 '뭐든 할 수 있다'고 믿고 그때그때 필요에 따라 입장을 바꾸는 역동적인 사회라는 인상을 받았다. 이 나라는 대부분의 서구 사회를 유연성 앞에서 무력하고 관료주의적인 악당으로 보이게 만든다.

> 인도는 오래된 나라인 동시에 젊은 나라입니다. 인도인의 평균 나이는 27세예요. 평균 나이가 48세인 일본과 40세인 영국과 비교하면 인도는 대단히 젊은 생각을 하는 나라입니다. 27세면 아직 분명한 목표가 없을 때죠. 관점과 진로도 정하지 않은 때고요. 스물일곱 살짜리가 하는 모든 일은 목적이 아닌 아이디어나 기회를 바탕으로 하죠. 너무 많은 생각을 하지도 않고, 너무 많은 지도를 받지도 않아요. 인도는 흑백 어느 한쪽을 선택하지 않습니다. 그 중간 지대에서 살아갑니다.

카왈과 나빈은 고국인 인도의 고유한 행동 역학과 문화 역학, 그리고 이 역학이 어떻게 변했고 어디로 향하는지 이해한 덕분에 성공적인 커리어를 쌓아 왔다. "지난 20년간 인도는 분명 변했습니다. 자신감이 생겼죠. 인도의 크리켓 팀만 봐도 그래요. 팀 주장들은 한때 외교관 취급을 받았습니다. 지금 우리는 훨씬 확신에 차 있습니다." 인도 크리켓 대표팀 주장 비라트 콜리Virat Kohli는 최근 호주 크리켓의 전설인 그레그 셔펠Greg Chappell이 붙여준 '역대 가장 호주인스러운 비호주인 크리켓 선수'라는 수식을 거부하고 자신은 '새로운 인도'를 대표한다고 주장했다. 콜리는 이렇게 말했다. "저에게 있어 이 자리는 낙관적이고 적극적인 태도로 도전하고 전진하며 우리 앞에 닥치는 모든 도전에 임할 준비가 된 새로운 인도를 대표하는 자리입니다."

카왈과 나빈은 도전에 유연한 자세를 취할 수 있는 이유는 성공의 모습이 미리 정해져 있기 때문이라고 주장한다.

인도에서 목적이란 돈을 버는 것입니다. 성공은 돈으로 결정됩니다. 그리고 돈을 버는 방법은 많습니다. 사람들은 스스로를 바꿉니다. 이런 종류의 성공이 전제 조건이라면 유연해져야 합니다. 플랜 A가 성공하지 못하면 플랜 B, 플랜 C를 실행해야 합니다. 우리는 아주 기꺼이 도중에 방향을 바꿉니다. 인도 여러 도시의 도로만 봐도 알 수 있습니다. 신호를 무시하고, 반대편 도로로 달리고, 끼어들기를 합니다. 누군가 '무슨 짓이에요?'라고 물으면 '당신도 하지 그래요?'라는 답이 돌아옵니다.

힌디어 단어 중에 '주가드jugaad'라는 말이 있다. 인도인의 유독 유연한 사고방식을 절묘하게 담아낸 단어다. 옥스퍼드 사전은 주가드를 '한정된 자원으로 유연하게 문제를 해결하는 방식'이라고 정의한다. 주가드는 분명 전례 없이 많은 혁신을 불러왔고, 어떻게든 맡은 일을 해낸다는 목표를 가진 차세대 기업가들을 키워내고 있다.

우리는 이런 식의 사고방식과 삶이 카왈과 나빈이 광고회사를 운영하고 고객들과 일하는 방식에 어떤 영향을 미쳤는지 궁금했다. 두 사람은 이와 관련해 유익한 유연성과 해로운 유연성을 반드시 구분해야 한다고 곧장 지적했다.

우리는 우리의 가치를 지킬 때는 유연하지 않습니다. 이 가치는 진실성, 공감, 상상력입니다. 무슨 일이 있어도 변하지 않습니다. 하지만 이 가치를 실현하는 방식과 전략 면에서는 유연성을 발휘할 수 있습니다. 가령 우리 회사는 경쟁 피티에 참여하지 않습니다. 처음부터 불평등한 관계를 만들어내기 때문이죠. 하지만 그건 우리의 가치를 지키는 한 가지 전략일 뿐입니다.

나빈은 이렇게 덧붙였다.

고객이 우리를 우러러보며 해결책을 찾아주리라 믿을 때 해로운 유연성 같은 것이 존재합니다. 그런 상황은 확고한 의견이 없을 때 일어납니다. 소신에 따라 행동하는 용기를 보여줘야 합니다. 새로운 기준점이나 정보가 있지 않은 한 누군가 반박하는 상황에서 생각을 바꾸기란 쉽지 않습니다. 또 어떤 고객은 우리가 제안하는 내용에 확신이 있는지 확인할 목적으로 일부러 반박하기도 합니다. 오늘 우리가 고객에게 우리의 생각을 바탕으로 어떤 일을 제안하면 그건 오늘의 제안일 뿐입니다. 두 달이라는 시간이 더 주어지면 그 제안은 바뀔지도 모릅니다. 하지만 오늘은 이 방식을 제안하는 거죠.

핵심 가치와 유연한 방식 사이 이러한 역학은 브랜드를 구축하는 과정에서도 볼 수 있습니다. 핵심 가치가 신뢰인 타타Tata 같은 브랜드는 신제품을 내놓을 때 그들의 핵심 역량에만 국한하지 않습니다. 타타는 그때그때 유연하게 기회가 보이는 길을 선택합니다. 자동차부터 가정용품, 생명 보험까지 모든 것을 판매합니다. 하지만 그들의 핵심 가치는 결코 변하지 않습니다.

결론

변하는 상황, 새로운 정보, 오래된 문제를 해결하는 방식으로 생각을 바꾸는 일은 자신의 결심을 약화시키는 타협안이 아니라 입장을 더 굳건하게 만들 기회라고 봐야 한다. 이는 기존의 행동과 사고방식에서 벗어나는 도전이 보통 성장의 열쇠가 되는 리빌딩 과정에서는 특히 더 그렇다. 카왈과 나빈이 보여줬듯이 일과 삶에서 유연한 태도를 유지하면 목표를 잊지 않는 한 큰 성공을 거둘 수 있다.

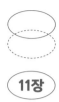

11장

나만의 속도로
걸어가라

'내가 이 일을 두 배 더 빨리 마치면
두 배 더 의미가 있을 거야.'

_우리 마음속 불안이 하는 말

타이밍은 코미디뿐만 아니라 리빌딩 과정에서도 핵심이다. 올바
른 일을 잘못된 타이밍에 하면 역효과가 생길 수도 있다. 이번 장
에서는 속도를 조절해 원하는 결과를 얻는 방법을 알아본다.

> **오해** 성취는 빠르게 이룰 때 더 큰 가치가 있다.
> **진실** 속도는 성공의 열쇠. 언제 속도를 늦추고 멈추고 심지어
> 후퇴해야 할지 깨닫고 앞으로 나아가라.

오해

성장은 대개 속도로 평가된다. 성장은 마치 돈과 유사한 영향력이 있다고 여겨지며, 사람들로 하여금 최대한 서둘러 손에 쥐고 싶게 만든다.

"발표 자료를 사흘이 아니라 하루 만에 완성했다고? 훌륭해!"
"변화 안건을 6개월이 아닌 3개월 만에 통과시켰다고? 완전 천재잖아!"
"수도원을 예상보다 더 빨리 돌아봤다고? 잘했어!"

우리는 빠른 속도가 이미 존재하거나 어느 순간 생긴 모든 균열을 용케 숨겨줄 것이라고 생각하며 거짓된 안도감을 느낀다. 적어도 그거 하나는 빨리 했으니까 라고 믿으면서, 그렇지 않은가?

이처럼 누구보다 먼저 출발하고 누구보다 빨리 결승선에 들어가려는 강박 때문에 계속 정체 상태에 갇혀 있으면 결국에는 성과와 회복과 건강이 큰 타격을 입을 것이다. 성공과 영광을 기대한 곳에 피로감과 신경 쇠약, 역효과가 들어차기 시작하기 때문이다.

대부분의 사람들은 부러진 다리로 단거리 경주를 뛸 수 없다는 사실은 인정하면서, 망해가는 회사를 그해 안에 살려낼 수 있을 거라고, 로맨틱한 휴가를 보내고 오면 삐걱대는 관계를 되돌릴 수 있을 거라고 헛된 기대를 한다.

이제는 서둘러 가다 제 발에 걸려 넘어지는 일 없이 관계를 재검토한 뒤 그 관계를 개선하고 회복하고 진전시킬 더 효과적인 방법이 있다는 사실을 받아들일 시간이다.

하지만 우선은 왜 우리가 매번 일을 빨리 하려고 하는지, 특히 스트레스 상황에서 왜 그렇게 서두르는지 이유를 알면 도움이 된다. 대니얼 카너먼Daniel Kahneman은 자신의 베스트셀러 『생각에 관한 생각Thinking Fast and Slow』에서 두 가지 다른 시스템으로 작동하는 사고 과정을 설명한다.

- 시스템 1은 거의 아무런 노력도 들이지 않고 자발적인 통제 없이 빠르고 본능적으로 작동한다. '이 시스템은 뇌의 빠르고 자동적·직관적인 작동 방식이다.' 가령 2+2의 답을 찾거나 상대의 화난 얼굴을 보고 위험을 인식하는 경우가 그렇다.
- 시스템 2는 머릿속으로 더 많은 계산이 필요한 활동에 주의를 집중한다. '이 시스템은 대개 이성이 지배하는 더 느리고 분석적인 사고 모드다.' 이 시스템은 대개 자연스럽게 일어나지 않고 어느 정도 의식적인 노력을 기울여야 하는 어떤 일을 할 때 활성화된다. 가령 456+876을 계산하거나 스도쿠를 하는 일이 그렇다.

두 가지 시스템 모두 상호 보완적으로 작동하지만, 처한 상황에 따라 한 가지 시스템이 두드러지게 작동하는 경향이 있다. 우리는 스트레스나 변동이 많은 상황에 처할 때 본능적으로 반응하거나 바로 달려들어 그 문제를 해결하려고 한다. 일을 진행하기 전에 속도를 늦추거나 멈추는 일이 잘 없다. 시스템 1은 이때 진가를 발휘한다. 빠르게 변화에 대처하는 능력은 동굴 생활을 하던 고대 시대 이후부터 지금까지 인간 종을 지키고 살아 남게 해줬다. 다행히 우리는 지금 변화나 어려운 결정에 맞닥뜨릴 때 살아남기 위해 (반드시) 쫓거나 쫓기지 않아도 되는 환경에 살고 있다. 세상의 속도에서 벗어나 자기만의 속도를 찾고, 이성적인 뇌의 시스템을 활용하면 더 좋은 결과를 낼 수 있다.

오스카상을 수상한 배우 매튜 맥커너히Mathew McConaughey는 원하던 커리어를 다시 쌓아가기 위해 잠시 멈춰 시스템 2를 활용한 모범적인 사례다. 2000년대에 맥커너히는 로맨틱 코미디의 일인자로 자리 잡았다. 하지만 아이가 생기고 난 뒤 더 도전적인 역할을 맡고 싶은 마음이 절실해졌다. 하지만 안타깝게도 할리우드는 더 많은 로맨틱 코미디 대본만 가지고 와 그의 문을 두드렸고, 맥커너히는 이미지를 변신하는 유일한 길은 2년간의 휴식기를 갖는 것뿐이라고 결정했다.

맥커너히는 이 휴식기를 더 다양하고 새로운 역할을 맡기 위한 '이미지 탈피 기간'이라고 불렀다. 보통 그 정도 위치에 올라서면 새로운 단계로 올라가려고 성공적으로 쌓아온 커리어를 자진해서 멈추기 힘들 것이다. 엄청난 모험이었지만, 그 결정은 할리우드와 맥커너히 모두에게 원래의 생각을 전환하는 좋은 기회였다. 이 방법은 통했다. 그는 2014년 오스카 영화제에서 〈달라스 바이어스 클럽Dallas Buyers Club〉으로 남우주연상을 수상했다. 결국 모든 일이 잘 풀렸지만, 그는 2년간의 휴식기는 큰 모험이었고 일반적인 본능을 거스르는 일이었음을 인정했다. "정말입니다. 마지막 6개월을 남겨두고 드라마로 복귀해 달라는 전화도 받았어요. 다시 할리우드에서 일할 수 있을지 확신이 없을 때였거든요."

진실

자신에게 맞는 속도를 지키는 것이 많은 성공과 전환의 비결이다. 달리기와 사이클에서 속도는 유독 중요해서 선수들이 경기 전략을 정확하게 지킬 수 있도록 도와주는 전문 페이스메이커도 있다. 페이스메이커는 일정 속도(또는 속도 패턴)로 달린다. 선수들은 그 속도에 맞춰 달리기만 하면 되니 속도 조절에 신경을 덜 쓰면서 경기에만 집중할 수 있다. 그리고 우리 모두 계획된 속도가 제대로 지켜지지 않는 상황을 목격했거나 경험해 본 적이 있다. 누군가는 출발선에서 달려 나와 선두로 달리다가 경기 중반이 되기도 전에 탈진해 하위권으로 결승선을 통과한다. 이 책의 저자 애나 역시 수영 선수 시절에 수없이 깨달은 교훈이다. 경기

뿐 아니라 훈련 과정에서도 깨달았다. 그래서 애나는 절대 연습 레인에서 가장 선두로 수영해 나가지 않고 늘 두 번째로 나갔다. 덕분에 보조를 맞추거나 바퀴 수를 셀 필요가 없었다.

스포츠는 속도의 중요성을 강조하기 좋은 사례다. 신체를 많이 쓰는 활동이기 때문이다. 하지만 기업 운영이나 건강, 인간관계도 다르지 않다. 계획은 없이 결의만 불태우는 상황에서 내달리다 보면 순식간에 몸집을 키우는 불덩이처럼 금세 최악의 상황으로 치달을 수 있다. 맹렬한 속도로 달리는 행동이 늘 잘못된 일은 아니지만, 목적지에 잘 도착하기 위해서는 대개 남은 기름양을 확인하고 급유소 몇 군데는 미리 알아두는 게 좋다.

계속 바로바로 반응해야 한다는 부담감, 특히 리더의 자리에 있는 사람들이 느끼는 이 부담감은 대부분이 업무의 일부라고 생각하는 부분이다. 심지어 리더로 선택되기 위해 갖춰야 할 미덕이자 자질이라고 여긴다. 그리고 기술의 발전은 이러한 분위기를 더 부추겼다. 하지만 맥킨지가 최고의 팀을 대상으로 한 연구에 따르면 속도를 높이는 것이 늘 해답은 아니다. 속도를 높이면 보통 상황은 복잡해지고 더 많은 에너지가 들며, 기껏 해봐야 문제의 일부만 해결할 뿐이다. 반대로 이 연구는 최고의 팀들이 속도를 늦출 때 더 깊이 파고들어 더 빠르게 목표를 성취한다는 사실을 발견했다. 최고의 팀은 적은 힘을 들여 늘어난 복잡성과 어려움을 더 효과적으로 해결한다.

그렇다면 왜 리더들을 비롯한 대부분의 사람들이 속도를 조절하라는 이야기를 들으면 회의적인 반응을 보일까? 그 답은 예상 밖에도 현실과 상반된 세계관을 지닌 물리학의 두 가지 기본 원칙에 있는 듯하다. 알고 보면 의사 결정과 리더십에 대한 원칙이라고 할 수 있는 뉴턴설과 양자론이다.

대부분의 기억 속 뉴턴의 물리학은 속도, 질량, 관성의 원칙을 바탕으로 한다. 세계의 구성 방식에 완벽하게 들어맞는 구체적이고 계산 가능한 절대 불변한 원칙이다. 나는 다른 사람들이 목소리를 듣는 방식과 정확히 같은 방식으로 누군가의 목소리를 듣는다. 내 눈에 보이는 빨간색은 다른 사람에게 보이는 것과 똑같다. A와 B의 합은 C다.

반대로 양자학은 세상을 상대적으로 바라본다. 언제든 모든 가능성이 존재하는 장소이고 시간은 비선형적이다. 빛은 파장이자 입자처럼 움직일 수 있다. 어떤 일, 소리, 색깔에 대한 경험은 반드시 다른 사람의 경험과 똑같지 않다.

리더들에게 이 말은 일의 속도를 조절하는 전문가가 되어 때로는 속도를 늦춰 문제와 관련해 깊은 대화를 나누고 이해하는 시간을 가져야 하고, 또 때로는 속도를 높여야 한다는 의미다. 리즌 벤처스의 CEO인 데이비드 스트라우스David Strauss는 이렇게 주장한다. "아마 양자 세계관 중 가장 중요한 부분은 해결책은 늘 가까이 있으며 우리가 충분히 의식하기만 하면 그 해결책을 찾을 수 있다는 사실을 깨닫는 것이다. 이 사실을 알 때 우리는 적절한 관심과 의도를 갖고 찾고자 하는 해결책에 온 힘을 기울이게 된다."

오늘날 리더들의 경영 방식은 대부분 뉴턴식 사고방식을 바탕으로 한다. 그들은 기업의 과제를 통제하고 조직화해 좋은 결과를 내고 달성 수준이 높은 핵심성과지표KPIs를 달성하고자 한다. 이것은 A 지점에서 B 지점까지 미리 정해 놓은 직선으로 최대한 빨리 이동해 효과적이지만, 기계적으로 사고하고 일하고 문제를 해결하는 방식이다.

하지만 이 방식은 분명 대부분의 마법이 일어나는 리더십의 더 따뜻한 부분, 즉 소프트 리더십을 발휘할 여지를 별로 남기지 않는다. 필립스 퍼스널 헬스 부문의 최고 경영자를 지낸 피터 노타Pieter Nota는 이렇게 말했다. "소프트 리더십이 하드 리더십을 가능하게 한다."

어떤 상황의 어려움을 이해하고 (그 때문에 무력해지지 않고) 그때그때 다른 속도나 보폭을 선택해 상황을 헤쳐 나가는 능력은 포용적이고 혁신적이며 상업적으로 성공한 기업 환경을 만들고자 한다면 수용해야 하는 능력이다. 2020년 경찰의 과잉 진압으로 사망한 흑인 조지 플로이드George Floyd 사건 이후 많은 기업은 쉽게 해결될 수도 없고 또 쉽게 해결되어서도 안 되는 다양성에 대한 논의를 시작했다. 진정으로 포용적인 문화와 정책을 만드는 과정은 기본적으로 고위 경영진이나 인사팀만이 아니라 여러 근로자 집단이 주도해야 했다. 궁극적인 목표를 이루기 위해서는 시간과 인내심, 그리고 장기간의 노력이 필요했다.

그렇다면 리빌더들에게 이건 어떤 의미일까? 물리학과 우리 뇌의 의사 결정 과정을 이해하면 삶의 문제들을 해결하는 속도에 관해 무엇을 배울 수 있을까?

속도는 종종 성장에 관해 잘못된 인상을 심어준다. 속도는 진정한 성장이 아닌 변화를 평가하는 척도이기 때문이다. 하지만 계속해서 움직이려는 우리의 본능은 멈추기 힘들다. 인간은 동굴 속에서 살던 시절부터 계속 움직여왔고, 예측하기 힘든 야외 환경에서 끊임없이 이동하도록 길들어져 왔기 때문이다. 따라서 움직임을 멈추는 일은 인간 본성에 절대적으로 반한다. 특히 좋지 않은 상황에서 가능한 빨리 벗어나야겠다는 조바심을 느낄 때는 더 그렇다. 하지만 지금껏 봐왔듯이 우리가 선택하는 속도를 의식적으로 생각할 때 얻을 수 있는 유익이 많다. 느릿느릿 걷든, 빠르게 전력 질주하든, 일정한 속도로 힘겹고 긴 강행군을 하든 각각의 결정은 이후 다른 속도로 문제를 해결할 때도 도움이 될 것이다.

신체적으로 위협이 되는 상황에서 벗어나려고 애쓰는 상황이 아니라면 내면의 속도계를 마음껏 움직여 보라. 페달에서 발을 떼면 오히려 시간이 절약되고 더 나은 결정과 즐겁고 유익한 결과를 얻게 될지도 모른다. 어느 세계적인 농화학물 회사의 CEO는 한때 이런 말을 했다. "의사 결정에서 잃은 시간은 실행할 때 얻는다."

도구

단기간에 내린 의사 결정이 장기적으로 미칠 결과를 늘 생각하라. 자신이 내린 결정의 영향이 일을 추진하는 속도를 좌우한다. 속도는 늘 빠르냐 느리냐의 문제만은 아니다. 마찬가지로 영향은 늘 대단히 중요하냐 사소하냐의 문제만도 아니다. 상대적으로 평범한 일이 큰 영향을 미칠 수 있는 반면, 중요해 보이는 일이 장기적으로 보면 사소할 때도 있다. 그래서 어떤 행동을 취할지 고민하기 전에 자신이 내리는 결정의 영향을 먼저 생각해야 한다.

아래의 도구는 결정을 영향에 따라 분류하기 위해 만들었다. 그때의 속도는 그림 11-1에서 볼 수 있듯이 어떤 행

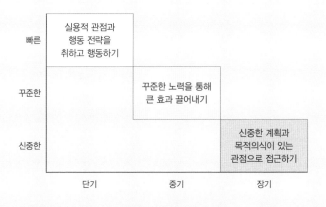

그림 11-1 효과적인 속도 찾기

동을 취할지 결정하는 데 도움을 줄 것이다.

시나리오 1: 직원들에게 보상하기

자신의 직무 범위를 넘어서 회사의 목표 달성에 기여하는 사람에게 약간의 임금 인상이나 보너스 지급하기. 이 방법은 아주 사소하거나 평범한 결정으로 치부되기 쉽다. 그해 목표 매출을 달성해야 한다는 부담감을 느끼고 있는 시기에 그 사람(제이라고 해두자)에게 돈을 추가로 주겠다는 결정은 정당성을 얻기 힘든 선택일 수 있다.

디폴트 속도: 임금 인상안을 실행하기 위해 다음 회계연도의 우선 처리 사항으로 서둘러 분류해 둬라.

실제 효과: 기여한 부분을 바로 인정해 주지 않으면 제이는 자기 노력을 인정받지 못했다고 느껴 다른 일자리를 알아볼 수도 있다. 제이는 가장 중요한 고객 관리 담당자며, 고객들은 제이를 좋아하고 신뢰한다. 제이가 퇴사하면 고객과의 관계가 심각하게 흔들릴 수 있다.

신중한 속도로 최상의 효과 얻기: 제이에게 올해 임금 인상을 해주지 않을 때 생길 수 있는 결과를 생각하면 이 영향력 높은 시나리오는 고려할 만한 가치가 있다. 이는 시간을 들여 제이에게 노력을 인정받았다고 느끼게 만드는 동시에 핵심성과지표를 달성할 해결책을 찾게 해준다.

시나리오 2: 몸의 통증 해결하기

등 아래쪽이 몇 달째 말썽이다. 너무 바빠서 병원에 가는 걸 계속 미루고 있다. 대신 도저히 모른 척할 수 없을 정도로 아플 때는 진통제로 통증과 증상을 잠재우고 있다.

디폴트 속도: 통증이 있을 때만 되는 대로 해결하고 있다. 지금은 그냥 증상이 나타날 때만 대처하고 있는 것뿐이니 가능한 빨리 통증을 치료하라.

실제 효과: 몇 달이 지나면 몸 컨디션이 나빠져서 점점 일에 집중하기 힘들 것이다. 오래 앉아서 일하기 힘들고 허리가 너무 아파 운동을 하러 갈 수도 없다. 어느 방향으로 움직이든 앉든 서든 불편하고 심지어 고통스러울 것이다.

꾸준한 속도로 최상의 효과 내기: 긴 시간 몸이 아프면 기력이 쇠해지고 행복감이 낮아지며 건강이 악화될 심각한 위험이 있다. 우리의 몸과 마음의 건강은 꾸준한 관리가 필요하다. 신체 건강이 급격히 좋아진다고 해서 큰 이득은 없지만, 몸은 앞날의 계획을 세울 때까지 기다려주지도 않는다. 일정한 속도로 꾸준한 관심을 기울일 때만 효과를 발휘할 것이다.

시나리오 3: 이름 붙이기

사람들 그룹, 자신이 속한 회사, 스스로 이룬 결과에 이름을 붙이는 것은 많은 시간과 계획을 쏟아야 하는 벅찬 일처럼 보일 수도 있다. 하지만 그 이름은 오래 우리 곁에 남을 것이다!

디폴트 속도: 자신에게 가능한 많은 시간을 주라. 충분히 생각하고 최대한 분석하라. 연구를 거쳐라. 시간을 갖고 생각하라. 충분히.

실제 효과: 의심의 여지가 없다. 이름은 중요하다. 중요한 이유는 우리가 하는 일을 보여주기 때문이다. 내가 만드는 음악, 특정 집단에 속한 사람들 등. 이름은 어딘가에 붙지 않는 한 의미가 없다.

빠른 속도로 최상의 효과 내기: 미국 밴드 푸 파이터스Foo Fighters를 결성한 데이브 그롤Dave Grohl은 더 적절한 밴드 이름을 정할 수도 있었다고 주장했다. "밴드가 직업이 될 거라고 진지하게 생각했다면 다른 이름으로 정했을 겁니다. 푸 파이터스는 세상에서 제일 멍청한 밴드 이름이잖아요." 하지만 데이브는 훌륭한 음악을 만드는 대단히 호감 가는 사람이기 때문에 밴드 이름이 무엇인지는 별로 중요치 않다. 따라서 빠른 의사 결정 속도가 적합하다. 장기적 효과는 밴드 이름이 아니라 그가 만든 음악과 페르소나에 의해 정해지기 때문이다.

알리네 산투스 파라트,
유니레버 최고 브랜드 관리자 겸 최고 다양성 관리자

알리네 산투스 파라트Aline Santos Farhat의 이야기는 영화 〈에이리언Alien〉에서 시작된다. 맞다, 시고니 위버가 나오는 그 영화. 이 유명한 영화가 1980년대 중반 브라질에서 개봉했을 때 다소 이상한 번역 과정을 거쳐 제목이 '알리네Aline'가 되어버렸다. 예기치 않게 이름이 같은 우리의 진짜 알리네는 학교에서 외계에서 온 생명체라고 놀림을 받았다. 알리네가 마침내 영화를 직접 보려고 극장에 갔을 때 그녀는 뜻밖의 변화를 경험한다. 시고니 위버가 연기한 강인하고 힘 있는 여자 주인공은 알리네가 만나보지 못한 완전히 새로운 여성 역할 모델이었다. 알리네에게 여성이란 대부분의 시간을 집에서 보내는 어머니 아니면 선생님이었다. 냉철한 전사 여성은 가부장 사회에서 자란 여자아이에게 완전히 새로운 기준이 되었다. 그 경험을 계기로 알리네는 활동가의 삶을 살기 시작했다. 처음에는 대학에서 여성용 속옷 판매업을 시작했고, 마지막에는 주문이 쇄도해 어쩔 수 없이 판매를 보류해야 했다. 대학을 졸업하고 마케팅 분야에서 더 많은 경험을 쌓아 나중에 자신의 속옷 회사에 적용하려고 유니레버에 입사했다. 하지만 오랫동안 유니레버에 남게 됐다.

유니레버(도브, 퍼실, 액스/링스, 크노르, 매그넘, 허트브랜드(월스) 아이스크림 등의 브랜드를 보유한 다국적 소비재 회사)는 알리네가 '고정관념 탈피'라고 부르는 캠페인의 토대가 되었다. 2016년에 시작된 이 캠페인은 마케팅에서 해로운 고정관념을 뿌리 뽑고 정형화되지 않은 진보적인 사람들의 모습을 보여주겠다는 유니레버의 약속이다. 캠페인을 통해 유니레버는 새로운 광고뿐 아니라 마케팅 활동을 펼쳐 다음 세대가 선입견에서 자유로워질 수 있도록 긍정적인 영향력을 행사하는 것이 목표였다. 잘못된 일을 바로잡고자 하는 알리네의 열정은 단순히 데오드란트와 아이스크림을 판매하는 데 그치지 않고 회사 안에서 자사의 브랜드가 더 숭고한 목표를 지켜갈 수 있는 완벽한 플랫폼을 찾았다. 전 세계에 존재하는 수많은 문화적 차이 때문에 민감한 주제를 적시에 적당한 추진력을 가지고 솔직하게 이야기할 수 있다면 반은 성공한 것이다. 타이밍이 가장 중요하지만, 속도는 이러한 타이밍을 찾을 수 있도록 해준다.

가정 내 전통적인 성 역할을 문제 삼고, 남성성을 재정의하고, 동성애를 지지하고, 인권을 옹호하는 일까지 유니레버가 걸어온 길은 회사만큼이나 고객들에게도 큰 도전이었다.

우리는 빠른 의사 결정을 내리고 기꺼이 실험하고 그 실험이 효과가 없으면 방향을 전환하는 일을 전보다 더 능숙하게 해내고 있습니다. 원래 우리의 기업 문화는 그렇지 않았습니다. 하지만 지금은 그렇습니다. 하나의 뛰어난 아이디어만으로 혁신이 이루어진다고 생각하지 않습니다. 고객을 위해 해결해야 하는 진정한 고충을 바탕으로 혁신을 생각합니다. 머릿속 문제가 아닌 현실의 문제를 생각합니다. 끊임없이 스스로에게 질문을 던지며 우리가 세운 가설이 맞는지 확인합니다. 우리는 고객들이 가진 문제의 진정한 해결책을 찾는 사업을 하고 있습니다. 최전선에 나가서 포용적이고 혁신적이며 세상에 꼭 필요한 제품을 만들고자 합니다.

이 일은 유니레버, 더 나아가 마케팅 업계에서 안정적인 자리를 찾은 알리네에게는 평생의 과업이다. 대규모 글로벌 캠페인으로 실질적 변화를 끌어낸 그녀는 이러한 변화를 만드는 방법을 완벽하게 터득했고, 전 세계의 다양한 문화적 의미와 차이를 세심하게 바라볼 수 있는 기준을 다시 세웠다. 이 과정에서 적절한 속도로 지속 가능한 변화를 만들기 위한 균형 잡기가 필요하다. 알리네는 어떻게 다양한 시각과 경험이 존재하는 시장에서 해로운 성 고정관념과 장애인에 대한 편견을 바꾸기 위해 움직일까? 알리네는 이를 뜨거운 죽을 먹는 일에 비유한다.

우리는 절대 숟가락을 죽 그릇 가운데 넣지 않습니다. 그러면 혓바닥을 데일 테니까요. 대신 그릇 가장자리를 따라 숟가락을

넣고 차근차근 천천히 죽을 먹습니다. 형평성, 다양성, 포용성 문제도 마찬가지입니다. 어느 나라에 가서 무작정 "성적 취향이 다른 사람들을 인정하지 않는 건 불합리합니다"라고 반기를 들면 그 나라는 반기를 든 사람을 제거하려 들 테고, 그야말로 뜨거운 죽에 혀를 데는 겁니다. 그것보다는 똑똑해질 필요가 있습니다. 가장자리에서 시작해 천천히 도전을 이어 나가야 합니다. 계속, 계속, 계속 앞으로 나아가는 거죠. 유니레버가 늘 성장하는 이유이기도 합니다. 우리는 혀를 데지도 않고 가만히 있지도 않고 계속 나아갑니다. 이 방법으로 큰 성공을 거뒀습니다.

결론

우리는 늘 최대한 빠르고 능률적으로 일해야 한다는 유혹과 부담감을 느낀다. 특히 상업적 목표가 걸린 문제일수록 더 그렇다. 하지만 자신이 얻고자 하는 결과와 그 결과를 달성하는 속도를 잊어서는 안 된다. 아니면 스스로 선택한 속도를 바탕으로 기대할 수 있는 결과라고 말할 수도 있겠다. 인내심과 조바심 둘다 강력한 동기가 된다. 두 가지를 추진력 삼아 최종 목표를 달성하라.

12장

불확실한 시대에
확실성 찾기

'출구가 보이지 않는데 어떻게 여기서 빠져나가지?'
_우리는 혼란의 한가운데서 이렇게 자문한다.

불확실성. 변화를 잘 수용하기 위해서는 변하지 않는 가치를 포착해내는 눈이 필요하다. 이번 장에서는 무엇이 불확실한 시대에서 살아남는 열쇠가 되는지 알아본다.

> **오해** 모든 것이 변할 때 모든 것을 바꿔라.
> **진실** 우리가 가진 닻을 잘 활용하면 닻이 가장 필요한 시기에 안정을 찾을 수 있다.

마치 세탁기에 들어갔다 나온 느낌이 든 날이 있는가? 혹은 한 주, 한 달, 일 년간 이런 기분이 든 적은? 모든 것은 계속해서 변하고 우리는 최대한 서둘러 경로를 변경하고 계획을 다시 짠다. 그때 상황은 또다시 변하며 더 이상 어떤 일이 벌어지고 있는지 알기 힘든 상태가 된다.

2021년 9월 〈하버드 비즈니스 리뷰〉에 이런 글이 실렸다.

> 대부분의 사람들은 팬데믹 이전에 이미 직장에서 고객 선호도, 고객과 직원들의 기대, 그리고 경쟁 우위의 변화까지 환경이 빠르고 끊임없이 변하고 있다고 느꼈다. 코로나19 사태는 비교적 예측 가능하다고 생각했던 몇 가지 일, 즉 근무 장소, 동료들과 일하는 방식, 그리고 바지를 입을지 말지 선택하는 일을 바꿔놓았다.

〈하버드 비즈니스 리뷰〉조차 바지를 입어야 할지 말아야 할지 묻는 지금, 우리는 확실히 불확실한 시대에서 살아가며 또 일하고 있다.

오해

그렇다면 이런 수준의 불확실성과 변화의 시기 뒤에 필연적으로 찾아오는 회복의 과정을 어떻게 감당해야 할까? 어떤 이들은 적극적으로 나서서 모든 것을 바꿔야 한다고 주장한다. 모든 걸 내던지고 미래를 향해 달려가라. 어떤 일을 소극적으로 하면 신기술을 혐오하고 변화를 거부하는 고루한 사람이 될 뿐이다. 기술 중심의 정보 산업계에서는 주기적으로 이 문제를 놓고 뜨거운 토론이 이루어진다. 회사는 앞서 달려 나가 새로운 것을 닥치는 대로 받아들여야 할까? 아니면 그런 행동은 너무 위험하고 불안정해서 중요한 것까지 같이 잃어버릴 수 있을까? 변화만 좇는 회사는 스코틀랜트 왕립은행RBS의 CMO 데이비드 웰던David Wheldon의 말마따나 '차가 지나갈 때마다 짖어대는 개' 꼴이 날까? 데이비드는 이런 절묘한 비유로 새롭고 좋아 보이는 유행이라고 무턱대고 따라가지 말라고 경고했다.

그렇다면 개인의 경우는 어떨까? 익히 아는 것에 대한 안정감과 친숙함, 그리고 새로운 것을 받아들이고 싶은 욕망 사이에서 흔들릴 때 어떻게 캄캄한 불확실성의 시기를 헤쳐나갈 수 있을까? 어디가 출구인지도 알기 힘든 시기를 무사히 헤쳐갈 수 있을까?

우선 왜 불확실성이 우리를 혼란스럽게 만드는지 그 이유부터 알아보자. 사람들마다 편하게 받아들일 수 있는 변화와 혼란의 정도가 각기 다른 반면, 대개 인간의 뇌는 무수히 많은 변화를 늘 한꺼번에 처리한다.

정신역학 상담가 에이미 월시Amy Walshe는 뇌가 불확실성을 마주할 때 어떤 일이 일어나는지 쉽게 설명한다. 앞으로 무슨 일이 일어날지, 다음에 무슨 일이 펼쳐질지 확실히 알지 못할 때 뇌는 이를 위험한 상황이라고 해석하고 비상 경계 태세에 돌입한다. 에이미는 이렇게 설명했다.

우리가 커다란 위협에 맞닥뜨릴 때 뇌는 그 위협에 반응하도록 설계되어 있습니다. 이를 '투쟁, 도피 혹은 경직' 반응이라고 합니다. 호랑이가 우리 쪽으로 다가오고 있고 그 호랑이가 맞서 싸우기에 덩치가 너무 크면 우리는 달아날 수도 있습니다. 아니면 그냥 그 자리에 얼어붙은 듯 멈춰 죽은 척할 수도 있습니다.

교감신경계는 투쟁이나 도피 반응을 일으키고, 부교감신경계는 '경직' 반응을 일으킨다. 이러한 신경 반응과 함께 많은 신체적 변화가 일어난다. 심장이 두근거리고 아드레날린이 분출되어 힘껏 싸우거나 빨리 달아날 수 있게 된다. 덕분에 지금 같은 시대에 우리는 많은 일상의 위험에 자동적으로 반응한다. 어두운 길을 걸을 때 경계하고 앞차가 갑자기 멈춰 설 때 급브레이크를 밟는다. 하지만 이런 반응은 감정적 혼란, 경제적 불확실성, 세계적인 팬데믹의 영향 등 현대 세계의 다양한 위협에 대처할 때는 그만큼 큰 도움이 되지 않는다. 삶이 격변하는 시기에 "인간의 뇌는 애매성과 불확실성을 환경적인 위협으로 인식해 불안감을 일으킬 수 있다. 코로나19 기간 동안 국민의료보험NHS에 보고된 불안증 환자의 수가 급증했다"고 에이미는 말한다.

현대 세계가 촉발하는 이처럼 불안한 상태에서는 복잡한 상황을 해결하는 데 필요한 냉철한 사고와 행동을 하기 힘들어진다. 정리해고에 관한 불편한 대화를 이어 가는 방법이나 휘청거리는 회사를 이끌어 가거나 관계를 바로잡기 위해 어떤 행동을 취해야 할지 알아내는 일은 그저 나무 위에 올라가거나 죽은 척한다고 해결되지 않는다. 게다가 불확실한 상태가 길어지면 우리는 지치고 소진되기 시작한다. 코로나19 기간 동안 많은 사람이 이 상태를 경험했다.

인간의 뇌는 불확실성을 극도로 싫어해서 나쁜 일이 일어날지도 모른다는 불확실한 상태는 실제로 그 일이 일어나는 상황보다도 우리를 더 고통스럽게 만들 수 있다. 한 연구에서 50퍼센트의 확률로 고통스러운 전기 충격을 받을 수 있다는 말을 들은 참가자들은 100퍼센트 전기 충격을 받을 거라는 말을 들은 참가들보다 더 큰 긴장감과 불안감을 느꼈다.

전기 충격에 대한 걱정은 전기 충격 그 자체보다 더 큰 불안감을 일으켰다. 따라서 우리가 상상 속 세탁기 안에 들어가 있어 주변 모든 것이 위아래로 뒤집히는 것 같으면 당연히 온몸을 허우적거리게 된다. 정신을 바짝 차리고 지금 일어나고 있는 변화를 이해하고 받아들이려는 순간 자칫 균형을 잃고 꼬꾸라질 수 있다.

진실

수학자 존 앨런 파울로스 John Allen Paulos 는 다음과 같은 말을 했다. "불확실성만이 확실하게 존재한다. 불안정감과 함께 살아가는 법을 알 때만이 안정을 얻을 수 있다." 인간이 태생적으로 지나친 불확실성을 감당할 수 있는 존재가 아니라는 사실을 생각하면 온갖 산업이 우후죽순 생겨나 사람들의 부족한 부분을 메워 준 것도 놀랄 일이 아니다. 긴 시간 동안 사이비 종교와 근본주의 종교는 신도들에게 앞으로 어떤 일이 일어날지 알려준다고 장담하고, 엄격하고 명확한 규칙을 지키게 함으로써 신도들의 불안감을 없애왔다. 기업 세계에는 미래학자(맞다. 실제로 존재하는 직업이다), 트렌드 예측 전문가, 그리고 곧 어떤 일이 일어날지 알려주겠다고 약속하는 자문 회사가 있다. 그리고 최근 전 세계가 격변하면서 타로, 점성술의 인기와 더불어 상황을 예측하고 설명하는 새로운 방식이 급증했다. 대표적인 점성술사 수전 밀러가 운영하는 웹사이트의 월 방문자 수는 1100만 명이 넘고, 신규 별자리 앱은 주기적으로 생겨나 현재 거의 22억 달러에 달하는 매출을 내며 급성장 중인 산업계를 이끌고 있다.

사이비 종교에 입단하거나 수성의 역행을 참고하는 방법이 싫다면 불확실성을 헤쳐 나가는 또 다른 방법이 있다. 모든 상황이 불확실해 뇌가 통제 불능 상태가 될 때 변함없는 것에 집중하면 변화에 대처하는 데 도움이 된다. 모순적으로 들릴지 모르지만 변하지 않는 것을 찾아내면 변화를 헤쳐 나가는 데 도움이 되고 심지어 주변 상황에 맞춰 변화할 수 있게 된다. 이처럼 변하지 않은 것들을 거센 파도 속 닻이라고 생각할 수 있다. 닻은 시시각각 변하는 파도에 맞춰 배가 오르내릴 수 있도록 해주는 동시에, 심한 폭풍우를 만났을 때 배가 항로를 이탈하거나 암초에 부딪히는 상황을 막아준다. 배가 완전히 위치를 옮겨야 할 때는 닻을 풀지 않는다. 닻을 끌어올린 뒤 안정적인 곳으로 옮겨 새롭게 닻을 내린다.

닻은 우리가 현실에 발을 디디고 일상적인 감각을 지킬 수 있도록 해준다. 모든 상황이 혼란스러울 때 우리를 안심시켜 주며, 우리가 누구이며 우리에게 무엇이 중요한지 일깨워 혼란을 헤쳐 갈 수 있게 해준다. 그렇다면 닻은 우리 삶 속에서 어떤 모습을 하고 있을까? 우리는 각자 무수한 닻을 가지고 있다. 운동, 독서, 요리, 친구와 가족과의 대화 같은 일상의 의식과 루틴이 여기에 포함된다. 한편 우리의 정체성과 삶의 방식을 결정하는 데 중요한 역할을 하는 무형의 닻에는 가치, 행동, 윤리, 영적 믿음, 또는 종교적 믿음 등이 있다.

개인과 회사들 역시 일과 관련한 닻을 가지고 있다. 개인에게 이러한 닻은 임금, 직위, 책임부터 직장의 책상과 사무실, 동료까지 다양하다. 회사의 경우 절차, 문화, 가치, 건물, 행동강령, 심지어 건물 평면도 같은 요소들이 고유한 방식으로 운영되는 회사를 단단히 잡아주는 닻 역할을 한다.

2020년과 2021년에 사무직 근무자들이 겪은 대대적인 '재택 근무' 실험은 격변의 시기 동안 한꺼번에 너무 많은 닻이 끊어질 때 어떤 일이 일어날 수 있는지 보여준 강력한 사례다. 사회적·국가적 불안감이 크다 보니 많은 사람들이 일상적인 업무의 모든 부분이 뒤바뀌는 경험을 했다. 유연성이 늘어나고 출퇴근 시간을 낭비하지 않아도 된다는 점에서 긍정적인 면이 많았던 반면, 전체적인 일상 업무의 변화에는 부작용도 있었다. 출퇴근 시간 동안 자신에게 쓰는 시간, 대면 만남, 전용 근무 공간, 동료들과의 대화가 사라졌다. 일과 생활을 분리하고 스트레스를 낮추기 위해 의존하는 이러한 닻을 잃은 많은 근로자가 힘겨워했다.

시간이 지날수록 어떤 사람들은 새로운 리듬과 루틴을 만들어 몸과 마음의 건강을 유지했다. 가령 새로운 출퇴근 루틴을 만들어 아침에 짧은 산책을 나가서 바람을 쐬거나 음악을 들은 뒤 집으로 돌아와 일을 시작했다. 또 근무 시간이 끝나면 하루 종일 일하면서 입었던 옷을 벗고 더 편한 옷으로 갈아입었다. 지인들과의 정기적인 만남은 많은 이들에게 중요한 닻이다. 봉쇄 기간 초반에 줌 미팅과 온라인 커피 타임은 짜증스러웠을 수도 있지만, 이는 아는 사람들과 다시 연결되고 닻을 내리려는 자연스러운 인간의 노력이었다. 또한 이런 온라인상의 만남은 일터에서 동료와 친구들과의 연결이 단절된 재택 근무자들에게 특히 중요했다.

닻이 개인과 조직에 미치는 영향을 더 자세히 알아보고자 우리는 세계에서 가장 빠르게 변하는 근무 환경 중 한 곳인 NHS를 들여다봤다. 우리는 이스트 앤드 노스 허트포드셔East and North Hertfordshire NHS 신탁 개발청의 리더십 부책임자 스티브 앤드류스Steve Andrews와 대화를 나눴다. 스티브의 첫 직업은 소아, 청소년 암 환자 전문 간호사였다. 스티브는 수석 간호사가 된 이후 리더십 개발과 향상 분야로 관심을 옮겨 갔다. 동료들이 끊임없이 변화하는 의료 서비스 환경에서 성장할 수 있도록 돕는 것이 얼마나 중요한지 깨달았기 때문이다.

NHS는 세계에서 가장 큰 조직 중 하나로, 일하는 방식을 지속적으로 개선하는 일은 격변하는 정치, 재정 지원, 공중 보건 위기의 영향을 받아 변화를 거듭하는 커다란 과제다. 2020년 초 NHS는 전 세계적으로 유행하며 영국에서 확산되기 시작한 코로나19 위기에 대응하고 있었다. 스티브는 NHS의 모든 직원, 심지어 코로나19 병동에서 직접 일하지 않는 직원들의 거의 모든 일상이 어떻게 변했는지 설명했다.

우리는 시간을 마음대로 쓸 수 없게 됐어요. 일정이 전부 변했기 때문이죠. 사람들은 일시적으로 자신의 역할과 직무에 대한 통제권을 잃었어요. 외래 환자 전문 병원 같은 곳이 문을 닫았고 사람들이 다른 곳으로 재배치되었기 때문에 사실상 원래 직업을 잃었죠. 이 과정은 대부분 빠르게 진행되었고, 그 같은 통제력 상실은 확실성, 편안함, 역량, 팀워크, 인정받는 지도력 같은 다른 상실을 불러왔죠. 전문 간호사였던 사람이 응급실로 배치되거나, 비임상 부서 직원이었던 사람이 임상 부서에서 근무하는 식이었어요. 동시에 직원들은 회사 밖의 일들도 제대로 통제할 수 없어졌죠. 휴가는 취소됐고, 아이들의 등교나 장보기 같은 일들도 마음대로 할 수 없었습니다. 가까운 사람의 죽음은 상당한 도움을 필요로 하는 일이 돼버렸습니다.

NHS는 위기 상황에 익숙했고 조직적·문화적 닻을 다양하게 갖추고 있어 직원들과 의료 서비스가 그처럼 거대한 불확실성 앞에서도 제대로 작동하게 만든다. 핵심은 코로나19를 전례 없는 위기로 보지 않고 기존의 위기와 비슷한 점이 무엇인지 알아내는 것이었다. 자신들이 몰랐던 사실만 찾는 대신 이미 알고 있던 사실을 찾아 기존 경험을 어떻게 활용할 수 있을지 파악하고자 했다. 이 작업은 NHS의 기존 능력과 역량 중 어떤 부분을 코로나19 위기와 연결할 수 있을지 질문하는 데서 출발했다. 스티브는 NHS에서 사용하는 용어는 익숙한 상황과 대응 방식을 명확하게 식별하려는 목적으로 만들어진다고 이야기한다.

우리는 '격리', '감염 관리', '리스크' 같은 용어와 절차를 효과적으로 사용했어요. 그중 대다수는 노로바이러스 같은 다른 전염병을 경험하면서 이미 익숙해진 용어들이었죠. 매번 우리는 이전의 경험과 기술에 의지합니다. 그래서 새로운 상황에 맞닥뜨리면 새로운 의미의 용어를 사용하고 이렇게 자문합니다. '우리가 가지고 있는 역량은 눈앞에 있는 문제를 해결할 수 있을까? 그렇지 않다면 어떤 차이가 있으며 그 차이를 어떻게 메울 수 있을까?' 코로나19 확산 초기에는 익숙한 용어와 절차, 원칙을 사용해 상황을 이해하는 데 도움을 얻었습니다.

따뜻한 치료의 원칙, 가족 참여의 원칙, 힘을 주는 동료의 원칙, 임상의의 역할. 핵심 원칙들이 적용되었지만, 의식적으로든 무의식적으로든 어떤 간극이 메워지고 있고 또 무엇이 바뀌어야 하는지에 대한 질문은 계속됐습니다. 코로나19 세상에서 환자 치료는 어떤 식으로 이루어질까요? 그런 세상에서 직원들의 안전은 어떤 식으로 지켜지고 있을까요? 또 그 세상에서 팀워크는 어떤 식으로 유지될까요?

스티브의 이야기는 완전히 새로워 보이는 상황에 대처하는 몇 가지 핵심적인 방식을 강조한다. 첫 단계는 해당 상황을 몇 가지 구성 요소로 나눠 그중 특정 요소를 과거에 어떤 식으로든 마주친 적이 있는지 파악하는 것이다. 그다음에는 과거의 비슷한 상황에서 어떤 기술과 접근 방식이 효과가 있었는지 파악한다. 이 방식은 군대와 위기 대응처럼 위험 부담이 크고 빠르게 변화하는 환경에서 주기적으로 사용되지만, 모든 사람이 불확실한 상황에서 안정을 주는 닻을 찾을 때도 응용할 수 있다.

처음에는 대단히 불안정하다고 느껴질지라도, 현재 직면한 상황을 여러 개의 구성 요소로 나눌 수 있다. 그중 대다수는 익숙해

보이기 시작하며, 변하지 않은 것과 완전히 새로운 것을 구분하게 해준다. 이때 과거의 비슷한 상황에서 확실히 효과가 있었던 기존의 기술과 강점을 활용할 수 있다. 또한 스티브는 익숙한 요소에 익숙한 언어와 용어를 사용하는 방법이 어떻게 그 요소를 더 자신 있게 다룰 수 있게 만드는지 설명한다. 한 번도 본 적이 없는 요소라 하더라도 새로운 용어나 이름을 만들어 강조할 수 있다. 변함없는 것을 분명히 파악하면 역으로 그 팀은 완전히 새로운 상황을 해결할 수 있다. 그 원인이 노로바이러스건, 에볼라건, 코로나19건 '격리'는 잘 알려진 치료 프로토콜을 가진 널리 인정받는 방식이다.

NHS 밖에서 상사나 부모와의 의견 충돌은 여전히 의견 충돌이며, 의견 일치에 이르는 방식도 다르기보다는 비슷할 것이다.

마지막으로 스티브는 변화의 시기 동안 우리가 여전히 소중하게 여기는 원칙과 가치가 무엇인지 스스로 떠올리는 게 중요하다고 주장한다. NHS의 유능한 직원들에게 소중한 원칙은 '따뜻한 치료의 원칙, 가족 참여의 원칙, 힘을 주는 동료의 원칙'이다. 그들이 일하러 가는 이유는 결코 변하지 않는다. 직장에 가서 하는 업무가 완전히 달라진 상황에서도 말이다.

닻이라는 개념은 대단히 간단해 보일지 몰라도, 우리가 변화에 유연하게 대처하고 닥쳐오는 상황에 적응하는 능력을 키우는 중요한 역할을 한다. NHS의 사례는 그런 닻이 조직 안에서 어떻게 도움이 되는지 효과적으로 보여주지만, 닻은 매일의 일상에서도 마찬가지로 중요하며 이를 고정하는 방법은 대개 아주 간단하다. 또한 스티브는 자신을 지속적으로 일할 수 있게 해주고 매일 다른 사람들도 단단히 붙잡아 주는 일상 속 몇 가지 닻을 확실히 알고 있다.

이 중 하나는 매일 다른 사람들에게서 벗어나 45분간 온전히 자기만의 시간을 갖는 것이다. "저는 매일 출퇴근하는 데 45분을 썼는데, 새로운 병원으로 옮기면서 출퇴근 시간이 아주 짧아졌어요. 내향형 인간인 저는 그 시간이 저한테 중요하다는 사실을 곧 깨달았고, 그래서 지금은 매일 45분 일찍 출근해 제 자신을 위한 시간을 갖습니다." 이 같은 자기 안정화의 필요성은 변화 관리 전문가들에 의해 널리 알려졌다.

하이페츠와 린스키는 중대한 영향을 미치는 리더십에 대한 책을 여러 권 냈고, 두 사람은 책에서 변화 관리 프로그램에서 살아남은 CEO와 최고위 리더들에 대해 이야기한다. "변화 계획이라는 격랑에서 살아남기 위해서는 자신을 안정시키고 단단히 고정할 방법을 찾아야 한다."

대표적인 예는 다음과 같다. "안전한 항구 하나를 만들어 매일 그곳에서 전날 있었던 일을 돌아보고, 스스로 만든 정신적 상처를 치유하고, 감정의 자원 창고를 채우고, 도덕적 나침반을 다시 맞춰라." 두 사람은 고위직 임원들을 향해 조언하고 있지만, 그들이 권하는 해결책은 대단히 단순해서 모든 사람이 적용할 수 있다. 자기 집 식탁 앞에 앉아서 쉬거나 매일 숲을 산책하면서 안전한 피난처 만들기, 또는 평가받는다는 두려움 없이 '해결되지 않은 문제'를 솔직히 터놓을 수 있는 회사 밖 친구를 만드는 방법도 있다.

변화의 시기 동안 우리를 붙들어주고 안정을 주는 닻을 찾는 방법이 어떻게 불확실한 시기에 침착을 유지하고 힘든 현실을 노련하고 유연하게 헤쳐 나가게 해주는지 알아봤다. 이런 닻은 긍정적 변화가 뿌리내리는 과정을 돕기도 하지만 막기도 한다는 점에 주목할 필요가 있다. 다른 장소로 이동하기 위해 끌어올려야 하는 배의 닻처럼 때로는 우리가 가진 닻 중 일부를 끌어올리거나 심지어 닻을 바꿔야 진짜 변화를 만들 수 있다.

술을 줄이려는 노력을 예로 들어보자. 똑같은 리듬과 루틴을 고수하면 술을 줄이기 힘들 수 있다. 여전히 같은 친구들과 같은 술집에 가고 목요일 밤마다 모여서 카레를 먹으면 이 닻은 우리를 기존의 음주 습관에 머물러 있게 만들 것이다. 친구를 만나 맥주를 마시기보다는 산책을 하고, 술집에 가기보다는 집으로 가고, 밤에 모여 카레를 먹는 대신 영화를 봐라. 그러면 이 새로운 닻은 우리의 행동을 바꿔줄 것이다.

조직 안에서도 마찬가지다. 변함없는 닻은 많은 변화 프로그램의 필연적 결과이며, 장기간에 걸친 회복의 과정을 좌절시킨다. 하버드 경영대학원의 리더십 명예 교수인 존 코터John Kotter는 왜 기업 혁신이 성공하고, 특히 실패하는지 수십 년간 연구해 왔다. 그는 8단계 모델을 만들었으며, 그중 마지막 단계는 '기업 문

리빌더

222

화 안에 새로운 접근 방식 뿌리내리기'다. 코터 교수는 이 중요한 마지막 단계를 생략하고 얻은 단기적 이익은 결국 잃게 될 것이며, 이후 기업은 기존의 경영 방식으로 되돌아갈 것이라고 말한다. 따라서 기업의 문화와 가치, 인재를 새로운 경영 방식에 맞게 바꾸라고 처방한다.

즉 새로운 채용과 승진 방식을 고려하고, 보상과 인센티브 제도를 검토하고, 직원들의 행동에 영향을 줄 수 있는 무형의 규범과 가치를 찾아야 한다. 이러한 사례는 기업 세계에서는 흔하디 흔하다. 회사는 조직 내 성비 균형을 맞추겠다고 약속하지만 채용 과정은 변함없고, 갱년기 휴가 정책도 없고, 육아 휴가 정책도 달라지지 않는다. 회의 자리에서는 고위직 남성 리더들이 맞은편에 앉은 여성 동료들을 향해 일방적으로 말한다. 별로 놀랍지도 않지만 성비 균형은 개선되지 않았다. 새로운 목표에도 불구하고 오래된 닻은 그대로 남아 있고 새로운 닻은 아직 자리 잡지 못했기 때문이다.

도구

자신의 닻을 찾아내는 여정은 마음이 평온한 시기에 시작하는 것이 제일 좋다. 일단 혼란스러운 상황이 시작되면 어떤 닻이 나에게 효과가 있는지 확인하기가 더 힘들 수 있다. 쉽게 말해 어떤 닻이 나에게 도움이 되는지 검토해 기록하는 방법을 제안한다. 어떤 닻이 나라는 사람의 행복과 정체성에 꼭 필요한가? 어떤 닻을 꽉 붙잡고 싶고, 어떤 닻을 내놓거나 포기할 수 있는지 바로 알겠는가?

가령 세라는 조직 안에서 고위직의 자리와 직함을 갖는 걸 좋아했고, CEO라는 자리가 자신에게 주는 명성과 지위에 이미 익숙해져 있었다. 하지만 좀 더 유연하게 일하고 싶은 마음이 들기 시작하자 고위직을 기꺼이 포기하고 독자적으로 일할 때 누릴 수 있는 더 큰 자유를 선택했다고 인정했다.

다음 도구는 다양한 범주의 닻을 알아보고 일상의 작은 습관, 윤리, 가치처럼 더 무형적이지만 중요한 자신만의 닻을 가질 수 있도록 도와줄 것이다.

최근 변화를 경험했거나 앞으로 변화를 계획하고 있다면 이 목록을 참고하거나 업데이트하라. 자신에게 어떤 닻이 잘 맞고 어떤 닻을 변함없이 지켜야 하는지, 반대로 어떤 닻을 기꺼이 바꿀 수 있는지 알아보라. 몇 가지 닻은 완전히 버리고 새로운 닻을 갖춰야 할까? 한꺼번에 너무 많은 닻을 바꾸었거나 떠나보낼 때가 된 닻을 움켜쥐고 있지는 않은가?

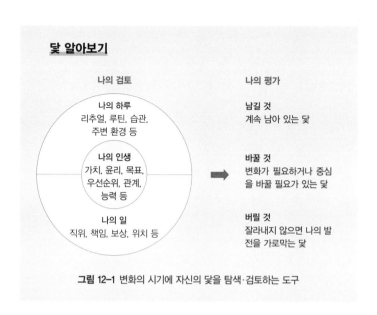

닻 알아보기

나의 검토	나의 평가
나의 하루 리추얼, 루틴, 습관, 주변 환경 등	**남길 것** 계속 남아 있는 닻
나의 인생 가치, 윤리, 목표, 우선순위, 관계, 능력 등	**바꿀 것** 변화가 필요하거나 중심 을 바꿀 필요가 있는 닻
나의 일 직위, 책임, 보상, 위치 등	**버릴 것** 잘라내지 않으면 나의 발 전을 가로막는 닻

그림 12-1 변화의 시기에 자신의 닻을 탐색·검토하는 도구

영감의 주인공

애비게일 코머, 사인포스트 다이애그너스틱스Cingpost Diagnostics CMO, 데번햄스Debenhams 전 CMO

수십 년간 글로벌 마케팅 일을 해온 애비게일 코머Abigail Comber 는 수없이 많은 위기를 경험했다. 영국항공에서 17년간 일하는 동안 화산재 구름, 수하물 노동자 파업, 탈 많았던 히스로 공항 제5 터미널 이동 운항(2008년 영국항공 전용 터미널로 개장한 히스로

공항 제5 터미널은 개장 초기에 수하물 시스템이 제대로 작동하지 않아 몇 개월간 수하물 분실 등 문제가 많았다-옮긴이), 연금 위기는 대대적인 혼란을 불러온 문제 중 일부에 불과했다. 2020년 코로나19라는 혼돈의 폭풍이 덮쳐왔을 때 애비게일은 이미 사면초가에 몰린 백화점 데번햄스의 CMO 자리를 수락했다. 코로나19가 영국에서 확산되기 불과 6주 전이었다. 애비게일은 정신을 바짝 차리고 자신의 뛰어난 경험을 바탕으로 고객들을 되찾아 백화점 매출을 역전시키는 일에 착수했다. 그녀가 막 계획을 확정하고 경영진에게 승인받았을 때 모든 상황이 변했다.

우리는 수익이 불안정해지고 중국에서 어떤 불협화음이 생기리라고 생각했지만, 나머지는 알고 있는 그대로였어요. 6주 안에 그 모든 것을 바꿔야 했습니다. 6주 안에 직원들과 줌으로 일하며 120명의 보고를 듣고 백화점 매장이 문을 닫기 시작할 때 온라인으로 영업을 계속하도록 만들 예정이었죠.

그 임무에서 애비게일은 마스터클래스처럼 정해진 시간 안에 혼란에 유연하게 대처하는 법을 찾아내야 했다. 그녀는 환경적인 영향은 어느 정도 줄일 수 있는 새로운 금융 거래를 성사했고, 온라인 소매업체 부후Boohoo와 거래 계약을 체결해 매장 폐쇄를 피하지는 못했어도 데번햄스라는 브랜드는 지켜냈다. 할 일은 매주 달라졌다. 한 주는 데번햄스를 온라인으로 전환하는 일을 했다면, 다음 주는 전체 콜센터를 운영해야 했다. 데번햄스 콜센터 공급업체가 코로나19가 시작되고 떠나버렸기 때문이다. 그녀는 IT팀과 함께 일하며 폐쇄 매장에서 일하던 직원 100명에게 노트북을 지급하고 주문한 물건을 받지 못한 고객들을 위한 고객 서비스 센터를 만들었다. 그러지 않았다면 직원들은 정리해고를 당했을 것이다.

애비게일과 이야기하면서 그녀가 몇 가지 확실한 방식을 만들어내 이런 시기를 단단히 버텨냈다는 사실을 알 수 있었다. 한 가지 방법은 변하지 않은 것에 집중하는 전략이다. "관점을 바꾸는 전략은 제가 많이 쓰는 방법입니다. '좋아. 그러니까 상황은 더 이상 같지 않아. 이건 새로운 상황이야.' 이렇게 생각하죠. 저는 변하지 않았어요. 세상은 변하지 않았어요. 저는 여전히 같은 곳에 있어요. 여전히 소득이 있지만, 지금 제가 해야 하는 일은 X입니다. 제가 가진 능력을 지금 제 앞에 있는 상황에 맞게 바꾸는 거죠."

또 애비게일은 사람들에게 공감과 존중을 표하는 일이 중요하다는 분명한 가치를 지니고 있으며, 그 가치는 일터 안팎에서 어떤 행동을 할지 결정하는 강한 닻 역할을 한다. 그 가치 덕분에 애비게일은 자신이 지금의 역할을 하는 이유를 계속해서 떠올리고, 상황이 힘들 때도 고객을 위하는 일을 우선순위에 둘 수 있다. "저에게는 늘 고객이 전부입니다. 무슨 일이 일어나든 고객이 가장 마지막에 영향을 받는 사람이라는 사실을 기억합니다."

영국항공에서 일하는 동안 한 번은 전체 팀이 우수 고객 목록을 작성해 일일이 연락한 적이 있습니다. "고객님, 지금 항공기 운항이 크게 차질을 빚고 있습니다. 고객님은 저희 항공사를 자주 이용하는 승객이신데, 저희가 어떻게 도와드리면 좋을까요?" 우리는 고객들이 회의에 참석하지 못하고, 휴가를 가지 못하고, 만날 약속을 지키지 못해 얻게 될 결과가 엄청나다는 사실을 기억해야 합니다. 모든 여정의 중심에는 고객들이 있습니다. 오직 고객들만 있죠.

데번햄스에서도 고객이자 동료가 그녀를 앞으로 나아가게 했다. "고객 서비스 센터 직원 하나가 배달이 누락된 양복의 배송 상태를 확인하고 있었어요. 양복은 결혼식에서 입을 옷이었고, 신랑의 아버지가 위독한 상태라 특별 허가를 받고 결혼식 일정을 당겨서 진행하는 거였죠. 모든 일의 핵심에서는 한 사람의 이야기가 있어요."

이러한 공감은 또한 애비게일 자신이 대우받고 싶은 방식으로까지 확장된다. 애비게일은 영국항공에서 경영진 중 한 명이 자신에게 흥분해서 소리를 지른 뒤 17년간의 근무를 끝으로 회사를 떠날 때가 됐다고 결심했다. "정말 부적절한 행동이었어요. 이런 생각이 들었죠. '나는 이것보다 나은 대우를 받을 자격이 있어. 나는 이성적인 대화를 할 자격이 있어.' 불필요한 행동이었죠. 그리고 두 개인 사이에서 일어나기에도 부적절한 행동이었고요.

직장이라고 해도 다르지 않아요." 그 사건은 그녀가 몸담고 있던 회사의 문화가 시간이 갈수록 점차 변했으며 그녀가 정말 중요하게 생각하는 다른 사람을 대하는 방식을 더 이상 지지해주지 않는다는 사실을 깨닫는 계기가 됐다. 애비게일은 자신을 지탱하는 가치 대신 회사를 버리기로 했다.

결론

모든 것이 변할 때 모든 것을 바꾸는 결정은 현명하지 않다. 무엇이 변하지 않았고 또 변하지 말아야 하는지 확인하는 쪽이 더 현명하다. 이처럼 변치 않는 닻은 우리가 진정 누구인지 또 모든 것이 변함에도 불구하고 지속되는 것이 무엇인지 깨닫게 해준다. 닻을 지혜롭게 활용하면 변화를 받아들이면서 진화할 수 있고, 필요한 순간에는 상황을 유연하게 바꿀 수 있는 안전하고 든든한 토대가 되어 준다. 우리는 모두 각자의 닻을 찾을 수 있고, 거친 풍랑을 만날 때 바다 밑으로 가라앉지 않으려면 어떤 닻을 그대로 두고 어떤 닻을 잘라내야 하는지 알아야 한다.

13장

모든 성공이
진짜 성공은 아니다

"나보다 다른 사람들이
나의 성공을 더 기뻐하는 것처럼 보이네."
_전력을 쏟은 뒤 스스로 인정하고 싶지 않은 성공을 거뒀을 때 하는 말

성공의 정의. 자신이 좇던 꿈이 결국 악몽으로 변한 경험을 해보지 않은 사람이 누가 있겠는가? 이번 장에서는 다양한 차원의 성공, 그리고 자신에게 딱 맞는 성공을 이루는 방법을 알아본다.

> 오해 성공은 보편적 기준, 주로 돈과 지위로 평가된다.
> 진실 성공의 기준은 사람마다 다르다.

우리가 성공과 맺는 관계는 슬럼프를 극복하는 과정에서 필수적이다. 대개 슬럼프를 경험하는 이유는 주변 사람들은 해보라고 등을 떠밀지만 정작 자신은 별 가치를 두지 않는 길을 선택하기 때문이다. 사람들은 마음속 의심을 입 밖에 내거나 행동으로 옮기면 본인의 평판이 위태로워질 것이라고 생각한다. 심지어 어떤 사람들은 자신이 이룬 성공에 쏟아지는 관심 때문에 불만을 말할 권리를 완전히 박탈당한다. 이런 상황은 수많은 리빌더들이 지속 가능한 길을 찾아나가는 과정을 방해하고, 자주 실패와 불화, 또 큰 혼란에 빠지게 만든다.

성공이 성공이라고 느껴지지 않을 때 어떤 일이 일어날까? 성공이 오히려 실패처럼 느껴지면 어떤 일이 벌어질까? 각자의 성공의 기준이 무엇인지 신중하게 고민해야 한다. 그 기준이 시간과 노력을 쏟는 방식, 또 삶과 행복을 결정 짓기 때문이다. 자신에게 가장 중요한 언어로 성공을 평가하지 않으면 성공을 향해 나아갈 수 없다. 십중팔구 문제는 무엇을 이루고 이루지 못하느냐가 아니라 자신의 진짜 목표가 무엇인지에 있다.

오해

대부분의 사람들은 뭐가 됐든 성공하길 바라며 산다. 성공이란 인간의 내면에 처음부터 자리 잡고 있으며 태어나는 순간부터 좋게 되는 무형의 힘이다. 물론 우리는 여전히 성공의 정체가 무엇인지 잘 알지 못한다. 성공을 좇는 이 여정에서 대개 우리를 달려가게 만드는 것은 내가 하는 행동에 대한 다른 사람의 반응이다. 인간은 처음에는 앉고 기고 혼자서 무언가를 해내는 진화적 성공으로 시작해서 그다음으로 인정과 사랑을 받으려 노력하고 나중에는 명성과 부를 얻으려 한다.

성공은 사람들이 중요하게 생각하는 가치가 무엇인지 쉽게 알아볼 수 있는 지표다. 객관적인 평가를 위해 성공은 대개 돈, 지위, 플랫폼, 최근에는 소셜 미디어의 좋아요와 팔로워 수 등 표준화된 기준으로 측정된다. 이처럼 사람들이 성공이라고 받아들이는 성공은 근본적으로 경쟁적·상대적이고 개인의 가치와 목표는 고려하지 않는 양자택일의 지표로 나눠진다. 이기거나 지거나, 성공하거나 실패하거나 둘 중 하나다. 더 많이 소유하고 다른 모든 사람보다 앞서 나가는 것을 성공이라 여긴다.

이런 현상을 잘 보여주는 한 가지 사례는 소수만 경험할 수 있는 '좌회전'이다. 디코디드Decoded 공동 창립자인 리처드 피터스Richard Peters가 든 사례다. 비행기 일등석을 타봤거나 친구나 동료에게 일등석을 탄 경험을 들어본 사람들에게 비행기에서 좌회전하는 기분은 일등석을 타는 우월한 경험의 일부다. 비행기를 탄 사람들 대부분은 우회전을 하기 때문이다(일등석은 기내에 들어선 뒤 좌회전해야 나오고, 일반석은 우회전해야 나온다는 의미다-옮긴이). 지금은 한 가지 이론에 불과하지만, 1990년대에 비즈니스 클래스를 운영한 항공사들은 결국 사업을 접을 수밖에 없었다. 이코노미 클래스가 없는 비즈니스 클래스는 그다지 만족감이 크지 않기 때문이다.

사람은 원래 다른 이들이 가지지 않은 무언가를 가졌을 때 더 좋다고 생각하게 되어 있다. 대부분의 사람은 일론 머스크를 큰 성공을 거둔 사람이라고 생각한다. 회사, 돈, 로켓, 자동차를 소유했으니까. 하지만 거기에는 사람들이 모르는 이면이 있다. 2017년 7월, 머스크는 사람들이 보지 못하고 또 부러워하지 않을 성공의 부산물에 대한 트윗을 남긴다.

@에릭디페빈: @일론머스크 인스타그램 계정을 팔로잉하면 멋진 삶이 펼쳐진다. 일론 머스크는 더 즐겁게 살려고 삶의 고비를 만들어낸 걸까 궁금하다.

@일론머스크가 @에릭디페빈에게 보내는 답글: 현실은 심한 오르막과 심한 내리막, 그리고 끝없는 스트레스. 뒤의 두 이야기는 다들 듣고 싶지 않을걸요.

일론은 자신이 행복이나 건강 면에서 성공했다고 여길까? 일론 본인만 알 것이다. 하지만 성공은 행복이나 건강 같은 기준으로도 정의되지 않는다. 적어도 다른 성공한 사람들의 기준에서는 그렇지 않다.

또 다른 원인은 근본적으로 양자택일 방식으로 굳어진 정량적 기준에 대한 우리의 집착이다. 유명한 경영 관리 이론가 피터 드러커Peter Drucker는 이런 식으로 설명했다. "측정할 수 없으면 관리할 수도 없다." 기업의 성공은 매출, 이익, 주가로 측정된다. 개인의 성공은 대개 수입, 지위, 재산으로 측정된다. 물론 우리가 가장 큰 의미를 두는 가치를 핵심성과지표로 평가하기는 힘들다. 인지 편향과 외부의 압력은 사람들이 실제로 이루고 싶은 목표가 무엇인지 깨닫는 과정을 방해한다. 사람들이 이루고 싶은 목표가 그들에 대한 주변의 기대와 일치하는지는 중요치 않다. 사회적 기준에서 벗어나는 척도에 그 가치를 부여하고 좇기 위해서는 대단히 의도적인 노력이 필요하다. 타인의 인정을 기꺼이 포기하는 자세는 말할 것도 없다.

힌두교 격언 중에 이런 말이 있다고 한다. "모든 사람은 천재다. 하지만 나무를 오르는 능력으로 물고기를 평가하면 물고기는 평생 자신이 멍청하다고 믿으며 살 것이다."

여기서 중요한 점은 사람들이 내리는 성공의 정의가 자신의 기준과 다르다고 해도 자신이 결코 결함이 있거나 야망이 적거나 배울 점이 적은 사람이 아니라는 사실이다. 우리는 성공이라는 단어를 더 의미 있게, 더 많은 사람이 공감하고 이해하기 쉬운 의미로 확장하고 재정의하는 방식으로 성장의 지표를 과감하게 바꿀 필요가 있다. 성공은 선택받은 소수가 아니라 모든 사람이 경험할 수 있는 폭넓은 개념이 되어야 한다.

진실

무엇이 성공했다는 기분을 느끼게 해주는가? 잘 관리된 정원? 시간 관리 능력? 지역사회를 돕는 일? 아니면 막대한 연구 보조금을 받는 일?

늘 지혜로운 배우 덴젤 워싱턴Denzel Washington은 이를 단순명쾌하게 정리했다. "성공? 이 단어가 어떤 의미인지는 모르겠다. 나는 행복하다. 하지만 성공은 다른 사람이 내리는 정의에 맞춰진다. 나에게 성공은 내면의 평화다. 그거 하나면 족하다."

케임브리지 대학교에서 실시한 '성공의 의미'라는 연구에서는 동료들의 지명을 받은 성공한 대학교 여직원 집단을 상대로 성공의 정의가 무엇인지 알아보고 재정립하고자 했다. 연구의 결론은 성공의 정의를 근본적으로 점검할 필요가 있다는 것이었다. 그리고 이 재정의는 기준을 낮추기 위함이 아니라 강화하기 위함이다. 구체적으로 다음과 같은 사실이 밝혀졌다.

- 성공에 대한 생각은 더 많은 여성과 다양한 출신의 사람들을 일터로 데려왔지만, 성공의 정의와 경험의 차원을 다양화하는 중인 사회적 변화를 따라가지 못했다.
- 성공의 전통적 정의는 특히 여성들에게 불리하게 작용하는 경우가 많았다.
- 연구 참가자들에게 중요한 성취는 그저 사람들의 이목을 끄

는 비싼 명품이 되는 것보다는 대개 일상적인 기분을 느끼게 해주는 것이었다는 점에 주목할 만했다. 동료들과 기대 수준이 높고 진심으로 마음이 가는 주제와 관련된 일을 건설적으로 해내는 단순한 일상 업무에 분명한 가치가 있었다.

케임브리지의 여성들은 다양한 모습을 띤 성공을 생생하게 표현해냈다.

> "성공은 수많은 방식으로 평가된다. 그중 가장 중요한 것은 자신을 어떻게 바라보느냐."
>
> _세인트에드먼드 컬리지 교무부장 린다 킹
>
> "'성공'에 백만 가지의 정의가 있다는 생각에 깊이 공감한다."
>
> _법률 사무소 공동 대표 조애너 체핀스
>
> "성공을 진심으로 갈구하라. 하지만 성공은 무수한 방식으로 평가될 수 있다는 점을 깨달을 만큼 용감해져라."
>
> _피츠윌리엄 컬리지 학장 & 협사 사법 전공 부교수 니콜라 페드필드

자신에게 가장 중요한 가치에 스스로를 맞추겠다는 결심은 소프트웨어 회사 위스파이어 WeSpire 가 진행한 연구 결과에서도 찾을 수 있었다. 이 연구에서 Z세대(처음 직장을 갖는 가장 젊은 세대로, 일을 통해 변화를 만들고자 하는 열정과 욕구를 품고 있어 '변화 세대'라고도 불린다)는 목적을 월급보다 우선하는 최초의 세대다. 회사에

지원할 때 이 세대는 무엇을 준비할까? 그들은 회사의 선언문과 자료를 읽고 자신의 가치와 일치하는 회사의 가치를 찾은 뒤 어디서 일할지 선택한다. 조직이 이처럼 수시로 달라지는 성공의 정의를 실현할 준비가 되었는지가 어느 업계든 젊은 인력을 끌어들이고 지키는 열쇠일 것이다.

그렇다면 어떻게 우리가 함께 나서서 성공의 정의를 바꾸고 확장할 수 있을까? 특히 슬럼프에서 회복하는 중이라면 그 방법은 뭘까? 조직을 운영하든 조직에 속해 있든 개인적인 성장 방향을 조정 중이든 아래 항목을 통해 성취라는 개념이 자신에게 어떤 의미인지 생각해 보라.

자신의 가치를 정의하라

- 나를 규정하고 움직이는 신념, 생각, 이념은 무엇인가?
- 그중 어떤 가치를 무슨 일이 있든, 그 가치를 포기할 때 어떤 보상이 주어지든 상관없이 고수할 것인가?

자신의 목표를 정하라

- 자기 인생, 그리고 주변 세상에 어떤 영향을 주고 싶은가? 정량적 기준, 정성적 기준 모두 가능하다.
- 장기적으로 생각하라. 그렇지 않으면 과속 방지턱에 집착하고 중간중간 나오는 오르막길에 정신이 팔릴 것이다.
- 슬럼프는 늘 능력과 인맥, 경험을 향상할 기회가 되어 줬다

는 점을 기억하라.

성공의 평가 기준을 세워라

- 성공의 평가 기준은 자신의 가치를 담고 있어야 하며 자신이 직접 보고 느끼는 차이를 평가해야 한다.
- 외부의 피드백을 어느 정도까지 받고 싶은지 결정하라.
- 모두가 가장 신경 쓰는 것, 즉 정신 건강과 신체 건강, 관계, 자유, 성취를 평가하기가 가장 힘들다. 성공의 정의에 몇 가지 정성적 분석을 포함하라.

자신이 가는 길만 신경 써라

- 다른 사람들이 뭘 하는지, 뭘 이루는지에 주의를 빼앗기지 마라. 그들의 성공은 나의 성공이 아니다. 중요한 점은 지금 일어나는 일과 자신이 앞으로 나아가는 길에서 동기를 부여받고 만족감을 느끼는 것이다.

도구

다음의 단순한 세 가지 단계를 통해 각자의 성공을 정의해 보라. 이 방법은 자기 자신이나 조직을 대표해서 성공을 정의할 때도 똑같이 적용된다.

1. 핵심 가치를 정하라.

   → 정직, 자유, 공감, 근면, 즐거움, 관대함… 그 밖에도 많을 것이다.

2. 미래에 어느 자리에 있고 싶은지 비전을 정하라. 내년일 수도 있고 더 먼 미래일 수도 있다. 충분한 시간과 공간을 갖고 목표를 달성하라.

   → 개인 또는 조직, 부서, 가족, 지역사회 등의 일원으로서의 나와 관련된 목표. 하나일 수도 있고 몇 개일 수도 있고 그 이상일 수도 있다.

3. 올바른 방향으로 가고 있다는 증거가 될 지표를 적어보라. 여정을 시작하기 전에 할 수도 있고, 진행하면서 점차 업데이트해도 된다.

   → 자신이 제대로 가고 있음을 알려줄 몇 가지 기준을 동시에 고려해 보라. 업무 만족도, 고용 유지 여부, 정신과 육체 건강, 휴식 시간, 사용한 휴가, 저축해둔 돈 따위가 포함된다. 다시 말하지만 이 기준은 개인의 목표와 상황에 따라 달라질 것이다. 이 지표는 다른 사람을 위한 게 아니라 자신이 제대로 가고 있다고 느끼기 위한 것임을 명심하라.

자신이 목표를 달성하고 있는지 아닌지 보여주는 비전은 삶과 일이 흘러가는 방향에 따라 반드시 바뀔 것이다. 자신에게 중요한 가치를 타협하고 있다고 느끼지 않으면서 주변 상황에 적응하는 것이 중요하다.

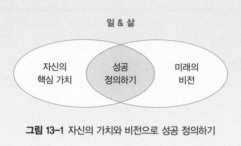

그림 13-1 자신의 가치와 비전으로 성공 정의하기

영감의 주인공

크리스티아나 팔코네,
전략 조언가, 투자가, 자선 사업가

크리스티아나 팔코네Cristiana Falcone는 태어났을 때 셀바자('야생의'라는 의미)라는 이름을 얻을 예정이었다. 하지만 기독교적 이름이 아니라는 신부님의 조언을 지나치게 반영한 나머지 크리스티아나(Cristiana는 라틴어 이름으로 '그리스도의 추종자'라는 의미다-옮긴이)라는 이름을 갖게 됐다. 크리스티아나는 로마에서 사르디니아 출신의 의지력 강한 할머니와 부유한 부모 아래에서 자랐다. 그녀가 자란 집에는 확고한 가치가 존재했고, 그 가치는 그녀가 삶에서 좇는 목표, 즉 한 인간으로서 충족한 삶을 산다는 목표의 토대가 되었다. 그녀에겐 숭고한 가치를 위한 행동이 돈을 버는 일보다 훨씬 더 중요했다. 매일 오늘의 내가 어제보다 약간 더 나았다고 말할 수 있다면 잘 살고 있는 것이다. 무엇보다 자유와 인간 존엄성은 싸워서 얻어낼 가치가 있는 권리였다. 그래서 자연스럽게 마케도니아 출신의 테레사 수녀는 어릴 때부터 크리스티아나의 롤모델이었다!

그렇다고 수녀의 삶을 살고 싶지는 않았다. 크리스티아나는 외교관이 되어 세상에 긍정적 영향을 미치고 싶었지만 시험에서 떨어지자 정치학으로 학사 학위를 받고 법학과 외교학으로 석사 학위를 받았다. 덕분에 그녀는 서른한 살의 나이에 세계경제포럼에 입사해 세계경제포럼 회장이자 창립자의 수석 자문관으로 오랜 기간 일했으며, 지금은 세 군데 이사회의 사외 이사로 있다. 하지만 그 이후에 일어난 일은 분명 크리스티아나가 어린 시절 또는 혼자 힘으로 성공을 거뒀던 자의식 강한 커리어우먼 시절에 계획한 것이 아니었다.

그녀는 세계 최대 규모의 광고회사 WPP의 창립자이자 당시 CEO였던 마틴 소렐Martin Sorrell 경을 만났다. 소렐 경은 지금도 그렇지만 당시 업계의 유명인이었으며, 그의 세계에 발을 디딘 사람들은 모두 그 세계에 마음을 빼앗겼다. 소렐 경이 3년 반 동안 쫓아다닌 끝에 크리스티아나에게 청혼했을 때 그녀는 이렇게 물었다. "이 결혼은 전략적 파트너십인가요, 적대적 인수합병인가요?" 전략적 파트너십임을 확인한 크리스티아나는 소렐 부인으로 인생의 새 장을 열었다.

직업적인 성공을 거둔 사람이 똑같이 업계에서 영향력 있는 사람과 결혼한다는 건 결코 쉬운 일이 아니다. 혼자 선택하고 결정하는 게 익숙했던 크리스티아나는 자신의 삶이 점차 결혼으로 규정되어가고 있음을 깨달았다. 남편이라는 그녀의 두 번째 정체성이 자신이 일하고 가치를 실현하는 방식에 영향을 미치기 시작했다. 열심히 노력해서 추진하는 일보다 남편이 얼굴을 비추는 일에 지원이 더 쉽게 들어왔다. 그리고 이러한 결정은 대개 한쪽 파트너의 성공을 다른 파트너의 성공보다 우선시하는 문화 탓에 훨씬 더 쉽게 이루어졌다고 그녀는 말한다. 크리스티아나의 경우 남편의 일이 그녀의 일보다 우선시됐다. "집에서 불행하면 일할 수가 없어요. 자기 삶이 먼저죠. 저의 개인적 가치는 모든 일의 기본이 되어야 하고, 지금 하는 일이 가치와 상충된다면 그 일을 그만둬야 합니다."

결국 결혼 생활은 끝이 났지만 크리스티아나는 성공적인 삶을 살고 있다. "성공은 직선적인 사고방식이 아니에요. A 지점에서 B 지점을 가기 위해 순서대로 갈 필요가 없죠. 내가 선택한 길과는 관계없이 목표를 이루고 있느냐고 혼자서 자문해요."

크리스티아나의 성공관은 어린 시절부터 그녀 안에 자리 잡고 있었으며 평생의 나침반 역할을 한 반면, 마크는 큰 성공을 거둠으로써 성공을 정의하는 방법을 배웠지만 정작 스스로 성공했다고 느끼지는 못했다. 이어질 그의 이야기는 발견, 목적, 전력투구를 주제로 한 삶의 기록이다.

마크 루이스, 커뮤니케이션 아트 스쿨 창립자

우리는 2020년 6월에 '리빌더스' 팟캐스트에서 마크 루이스Marc Lewis와 처음 인터뷰를 했다. 마크는 전설적이고 엉뚱하며 놀랍도록 명민한 사람으로, 커뮤니케이션 아트 스쿨 학과장이다. 커뮤니케이션 아트 스쿨은 세계에서 가장 많은 상을 받은 광고 학교다. 그토록 많은 찬사를 받고 있는 마크는 넓은 의미에서 성공을 어떻게 정의하는지 알고 싶었다.

성공은 우리의 가치를 바꿔놓습니다. 그 질문을 15년 전에 했다면 저는 은행 잔고, 방문자 수, 클릭한 고객 수 같은 답을 했을지도 모릅니다. 답이 조금 달랐을 겁니다. 하지만 그게 일반적이죠. 그때 제 나이가 20대 후반이었을 거예요. 그리고 지금 저는 40대 후반입니다. 이젠 성공을 평가하는 다양한 방법이 있다고 생각합니다.

그렇다면 처음 경험한 성공은 무엇이었나요?

제가 첫 닷컴 회사를 팔았을 때 1분가량 타이블로이드 신문에서 유명인이 됐어요. 스무 살짜리가 닷컴 기업을 파는 것은··· 〈선〉, 〈미러〉, 〈스타〉 지에 실릴 만한 얘깃거리였기 때문이죠. 그때 저는 정말 흥미로운 IP를 많이 보유한 기술 회사를 운영하고 있었어요. 수많은 매력적인 기술 파트너사, 특히 모토로라의 많은 관심을 받고 있었죠. 저는 진심으로 모토로라에 회사를 팔고 싶었고, 모토로라는 정말 사고 싶어 했어요. 저의 주주들은 매각을 반대했죠. 그때 내 운명을 내 마음대로 할 수 없다는 사실을 알게 됐어요. 제 운명을 결정하는 건 돈이라는 사실도 깨달았죠. 다른 사람의 돈. 그 깨달음 탓에 힘들었고, 저는 무너졌어요. 1년간 처가댁 농장에서 지내며 닭 모이를 주면서 생각할 시간을 가졌어요.

자발적인 휴식 기간에 무엇을 얻었나요?

제가 이 지구상에 얼마나 오래 머물게 될지 모르지만, 매일 제가 좋아하는 일을 하며 살 겁니다. '텔로스telos'라는 그리스어가 있어요. 문자 그대로 해석하면 목적이라는 의미죠. 저의 목적이 뭔지 알아내야 했어요. 저의 목적은 타인을 돈벌이의 수단으로 삼지 않는 겁니다. 엄청난 깨달음이었죠. 마음을 정리하는 과정에서 중요했던 부분은 제 텔로스가 무엇인지 이해하는 일이었죠. 그리고 어떻게 텔로스를 이룰지 생각했습니다.

제가 닷컴 회사를 운영하면서 가장 자랑스러웠던 부분은 제가 고용했던 모든 사람입니다. 저는 대학이나 학교, 또 그 비슷한 어딘가를 막 졸업해 첫 직장을 찾는 청년들을 고용했습니다. 그중 많은 직원이 회사를 나가서 자기 회사를 운영하고 큰 기업을 이끌기도 했죠. 그래서 저는 인재를 알아보고 키우는 일을 대단히 잘합니다. 특히 알아차리는 일을 기막히게 하죠.

그때 젊은 인재를 육성하는 일을 업으로 삼기로 결심했나요?

저는 1993~1994년에 커뮤니케이션 아트 스쿨이라는 곳의 장학생이었고, 커뮤니케이션 아트 스쿨은 존 길라드라는 훌륭한 사람이 운영하는 멋진 학교였어요. 하지만 존은 파킨슨병에 걸려 제가 학교를 졸업할 때 은퇴했고, 슬프게도 6년 뒤에 돌아가셨어요. 존이 은퇴할 때 학교는 문을 닫았어요. 학계는 비전이 아닌 이 훌륭한 비전가를 지지하고 있었기 때문이죠. 저는 2008년에 슬럼프에서 벗어나 농장을 나오면서 저와 함께 학교를 다닌 존 헤가티 경, 존 길라드 총장의 미망인 로절린드, 그리고 몇몇 다른 사람들에게 존이 세운 학교를 다시 열고 싶다고 허락을 구했어요.

저는 훨씬 더 많은 학생이 장학금을 받았으면 했어요. 그래서 우리 학생 셋 중 하나는 장학금을 받았죠. 제가 자신 있게 말할 수 있는 사실은 우리 학교가 세계 최고의 학교인 이유 중 하나는 서로 베푸는 문화 덕분이며, 그리고 이 베풂의 정신에서 다양성이 생겨난다는 겁니다.

그래서 다양한 모습의 성공을 경험한 지금은 성공이 어떤 의미인가요?

지금 저에게 성공이란 그날 하고 싶었던 모든 일이 자신에게든 주변 공동체에든 그날을 약간 더 낫게 만들었다고, 목록에 있던 많은 일을 해냈고 목표에 조금 더 가까이 다가가고 있다고 느끼며 잠자리에 드는 겁니다.
그리고 모든 사람은 다르잖아요? 다들 자기만의 틀이나 핵심성과지표, 뭐가 됐든 성공을 평가하는 기준을 이야기할 수 있죠. 하지만 저에게 성공은 그저 밤에 잠자리에 드는 일과 같습니다. 그리고 제가 한 학생을 어떻게 도왔는지, 정부 단체에서 어떻게 지원금을 받아 장학금을 마련했는지, 또는 제가 사는 세상을 더 나은 곳으로 만들기 위해 제가 한 일들을 떠올릴 수 있다면 성공한 거죠.

결론

　만약 목표를 이룬 상황인데 성공했다는 생각이 들지 않는다면 자신이 내린 성공의 정의가 자신의 행복을 지키기 위한 것인지 아니면 다른 사람의 이상을 만족시키기 위한 것인지 자문해 보라. 자신의 핵심 가치를 미래의 목표에 맞춤으로써 오직 본인만이 스스로의 성공을 정의할 수 있다는 사실을 깨닫게 될 것이다.

14장

차라리 다 같이
불편해지자

'안 그래도 나쁜 상황을 더 악화시킬 순 없으니
함부로 나서지 말고 입 다물고 있어야지.'
_많은 사람들이 곤란한 대화를 앞두고 하는 생각

솔직함을 가지고 '얼버무리는 행동' 멈추기. 무너진 팀과 관계를
다시 일으켜 세울 때 응어리진 감정이나 문제를 해소하는 작업
이 중요하다. 이번 장에서는 이 작업이 필요한 이유와 과정에 대
해 알아본다.

오해 잠자는 개는 건드리지 마라.
진실 잠든 개를 깨워라. 그래야 문제가 무엇인지 알 수 있다.

소통이나 소통 부재를 주제로 누구든 책 한 권은 쓸 수 있을 것이다. 소통 실패는 전쟁을 불러왔고, 연인 관계를 끝냈고, 평생 듣고도 남을 슬픈 노래를 만들어냈다. 은둔 생활을 하는 사람이 아니고서는 모두가 소통이 인간관계의 핵심이라는 사실을 알고 있다. 소통은 좋은 관계의 기본이며, 특히 슬럼프에서 일어서는 중인 리빌더에게는 힘든 상황을 이해하고 극복할 수 있는 토대가 된다. 소통을 잘하는 법을 배운다는 것은 힘든 대화를 하고, 불편한 진실을 이야기하고, 의견 충돌을 감당할 수 있게 된다는 의미다.

오해

영국인인 세라는 입을 떼지 않는 것이 특유의 국민성인 나라에서 성장했다. 영국인 시인 제프리 초서Geoffrey Chaucer는 1300년대에 잠자는 개를 건드리지 말라는 글을 썼다. "아이들은 조용히 입을 다물고 있어야 한다", "괜찮은 대화 주제가 없다면 아무 말도 하지 마라"는 아이를 키우는 부모들이 흔히 듣는 말이었다. 이런 말은 솔직하고 투명하게 자신을 드러내고 싶은 천성을 지닌 사람들에게는 도움이 되지 않는다. 반대로 독일인과 미국인의 피가 섞인 애나는 더 직설적이고 솔직담백하게 대화하는 스타일이라 두 사람이 함께 일하는 데 도움이 된다. 세라는 조심스레 눈치를 살피며 예의 바르게 의견을 말하는 반면, 애나는 생각을 솔직하게 이야기하는 성격이라 의견을 조율하는 시간이 많이 절약되기 때문이다.

처음에는 '갈등 회피'라는 말이 긍정적으로 들릴 수도 있다. 누가 갈등을 겪길 바라겠는가? 왜 갈등을 피하고 싶지 않겠는가? 하지만 심리 치료사와 갈등 해결 전문가들은 갈등 회피를 피해야 한다고 분명하게 주장한다. 참 아이러니한 말이다. 눈앞의 문제를 파악하려고 하기보다 그저 문제를 꼭꼭 숨겨두면 훗날 반갑지 않은 먼지 뭉치처럼 문제를 불쑥 맞닥뜨리게 된다. 또 우리는 갈등에서 한 걸음 물러나는 게 너그러운 행동이라고 믿지만, 사실 그 반대인 경우가 많다. 갈등 관리 전문가들은 '회피형' 갈등 관리 방식이 대개 자신과 타인에 대한 관심이 별로 없다는 표시라고 지적한다. 이 말이 납득이 잘 안될 수도 있지만, 잘 생각해 보면 대단히 일리 있는 말이다. 힘들고 불편한 대화를 피하려는 태도는 자신과 주변 사람들에게 옳은 일을 하는 상황을 피한다는 의미다. 속마음을 솔직하게 이야기함으로써 상황이나 관계를 개선할 수 있는 기회를 저버리고, 대신 현실을 외면하기로 선택한 것이다.

갈등 회피라는 동전의 이면은 적극적인 행동이다. 적극적이라는 평가를 듣는 사람이라고 하면 어떤 생각이 드는가? 약간 권위적이고 강압적이고 자기중심적인 사람일 것 같다. 하지만 실제로 비폭력 대화를 실천하고 있는 사람들은 적극적인 대화를 생산적인 방식이라고 권한다. 적극적이라는 말은 '자신의 의견과 감정을 분명히 밝히고, 다른 사람의 권리를 침해하지 않으면서 스스로의 권리와 욕구를 단호히 주장한다는 의미다. 이들은 자신의 시간, 자신의 정서적·영적·신체적 욕구를 중요하게 생각하고, 다른 사람의 권리를 존중하는 동시에 자신의 권리를 분명히 지키는 사람들이다'. 예의 바르고 신중하게 문제를 회피하는 소통 방식은 여기까지만 하자. 머릿속에 있는 생각을 입 밖으로 내뱉는 행동을 자신과 다른 사람을 소중히 여긴다는 증거라고 인정하는 편이 훨씬 낫다.

이때 '존중 어린 말투와 다른 사람에 대한 배려'가 중요한 부분임을 명심해야 한다. 문제 해결에 도움을 주는 것은 말하는 내용이 아니라 방식이다. 공격적인 대화 방식은 해로울 수 있으므로 피해야 한다. 마찬가지로 부적절한 타이밍에 어떤 결과를 불러올지 고민하지 않고 무작정 부정적인 말이나 받아들이기 힘든 진실을 쏟아내는 건 좋은 대화법이 아니다. 우리 모두는 "나는 뒤끝 없고 솔직한 사람이야"라고 말한 뒤 무례한 말을 쏟아내는 사람을 만나본 경험이 있다. 그런 사람은 되지 마라. 좋은 대화법은 편안하게 솔직한 의견을 이야기하고 자신의 입장을 밝히는 동시에 상대방을 존중하는 것이다. 그게 쌍방향 소통이다.

그래서 전문가들은 회피는 나쁘고 솔직함이 좋다고 말한다. 하지만 실제 인간관계에서는 어떨까? 두 사람 사이에서 시도하기 어렵다면 여러 사람이 모인 집단에서 좋은 대화는 어떤 식으로 이루어질까? 많은 이들 사이에서 소통하고 문제를 해결하는 일은 더 어렵다. 시트콤의 단골 주제가 가족인 이유다. 서로 맞물려 있는 수많은 관계는 끝없는 오해를 만들어 우스꽝스럽고 비참한 결과를 불러온다.

마찬가지로 팀은 좋은 대화가 집단 안에서 어떻게 일어나는지 알아보기 좋은 곳이다. 여러모로 팀은 우리의 '직장 내 가족'이다. 여러 겹으로 연결되어 하루 중 많은 시간을 함께 보내는 사람들의 모임이다. 보고 라인처럼 공식적인 팀, 그리고 사이가 좋은 사람과 좋지 않은 사람으로 이루어진 비공식적인 팀이 있다. 팀 구성원들은 몇 가지 공통되는 특징과 목표를 공유하겠지만, 동시에 중요한 차이를 발견하고 다양한 경험을 나누고, 개인적 관점과 문화적 관점을 불어넣을 것이다.

개인의 삶에서도 그렇듯 일할 때도 팀원들 간 긴밀한 관계를 유지한다는 말이 다툼과 의견 충돌을 겪지 않는다는 의미는 아니다. 오히려 그 반대다. 팀의 구성원들이 결코 이견을 내지 않는다는 건 좋은 신호가 아니다. 하버드 대학교 경영대학원 교수 에이미 에드먼슨Amy Edmondson은 좋은 성과를 내는 팀과 성공적인 조직을 만드는 요소가 무엇인지 평생을 연구한 끝에 '심리적 안정감'이라는 핵심 요소를 거론한다. 에이미는 심리적 안정감을 '인간관계에서 위험을 감수하는 행동을 해도 안전한 팀이라는 공통된 신뢰'라고 정의한다.

쉽게 말해 심리적으로 안전한 근무 환경은 직원들이 평가받고 망신을 당하고 처벌받을 거라는 두려움 없이 자유롭게 자기 생각을 이야기하고, 다른 의견을 제시하고, 실수를 해도 되는 곳이다. 사람들은 솔직한 생각을 이야기한다고 해서 평가받지 않을 것임을 알고 안전하다고 느낄 때 자유롭게 반대 의견을 내고, 질문을 하고, 문제를 제기한다. 그들은 어떤 일이 계획대로 되지 않아도 새로운 일을 시도하고 자유롭게 의견을 말한다. 만약 이 정도의 안정감이 들지 않으면 그들은 입을 꾹 다물고 머리를 숙인 채 동의를 뜻하는 고갯짓만 할 것이다. 에이미는 심리적 안정감이 회사와 팀이 개선과 혁신과 성장을 이루는 핵심 요소라고 믿는다. 사람들이 자유롭게 의견을 이야기하고 새로운 생각과 아이디어를 대담하게 내놓을 때 혁신이 이루어지고 문제가 해결된다. 심리적으로 안정감을 느끼는 팀은 솔직하게 말하고, 피드백을 주고받고, 건설적인 이견과 토론을 제안한다는 특징이 있다. 실제 업무 현장에서 이런 특징은 갈등을 피하지 않는 모습으로 드러난다.

반대로 늘 예의를 지키고 절대 이견을 말하지 않는 팀은 속마음을 이야기하지 않고, 보복이나 후폭풍이 없더라도 거리낌 없이 의견을 내놓지 않을 것이다. 매일 이런 분위기라면 팀은 서로에게 배우고 함께 문제를 해결하는 능력을 잃게 되며, 심지어 더 심각한 문제가 생길 수 있다. 팀원들 간 꺼내놓아야 하는 불만과 문제가 감춰지고 해결되지 않은 채 남아 있으면 결국 곪아 터질 수 있다. 또한 이런 팀 분위기에서는 사소한 문제가 일찌감치 제기

될 수 없으므로 결국 더 큰 문제로 불어나 때로 심각한 사태가 벌어진다. 대기업의 수많은 스캔들, 또는 문제를 은폐했던 엔론부터 테라노스 사태까지 떠올려보면 직원들의 심리적 안정감은 크지 않았을 것이다! 그들은 불안했고 문제가 재앙 수준으로 커지기 전에 우려의 목소리를 낼 수 없었다고 말할 것이다. 결국 내부 고발자가 나서서 목소리를 낸다. 대개는 비밀리에.

최근 주목할 만한 사례는 자칭 펑크 브루어리, 브루독BrewDog이다. 수년간 기존 대형 브루어리에 맞서는 평범한 사람들 편에 선 용감한 신흥 브랜드로 회사를 홍보하던 브루독은 최근 큰 타격을 입었다. 전 직원 약 250명이 창립자들에게 공개 서한을 보낸 것이다. 직원들은 사업을 시작한 이후 사내 문화와 분위기를 비판하며 '거짓, 위선, 속임수'로 가득한 직원을 업신여기는 근무 환경을 언급했다. 직원들은 창립자에게 우려를 표명한다고 해서 바뀌는 건 없으리라고 느꼈다고 주장한다. "이런 문제를 제기해봤자 '원래 그렇습니다'라는 말이나 들을 것 같았기 때문입니다. 인간으로 대접받는 일은 브루독에서 일하는 사람들에게는 슬프게도 늘 당연한 게 아니었어요." 창업자들은 브랜드의 평판을 회복하려 노력하고 있지만, 이 사건은 직원들이 심리적 안정감을 느끼지 못할 때 기업에 어떤 일이 일어나는지 경고를 담은 이야기다. 침묵과 두려움의 문화는 익명의 제보가 온라인상에 올라올 때까지 문제를 해결할 기회도 가질 수 없다.

진실

브루독이 경고의 이야기라면, 어떻게 그런 상황을 피할 수 있을까? 팀을 올바른 방향으로 나아가게 하고 실패를 겪은 뒤 다시 일어서는 법을 제대로 이해하기 위해 우리는 사업가이자 벤처 기업인이자 작가인 소피 데번셔Sophie Devonshire와 이야기를 나눴다.

영국의 대표적인 경영 자문 회사 중 한 곳인 더 카페인 파트너십The Caffeine Partnership의 CEO를 지냈던 소피는 현재 틱톡, 유니레버, 아마존 등 세계 최고의 브랜드 출신 마케터들이 모여 있는 글로벌 커뮤니티 더 마케팅 소사이어티The Marketing Society의 글로벌 CEO다. 소피는 엄청나게 다양한 조직의 클라이언트들과 오랜 세월 일하면서 많은 팀을 꾸리고 다시 일으켜 최고의 성과를 낼 수 있도록 도왔다. 그녀는 무엇이 '슈퍼 팀'을 만드는지 오랜 시간 고민했고, 그 과정에서 팀이 서로 소통하고 협력하지 못할 때 그 징조를 찾는 법을 터득했다. 소피는 팀이 제대로 돌아가지 않을 때 흔히 팀원을 비난하고 싶은 유혹에 빠지지만, 보통은 팀이 상호작용하는 방식이 근본적인 원인이라고 말한다.

보통 그 조짐은 사람들이 일이 너무 더디게 진행된다고 느끼면서 시작됩니다. 더 깊이 파고 들어가서 팀 안에서 무슨 일이 벌어지고 있는지 알아보면 세 가지 커다란 경고 표시가 있습니다. 바로 솔직함, 상호 대화, 소통의 부재입니다. 그런 팀에 들어가서 일해 보면 여기저기서 잡담하는 광경을 목격할 수 있습니다. 그 사람들과 지내보면 팀원들끼리 이야기하지 않는 문제를 저에게 털어놓습니다. 심리적 안정감이 없기 때문이죠. 사람들이 팀 안의 문제를 서로 상의할 수 있는 솔직함의 문화가 없으며, 그건 일이 제대로 진행되고 있지 않다는 심각한 경고 신호입니다. 상호 대화에 관한 연구에 따르면 유대감이 강한 팀은 공평한 발언 시간을 갖습니다. 다들 회의 시간에 혼자서만 떠들어대는 지배적인 리더 밑에서 일해봤잖아요. 그때 똑똑하고 내향적인 사람들, 혹은 좋은 아이디어가 있는 사람들이 자기 목소리를 낼 기회를 갖지 못합니다. 또 하나의 강력한 경고 신호죠.

또 소피는 팀이 제대로 돌아가지 않을 때 회의 자리에서 명확한 소통이 이루어지지 않는 상황을 자주 목격할 수 있다고 말한다.

이런 이야기가 들립니다. "내가 왜 그 이야기는 못 들었죠?", "함께 골프 치는 동안 잡담했습니까?" 사람들이 한 팀으로 소통할 수 있는 장치나 문화가 만들어지지 않은 거죠. 따라서 이 같은 상황은 사내 문화의 중요성을 되새기는 데 정말 큰 도움이 됩니다. 우리 팀에는 사람들이 솔직한 목소리를 낼 수 있는 문화가 있을까? 팀원들은 서로 의견 다툼을 벌일 만큼 심리적 안정감을 느낄까? 함께 있는 시간에 모든 사람이 제 목소리를 내고 있을까? 그리고 함께 일하지 않을 때 어떻게 함께 배우고,

듣고, 일을 상의하고 있을까? 특히 문제를 악화시킬 수 있는 가상 환경에서 각자 원격으로 일하는 요즘 같은 상황에서는 더욱 그렇습니다. 탕비실에서 차를 마시면서 누군가를 붙잡고 이야기할 기회가 없죠. 따라서 좋은 커뮤니케이션 습관을 갖는 일은 대단히 중요합니다.

그렇다면 우리가 속해 있는 팀, 그리고 대인관계에서 마음을 연 솔직한 대화를 이끌어낼 수 있는 실질적 방법은 무엇일까? 첫 단계는 솔직하게 자기 의견을 밝히는 행동에 대한 기존의 생각을 바꾸는 것이다. 솔직한 목소리를 내는 행동이 모든 상황이나 관계를 발전시키는 기본 단계이며 입을 다무는 것이 최선의 방법이 아님을 명심해야 한다.『실리콘밸리의 팀장들Radical Candor』에서 이 주제를 탁월하고 폭넓게 다룬 저자 킴 스콧Kim Scott은 '진실은 속도를 높여준다'는 사실을 깨달으라고 말한다. 진실은 배움을 얻고, 조화를 이루게 하며, 심지어 부진의 늪에서 회복하는 속도를 높인다. 두 번째 단계는 몇 가지 규칙을 도입해 정직한 분위기를 조성하는 것이다. 관계가 한동안 자리를 잡아야만 이 정도 수준의 솔직함을 끌어낼 수 있다고 생각하기 쉽지만, 처음부터 그런 솔직함을 이끌어내는 많은 비법과 요령이 있다.

소피는 자기만의 방법으로 팀에 솔직함을 불어넣었다. 소피는 회의 후에 팀원들에게 두 가지 단순한 질문에 대답하는 시간을 갖도록 한다. '어떤 방법이 효과적이었나? 어떤 방법을 썼으면 더 좋은 결과가 나왔을까?' 잘한 일과 개선할 수 있는 일을 소리 내어 이야기하는 이 단순한 방식은 팀이 정기적으로 생각을 공유하고 개선할 수 있는 분위기를 조성한다.

이 책을 쓴 우리도 TBWA를 운영할 당시 경영팀에게 활용하게 한 방법이다. 경영팀은 직원들이 거리낌 없이 생각을 나눌 수 있도록 장려하기 위해 익명으로 피드백을 주는 펄스Pulse라는 제도를 도입했다. 직원들은 매주 금요일마다 한 주가 좋았는지 나빴는지 문자로 답하고, 솔직한 답변을 남기도록 되어 있었다. 매주 월요일 아침 9시 경영진은 익명의 피드백, 그리고 제기된 문제를 어떻게 해결할 계획인지 전 직원들과 공유했다. 덕분에 직원들은 주기적으로 좋은 점과 나쁜 점, 불편한 점을 공유하게 됐고, 피드백 루프가 생기면서 투명한 기업 문화가 만들어졌다.

회사가 고유한 도구를 개발해 직원들 간 소통을 유도한 다른 사례도 많다. 여기에는 세계에서 가장 성공한 현대의 브랜드 중 하나인 에어비앤비도 포함된다. 2008년 에어비앤비를 공동 창립한 조 게비아Joe Gebbia는 기업이 빠르게 성장 중인 만큼 기업 문화도 계속 성장하기를 바랐다. 그는 코끼리, 죽은 물고기, 배설의 개념을 도입했다. 이 세 가지는 에어비앤비 직원들이 생각을 나누는 방법이 되었다. 코끼리는 사람들이 언급하기를 꺼리는 방 안의 커다란 진실을 의미했다. 죽은 물고기는 사람들이 극복하지 못하는 과거의 사건이나 결정을 뜻한다. 배설은 마음속에 있는 말을 들어줄 누군가가 필요하다는 의미였다. 솔직하게 생각을 말할 수 있는 환경을 만들고 이 세 가지 영역에 이름을 붙이자 직원들은 이런 문제들을 칭할 수 있는 말을 갖게 됐다. 약간의 유머도 더해졌다. "이 팀 사람들한테 죽은 물고기 냄새가 나는데"라는 말은 문제가 커지기 한참 전에 그 문제에 집중하게 하는 가볍고 빠른 지름길이다. 이런 식으로 팀, 가족, 친구 모임 안에서 주기적으로 생각을 공유할 수 있는 도구를 찾는 것이 소피가 조언하는 좋은 커뮤니케이션 습관을 만드는 방법이다. 자기만의 언어, 체계, 정기적인 시간을 만들어 활용해 보라. 상호 존중을 바탕으로 실행한다면 그 도구는 중요한 통찰을 캐내는 금광이 될 것이다.

도구

이 도구는 투명하고 편안하게 생각을 나눌 수 있는 단순하지만 효과적인 방법이다. 일적으로든 개인적으로든 어떤 상황에서 활용해도 좋은 효과를 낸다. 말하기 싫어하는 10대 자녀를 둔 부모가 자녀와 대화를 시도하기 위해 밤마다 저녁 식사 자리에서 이 방법을 사용하기도 한다.

이 도구는 '장미꽃, 꽃봉오리, 가시'라 불리며, 세라는 당시 TBWA\월드헬스 CEO였던 샤론 캘러핸Sharon Callahan의 주도하에 처음 경험해 봤다. 25명쯤 되는 직원들과 함께하는 퇴근 후 회식 자리였고, 직원들 중 대다수는 세라가 처음 만나는 사람들이었다. 회식의 목적은 다음날 하루 종일 진행할 전체 회의를 앞두고 서로 알아가는 시간을 갖기 위함이었다. 세라는 피곤했고 잡담할 기운이 없었다. 그때 예상치 못한 일이 벌어졌다. 식사가 끝난 뒤 샤론이 '장미꽃, 꽃봉오리, 가시'를 돌아가면서 얘기하자고 제안했다.

샤론의 동료들은 분명 이 방법에 익숙했지만, 세라는 무슨 일이 벌어질지 전혀 알 수가 없었다. 샤론은 모든 직원에게 돌아가면서 다음에 대해 말하게 했다. '장미꽃'은 기분이 좋았거나 특히 좋은 결과를 낸 일을 뜻했다. '꽃봉오리'는 잠재력이 있어 보이고 진행 상황을 지켜보는 게 즐거운 일을 가리켰다. '가시'는 걱정스럽고 힘든 일을 뜻했다. 샤론이 맨 먼저 나서서 분위기를 주도했고, 팀원들이 솔직하게 각자의 답을 이야기했다. 두 명의 선임 직원에게 '가시'는 큰 병에 걸려 투병 중인 TBWA/월드헬스 동료 직원에 대한 걱정이었다. 두 사람은 감정을 숨기지 않고 이 친한 친구이자 동료에 대한 진심 어린 걱정을 솔직하게 털어놨다. 낯선 사람들이 가득한 테이블에 앉아 있던 세라는 20분 만에 유대감을 느끼기 시작했고, 직원들이 속마음을 이야기하고 각자의 약한 부분을 나눠줘서 고마운 마음이 들었다.

	장미꽃-성공	꽃봉오리-잠재력	가시-도전
전체 팀 공유 사항	현재 가장 좋은 부분은 무엇인가? 가장 만족감을 느끼는 일은 무엇인가? 가장 자랑스러운 일은 무엇인가?	무엇을 기대하고 있는가? 어떤 일을 더 하고 싶고, 더 배우고 싶은가?	지금 하는 일 중 어떤 부분이 어려운가? 지금 맞닥뜨린 장벽은 무엇인가? 어떤 일 때문에 걱정하고 있는가?
현재 진행 중인 프로젝트에 대해 적극적으로 피드백 구하기	현재 어떤 일이 잘 되고 있는가? 우리는 어떤 부분을 성공적으로 해내고 있는가? 어떤 일이 잘 마무리되었는가?	지금 잘 진행되고 있는 일 중에 더 공격적으로 추진할 수 있는 일은 무엇인가? 어떤 새로운 아이디어를 시도해볼 수 있을까?	우리는 어떤 부분에서 뒤처지고 있는가? 어떤 걸림돌을 해결해야 할까? 어느 부서에 지원을 요청해야 할까?

표 14-1 장미꽃, 꽃봉오리, 가시 대화 주제의 예

　‘장미꽃, 꽃봉오리, 가시’의 단순한 구조는 수많은 방식으로 활용될 수 있다. 관계를 시작할 때 활용하면 마음이 열리고 솔직한 분위기를 조성할 수 있고, 새로운 팀을 꾸린 뒤 활용하면 처음부터 분위기를 유도할 수도 있다. 또 프로젝트 운영 방식이나 팀의 협업 방식처럼 특정 주제에 대한 적극적인 피드백이나 개선책을 구하기 위해 반영할 수도 있다. 위의 표는 두 가지 사례를 보여준다. 위 칸은 팀원 간 전반적인 솔직함을 끌어내는 사례고, 아래 칸은 특정 프로젝트에 대한 피드백을 구하는 사례다.

존 커런 박사, 조직 인류학자, 임원 코치 겸 트레이너

존 커런John Curran 박사는 전 세계의 클라이언트와 일하며 기업 문화의 문제와 갈등을 해결하는 조직 인류학자이자 임원 코치 겸 트레이너다. 존은 개인적으로, 그리고 일적으로 갈등을 직면 해야 할 필요성, 또 그러지 못할 때 생길 수 있는 손실에 대해 통찰력 있는 견해를 밝혔다. 존은 갈등은 모든 곳에 존재하며 이를 숨기려 들기보다는 맞서 해결하는 법을 배워야 한다는 사실을 받아들이라고 말한다.

갈등은 어디에나 있습니다. 갈등은 일이 잘못될 때만 일어나지 않습니다. 우리 주변에 늘 존재하며, 핵심은 갈등을 다루는 방법을 터득하는 것입니다. 조직 안에 존재하는 갈등은 조직 문화의 자연스러운 부분이자 소통의 한 형태라고 봐야 합니다. 그 갈등이 우리에게 이야기하려는 바가 있습니다. 우리가 할 수 있는 일은 갈등과 맞서 싸우거나 회피하거나 둘 중 하나입니다.

존이 갈등을 무시한 결과를 주기적으로 확인하는 순간은 갈등이 다른 방향으로 새어 나가 사람들의 행동에 영향을 미치기 시작할 때다. "사람들은 저마다 다른 행동을 보이기 시작합니다. 심리적으로 안전한 장소 대신 새로운 종류의 반항 의식을 가집니다." 이러한 반항 의식은 찾아보면 기업 안에서 수시로 목격할 수 있다. 사람들이 일을 대하는 태도가 눈에 띄게 변해 의욕을 잃거나 좌절할 수 있다. 통제력을 다른 방식으로 행사하기 시작할지도 모른다. 회의 자리에서 말을 하지 않거나 팀 모임에 빠지거나 지각을 하거나 약속한 규칙을 따르지 않기도 한다. 결정적으로 이 행동들은 알고 보면 모두 소통의 형태다! 누군가 이런 식으로 행동한다면 스스로에게 그 이유를 물어야 한다. 왜 그 사람들은 말을 듣지 않고, 도대체 어떤 문제 때문에 힘들어하는 걸까?

존은 팀과 일하며 갈등을 해결할 때 자신이 활용하는 몇 가지 단계를 소개한다. 첫째, 팀은 문제를 스스로 찾아내고 인정해야 한다. "'여러분에게 한 가지 문제가 있습니다'라고 제가 가서 이야기해 주지 않습니다. 실제로 어떤 일이 벌어지고 있는지 직접 찾아내려 노력하고 인정해야 합니다." 둘째, 존은 사람들이 자유롭게 자기 생각을 말할 수 있는 심리적으로 안전한 환경을 조성하기 위해 노력한다. 훈련받은 중재인이자 촉진자인 존은 팀원 전체가 동의하는 규칙과 경계를 바탕으로 명확한 체계를 만든다. 이는 관계 상담 전문가들이 관계의 문제를 탐구할 수 있는 분명한 규칙이 있는 공간을 만들 때 택하는 방법이기도 하다.

마지막으로 존은 두 가지 관점에서 본 진실을 직원들과 공유한다. 존은 대규모 직원 설문 조사를 통해 회사 전체를 조감하는 시각뿐 아니라 30~40명의 직원을 인터뷰한 뒤 그들의 답변을 고위 경영진에게 직접 전달함으로써 직원들이 경영진을 바라보는 시각까지 함께 조사한다. "저는 거울처럼 똑같이 말을 따라 하며 들려줍니다. '당신이 이렇게 말했어요.' 그러면 그들은 진실을 직면해야 합니다. 그때 긴장감이 생기고 갈등이 시작되지만 안전한 공간에서 이루어집니다. 제가 그런 상황이 되도록 만드니까요."

존은 솔직하게 문제를 탐구하고 해결책을 찾는 일은 개인의 삶에서도 정말 중요하다고 강조한다. 해결하지 않은 문제는 밖으로 새어 나오거나 생각지도 못한 방식으로 큰 영향을 미치게 될지도 모른다. 존이 이 사실을 절감한 건 47살에 갑작스럽게 심장마비를 겪으면서였다. 심장마비가 벼락처럼 찾아와 존은 규칙적인 조깅과 체중 감량 등 건강한 생활을 시작해야 했다. 신체적 변화가 이처럼 클 줄은 예상하지 못했다. "심장마비는 저와 가족들에게 엄청난 충격이었어요. 마치 전령처럼 나타나서 이렇게 말했죠. '10대 때부터 있었지만 지금껏 묻어뒀던 골칫거리를 이제는 해결해야지'." 병원에서 5일을 지내면서 존은 어릴 때부터 묻어뒀던 몇 가지 문제를 고민하게 됐다. 그 문제는 따로 진단을 받지 않은 난독증에서 비롯됐다. 거의 모든 시험에서 낙제한 뒤 존은 학교를 그만두고 노숙인 보호 시설에서 청소부로 일했다.

제가 난독증 진단을 받지 않다는 사실은 성과를 내는 법을 배워야 한다는 의미였죠. 사람들에게 사랑받고 선택받고 기대에 부합하는 성과. 저는 여러 사회 집단 속에 섞여 들어가 칭찬과 존경을 얻어내야 했어요. 글을 쓸 수도 읽을 수도 없고 그 모든 일을 하지 못했기 때문이죠. 대신 대범한 성격을 키워 '빅 존'이라는 애칭을 얻었죠. (심장마비가 왔을 때) '불안'이라는 거대한 문이 열렸어요. 난독증 때문이라는 말은 아니지만, 덕분에 매일같이 성과를 내고 문제를 처리하고 제 삶을 관리했고, 비로소 인정받을 수 있었습니다. 제 삶의 동력은 불안감이었어요.

불안감의 근본 원인을 깨닫는다고 해서 감정이 하룻밤에 사라지지는 않았지만, 덕분에 불안감이 자신과 가족에게 미치는 영향을 인정하고 이를 관리하는 언어와 도구를 만들 수 있었다. 결국 존은 '과거의 상처'를 인정함으로써 문제를 극복할 수 있었다.

또한 수많은 팀이 마음을 솔직하게 열게 만드는 일에 전념할 수 있었다. 존은 자신의 경험 덕에 "약간 더 냉철한 태도로 팀을 움직이고 변화시킬 수 있었습니다"라고 말했다. "'이것이 내가 해줄 수 있는 최선이야'라고 생각하는 대신 더 많은 시간을 쏟아 사람들의 마음을 여는 방법을 연구할 겁니다."

존의 조언은 어려운 문제를 회피하는 대신 갈등을 소통의 한 형태로 보려고 노력하라는 뜻이다. 갈등이 말하려는 바가 있다. 이 갈등에 귀를 기울이지 않으면 점점 더 크게 불거질 것이다!

결론

    곤란한 대화나 의견 충돌을 겪는 상황은 처음에는 힘들겠지만 연습할수록 점점 더 쉬워진다. 차분히 자신의 생각을 말하고 터놓고 이야기하는 습관을 기르는 것은 가장 생산적으로 문제를 해결하고 극복하는 방법이다. 당장은 고통스러울 수 있지만 장기적으로 보면 더 큰 부작용을 피할 수 있을 것이다.

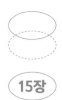

15장

실패의 경험은
나만의 무기가 된다

'평생 아무도 모르도록 '삭제' 키를 눌러서
이 경험을 깨끗하게 지워버리고 싶어.'
_지독한 실패를 경험하는 동안 우리가 하는 생각

실패에 대한 관점 바꾸기. 어떤 일이 틀어지면 우리는 대개 아무도 이를 눈치채거나 보지 못했다고 안도한다. 이번 장에서는 우리가 개인적으로 또는 직업적으로 한 실수를 '숨기지 않고' 사람들에게 공공연하게 알릴 때 어떤 유익이 있는지 알아본다.

오해 실패한 경험을 안전 금고에 가둔 뒤 열쇠를 던져버려라.
진실 나쁜 경험은 좋은 경험만큼이나 강력한 힘을 발휘한다.

불행, 실패, 실망, 실수, 불운, 과실. 계획대로 되지 않거나 기대한 결과를 얻지 못한 경험을 가리키는 단어는 많다. 이외의 많은 단어는 너무 상스러워서 여기다 적을 수조차 없다! 실패는 대개 부정적이고 원치 않는 경험으로 이야기되다 보니 우리가 실패한 경험을 SNS나 일상의 대화, 이력서에 언급하지 않는 것도 어쩌면 당연하다. 하지만 대부분의 사람들이 살면서 간간이 실패를 경험한다는 사실을 생각하면 이상한 일이다. 그리고 대개 실패는 성공보다 더 많은 교훈과 이야기를 남긴다. 따라서 큰 실패든 작은 실패든 다시 바라보고, 실패의 경험을 자신의 긍정적인 이야기로 만들고 회복탄력성의 원천으로 삼는 것이 중요하다.

오해

학교부터 직장, 인스타그램의 감동적인 문구까지 모든 사람이 입으로만 실패의 가치를 치켜세운다. 실패도 성공의 일부 아닌가? 실패는 우리가 익숙한 영역에서 스스로 벗어날 때 일어난다. 하지만 대단히 한심한 실수를 저지르거나 거대한 불운의 구렁텅이로 들어가고 있을 때 실패는 여전히 삼키기엔 너무 쓰디쓴 약이라는 사실을 깨닫는다. 주변의 모든 사람들은 성공을 더 숭배하기 때문이다.

페이스북, 링크드인, 인스타그램에서도 성공한 경험은 다들

기쁜 마음으로 공유하지만, 크나큰 실패는 말할 것도 없고 실수한 경험은 잘 올리지 않는다. 활짝 웃는 아이들, 근사한 음식, 승진, 졸업, 수상, 휴가지 이야기를 공유한다. 전부 사람들이 성공이라 여기는 모습들이다. 자랑거리, 사회적 지위, 그리고 우쭐한 기분을 느끼게 해주는 이야기들이다.

우리가 거의 혹은 절대 공유하지 않는 이야기는 삶의 편집된 장면들이다. '과거의 생각'이나 '일급 비밀' 폴더에 넣어놓은 장면들. 당연히 남에게 보이고 싶지 않은 이 어두운 세계를 공유하거나 기념하는 플랫폼을 개발한 사람은 아무도 없다.

〈포브스〉가 '서른 이전에 실패한 30인'을 선정하지 않는 이유가 있다. 사람들이 절대 2등을 이야기하지 않으며, 당연히 '우리 아이가 대입 시험에서 낙방했어요' 같은 스티커를 자동차 뒷유리에 붙이고 다니는 부모도 없다. 하지만 재미있게도 실패한 경험이 사람들이 흔히 편집해내는 성공한 경험보다 더 큰 의미를 지닌다. 발표를 망치고, 운전면허 시험에 떨어지고, 심지어 중독 치료를 받은 경험은 더 오래 기억에 남고, 이 이야기들은 실제 친구들 그리고 온라인 친구들과 인간적인 관계를 맺게 해준다. 실패한 경험의 꾸밈없고 생생한 리얼리티는 성공한 경험에 입히는 화려한 필터보다 훨씬 더 마음을 잡아끈다.

이처럼 우리가 삶의 경험을 선택적으로 공유하는 이유는 실패를 향한 사람들의 인식과 크고 작은 실패가 자신의 이미지나 미래에 미치는 영향 때문이다. 우리가 실수의 가치를 입으로는 높게 평가하면서도 여전히 실수를 경계하고 불편해한다는 사실은 실수가 주는 기회를 온전히 받아들이지 못했다는 의미다. 과정보다 결과를 더 자주 공유하는 것은 실제 삶의 변두리에서 일어나는 노력의 과정은 보여주지 않는다는 뜻이다. 하지만 바로 이러한 노력의 과정이 자신과 다른 사람들에게 힘과 지혜, 심지어 영감을 주며, 미래의 성공과 생의 구원으로 가는 열쇠일지도 모른다.

진실

솔직함은 모든 일이 순조롭게 흘러가는 시기에 강력한 힘을 발휘한다. 한편 힘든 시기에는 긍정적인 전염성을 발휘한다. 불안감, 걱정, 실수, 큰 실패의 경험을 자진해서 당당하게 이야기하는 사람은 좀처럼 만나기 힘들다.

결점을 내보이는 행동의 힘은 '실수 효과pratfall effect'로 확실히 입증됐다. 1966년 사회 심리학자 앨리엇 애런슨Elliot Aronson은 실수한 뒤 호감도가 높아지는 실수 효과에 관한 연구 결과를 발표했다. 애런슨은 이 연구에서 유능해 보이는 사람이 실수를 저지르면 호감도가 높아진다는 사실을 발견했다. 그 사람을 더 인간적이고 친숙하게 만들기 때문이다. 한 실험에서 배우 한 명이 첫 번째 집단의 사람들 앞에서는 한 단어도 틀리지 않고 완벽한 연설을 했고, 두 번째 집단에서는 같은 내용으로 연설을 하되 연설문

위에 커피를 엎질렀다. 커피를 쏟은 어설픈 행동은 그의 성공적인 연설을 물거품으로 만들기는커녕 호감도를 높이는 결과를 낳았다.

클레미 텔포드Clemmie Telford는 힘든 육아 경험을 주제로 블로그를 시작했다. 인터넷 육아 블로그는 대부분 남의 시선을 의식하고 두려움에 떨며 살아가는 외로운 육아 경험을 장밋빛으로 묘사했기 때문이다. 클레미는 자신의 블로그 '마더 오브 올 리스트Mother of All Lists'에서 어린 나이에 세 아이를 낳아 키운 경험을 다른 필자들과 함께 솔직하게 적어 공유했고, 덕분에 유명세를 얻고 인플루언서가 되었다. 힘들었던 시절을 진솔하게 이야기하고 사람들의 활발한 대화를 이끌어내면서 클레미는 호감과 공감을 얻었고, 결국 이 분야에서 큰 성공을 거뒀다.

헤르존 브라운Herzon Brown 역시 비슷한 성공을 거두었다. 그는 어린 시절 사고로 생긴 흉터 때문에 학교에서 따돌림을 당하면서 갱단과 범죄의 늪에 빠진다. 갱단에서 찾은 동지 의식과 가족애는 소속감을 느끼게 해줬다. 헤르존은 칼에 찔린 뻔한 경험을 한 뒤 갱단에서 나오기로 결심하고 아버지가 된다. 그는 범죄와 역경의 시절을 묻어두기보다 그 경험을 진심으로 인정했고 직업을 선택하는 기회로 삼았다.

저는 지금 청소년 문제 상담가이자 동기 부여 강사로 일하며 사람들이 갱단에 들어가거나 폭력의 세계에 발을 들여놓지 못하도록 돕고 있습니다. 저의 경험과 삶을 나눔으로써 청소년들이 저에게 공감을 느낄 수 있습니다. 청소년들에게 제 이야기를 하고 상처를 보여주면 제 삶 역시 어느 방향으로 향하고 있는지를 깨닫습니다. 동시에 아이들도 제가 지금 어디에 서 있는지 확인할 수 있습니다.

우리는 본능적으로 불쾌하고 부정적인 감정이 드는 일을 받아들이지 않는다. 나쁜 경험을 긍정적인 일로 보는 것 자체가 정신적으로 힘들다. 하지만 자기계발 작가 브라이언 트레이시Brian Tracey에 따르면 스스로의 행동에 책임을 지면서 어떤 상황에 대응할 때 자연스럽게 부정적인 감정은 줄어든다. 책임감과 부정적인 감정을 동시에 느낄 수는 없기 때문이다.

따라서 우리가 책임져야 하는 상황을 받아들임으로써 힘든 상황에 대한 부정적인 감정을 극복하고 기분을 바꿀 수 있다면, 우리가 겪은 실패가 족쇄나 감점 요인이 아니라 영광의 증표이자 새로운 명함이 될 수 있다.

아리스토텔레스는 오래전 자신의 책『니코마코스 윤리학(2권)』에서 이렇게 말했다. "실패하는 데는 여러 가지 방법이 있지만, 성공하는 방법은 한 가지뿐이다. 좋은 사람은 오직 한 가지 방법으로만 좋은 반면, 나쁜 사람은 온갖 방식으로 나쁘다."

좋은 사람과 나쁜 사람의 분류는 차치하고 아리스토텔레스는 실패와 성공에 대해 일리 있는 지적을 한다. 어딘가에 맞춰 녹아들기보다는 돋보이려 하고 현재 상황을 깨뜨리고 뒤바꾸려 하는 시대에 불완전한 이야기를 가지고 상황을 반전하는 것이 훨씬 더 설득력 있는 방법 아닐까? 완벽한 가면을 쓴 사람들 사이에서 독보적인 존재가 될 확률이 훨씬 높다.

도구

긍정적 결과 끌어내기. 이 도구의 목적은 실패라고 여기기 쉬운 상황에서 귀중한 경험을 끌어낼 수 있도록 돕는 것이다. 때로 우리는 모든 것들을 통째로 내다 버리고 싶어진다. 아무리 노력해도 무엇 하나 이루지 못할 때가 있다. 반대로 처음에는 나빠 보이는 상황이 약간 거리를 두고 찬찬히 살펴보면 나와 주변인에게 좋은 결과로 이어지는 경우도 있다.

행동
본능적으로 나쁜 경험, 실패, 사고라고 분류하는 일

- 언제 일어났는가?
- 나는 수동적인 역할을 했는가, 능동적인 역할을 했는가?

- 나의 책임은 무엇인가?(그 상황을 일으킨 행동일 수도 있고, 관련 없는 어떤 일에 대한 반응일 수도 있다)

사실

이 경험은 나와 다른 사람들에게 어떤 도움을 줄 수 있는가?

- 어떤 부분을 내려놓아야 할까?
- 더 자세히 알아보면 좋을 부분은 무엇일까?
- 다른 사람들과 나눌 만한 좋은 점이 있는가?

협약

이 일 때문에 자책하거나 다른 사람이 자책하도록 두는 대신 이 경험이 자신의 기업, 문화, 페르소나를 규정하는 데 어떤 도움을 줄 수 있는지 알아보라.

- 내 경험이 주는 가치를 정리해 보라.
- 자신과 다른 사람들에게 도움이 되는 핵심 요소를 따져 보라.
- 관련된 모든 상황에 적극적으로 적용하고 공유하라.

크리스 앳킨스, 언론인, 영화 제작자, 작가

우리는 2020년 여름 팟캐스트 '리빌더스'에서 크리스 앳킨스
Chris Atkins를 인터뷰했다. 크리스는 최근 수감 생활을 한 경험과 영
국의 수감 제도, 그 힘들었던 과정에서 얻은 교훈을 상세히 기록
한 첫 책을 냈다. 당연히 우리는 많은 질문을 쏟아냈다!

"모든 일이 일어난 데는 이유가 있었고, 그 일이 아니었더라면
겪지 못했을 정말 긍정적인 일이 시작됐어요. 유일하게 후회하는
일은 30개월간 아들에게 아버지 구실을 제대로 못 해준 거예요."
당연히 그에게 던진 첫 질문은 "대체 무슨 일이 있었나?"였다.

제가 만든 영화와 같은 작품들의 문제점은 투자받기가 어렵다
는 거예요. 귀여운 토끼에 대한 좋은 영화를 만들면 투자를 받
기가 아주 쉽죠. 하지만 정부나 대규모 기관을 비판하는 영화를
만들면 사람들은 겁을 먹어요.

제가 투자를 받으려고 애쓰고 있을 때 영국 영화계에는 절세한
돈을 영화 투자 비용으로 쓰는 문화가 있었어요. 2000~2010년
제작된 모든 영화는 제작 단계 어딘가에서 세금이 들어갔을 거
예요. 주로 축구 선수와 은행가처럼 막대한 수입을 벌어들이면

서 세금은 한 푼도 내고 싶어 하지 않는 부자들이 이런 영화에 돈을 흘려보냈죠.

하지만 당시 우리는 이런 자금으로 투자를 받았고, 이를 운용하는 사람들은 소위 청렴결백한 사람들은 아니었어요.

오랜 시간이 지난 뒤 영국 국세관세청은 그 자금을 조사했고, 자신들이 확인한 사실을 그대로 넘어가지 않기로 했죠. 저는 기소됐어요. 세금 사기로 유죄를 선고받고 5년 형을 받았어요. 영국에서 5년 형을 선고받으면 교도소에서는 그 절반만 지냅니다. 나머지 절반은 일종의 '가석방' 상태로 지냅니다. 다시 지역 사회로 나가 관리 감독을 받으며 지내는 거죠. 하지만 다시 법을 어기지 않는 한 원래의 삶을 살 수 있습니다.

교도소 생활은 어땠나요?

누군가 제게 매일 일기를 쓰라고 말했어요. 언젠가 그 일기가 절 지켜줄 거라면서요. 정말 지혜로운 말이었죠. 그래서 저는 첫날부터 기록하기 시작했어요. 지금까지 살면서 경험한 어떤 일과도 완전히 달랐거든요. 첫날부터 정신이 나갈 정도로 혼돈 그 자체였어요. 그리고 재미있었어요. 그곳에서 벌어지는 일 중 일부는 정말 흥미로웠어요. 기발한 익살극 같았어요. 이런 생각이 들더라고요. 내가 이 상황을 세세하게 기억하지는 못하겠구나. 그래서 모든 걸 기록했어요. 그때는 책을 쓸 생각까지 하지는 않았죠. 그냥 전부 기록하고 싶었어요. 후대를 위해 보관해 두는 거죠. 그 행위만으로 엄청난 치유 효과가 있었어요. 머릿속 생각을 꺼내 종이 위에 옮기는 행동은 치료 과정 같았어요. 무료함을 달래주기도 했고요. 처음에는 하루 23시간을 갇혀 있었어요. 가끔은 밖에 아예 나가지 못하는 날도 있어요. 그나마 기록을 하다 보면 하루 두세 시간이 훌쩍 지나갔어요.

교도소에서 보낸 경험이 어떤 식으로 삶을 바꾸고 성장시켰나요?

원즈워스에 있는 그 지옥 같은 곳에서 21개월을 지내다 나와서 개방형 교도소에서 형기를 마쳤어요. 제 삶을 곰곰이 생각하고 돌아볼 시간이 많았죠. 저를 교도소로 오게 한 일뿐만 아니라 제가 누구였고 어떤 삶을 살았는지 생각해 봤습니다. 지난 삶을 돌아보다 보면 실제로 그 삶에서 약간 거리를 둘 수 있게 됩니다. 훨씬 더 분석적이고 객관적으로 보게 되고, 내가 하던 일 중에 나를 행복하게 하지 않게 만든 무언가가 있다는 사실도 알게 됩니다. 그리고 실제로 내가 그다지 행복하지 않았다는 생각이 듭니다. 바로 제가 하고 있는 일들 때문이었죠. 그러니까 그 일을 그만두면 교도소에서 나갔을 때 더 행복해질 수 있는 거죠. 또 시간을 아주 많이 의식하게 됩니다. 교도소에서는 늘 시간에 대해 생각해요. '몇 시간이 몇 년처럼 흘렀고, 몇 년이 몇 시간처럼 흘렀다'는 말이 있잖아요. 교도소 밖에 세상이 있고 나는 그 세상의 일부가 아니라는 사실이 아주 뼈아프게 다가옵니다. 제 삶에 이 2년 반이라는 시간이 있었고, 사실상 그 시간을 잃어버렸다는 사실이 자꾸 마음에 걸립니다. 저는 그 잃어버린 시간을 되찾고 싶었어요. 시간을 되돌릴 수는 없습니다. 정말 이상하지만 이런 생각이 들었어요. '뭐, 난 올해 42살이고 앞으로 30년은 더 살 수 있지 않겠어.' 그래서 또 이렇게 생각했죠. '나를 불행하게 만드는 모든 일을 그만두고 완벽히 끊어내면 평균 30년이 넘는 시간에 걸쳐 약 2년 반의 시간을 되찾을 수 있을 거야. 모든 불법적인 짓과 절대 하고 싶지 않은 쓰레기 짓을 그만두면 돼.' 그렇게 기록을 시작하게 된 겁니다.

낭비한 시간과 저를 불행하게 만들었던 일이 떠오를 때마다 포스트잇에 적어서 감방 벽에 붙였어요. 더 이상 그 일을 하고 싶지 않았거든요. 포스트잇에 휘갈겨 적었죠. 이제 그 목록이 10가지가 됐어요. 6개월이 넘는 시간 동안 쌓인 거죠.

재미있는 점은 제가 교도소에 들어온 뒤 처음 18개월 동안은 이 목록을 쓰는 일을 시작하지도 않았다는 거예요. 그만큼 긴 시간이 걸려서야 통찰력이 생겨 삶을 돌아보게 된 거죠. 저는 과거의 삶을 완전히 별개의 삶으로 보기 때문이에요. 어떤 면에서는 작은 유적을 발굴해낸 기분이었어요. 그래서 저는 과거의 삶을 제대로 들여다보기 위해 그 삶과 멀어져야 했습니다.

많은 사람이 교도소에 있었다는 사실을 숨기려 하는데 어떻게

그 시간을 온전히 받아들였나요?

저는 교도소를 나온 이후 정말 행복했고 멋진 삶을 살았어요. 아주 운이 좋았죠. 교도소를 나온 많은 사람의 삶은 그다지 녹록하지 않습니다. 일자리를 구하기가 힘들기 때문이죠. 인간관계를 맺기도 힘듭니다. 하지만 저는 둘 다 잘 해냈어요. 교도소에 있는 동안 정말 열심히 책을 썼거든요. 그래서 교도소를 나온 뒤에 할 일이 있었어요. 바로 이 책을 출간하는 일이었죠. 저는 제가 겪은 경험을 바탕으로 TV 드라마를 쓰기 시작했고, 교도소 생활에 대한 팟캐스트도 진행하고 있어요. 수입이 생겼어요. 친구들도 많이 만났습니다. 출소한 뒤 정말 행복한 18개월을 보냈어요. 그리고 그 이유는 제 삶에서 통째로 편집하기로 한 일 때문이라고 굳게 믿습니다.

크리스는 또한 교도소 환경 개선에도 목소리를 내고 있으며, 그 주제와 관련된 팟캐스트를 진행하고 있다. '약간의 과장A Bit of a Stretch'이라는 이름의 팟캐스트에서 수감자, 교도관, 그리고 수감 경험을 한 사람들의 친인척과 대화를 나눈다. 교도소에서 보낸 시간을 원고 안에 묻어두기는커녕 그 시간을 활용해 자신의 일과 삶을 개척해 나가고 있다.

결론

    우리는 바람직해 보이고 사회적으로 용인될 수 있는 방식으로 성공하거나 실패하고자 애쓰며 살아갈 수 있다. 또는 그냥 자기 자신답게 행동하고 책임을 지며 살 수도 있다. 좋은 일이든 나쁜 일이든, 자랑할 만한 일이든 부끄러운 일이든 모든 경험을 자기 DNA의 일부로 만들어라. 많은 브랜드와 기업, 어떤 사람들은 종종 유리한 상황에서보다 불리한 상황에서 자신만의 대응 방식으로 다른 사람들보다 돋보일 더 큰 기회를 찾는다. 그러니 삶의 모든 고비를 자신의 강점이자 무기로 만들어라.

16장

고통을 나누면
결실은 커진다

'네 자신이 지독하게 무능력하다고
고백하는 거나 마찬가지야.'
_도움이 필요할 때 머릿속에서 맴도는 은밀한 속삭임

공동체 만들기. '문제를 나누면 반이 된다'라는 말을 우리는 숱하게 들어왔다. 하지만 이번 장에서는 문제를 나누는 걸 넘어 아예 우리가 가진 문제를 함께 해결하는 공동체를 만들 때 어떤 일이 벌어지는지 살펴보고자 한다.

오해 도움을 받아들이면 나는 무능력한 사람이 된다.
진실 공동체와 도움을 청하는 행동은 중요하다.

어째서 사람들은 대장 내시경을 받을 때 도움을 요청하는 걸 꺼릴까? 낯선 동네에서 운전을 하다가 길을 잃거나 회사에서 복잡한 프로젝트를 맡았을 때 유튜브나 구글 검색으로 해결하려 드는 건 반드시 타인에게 해야 하는 질문을 미루는 꼴이다. 결국 막다른 골목을 만나게 되고, 수치심과 죄책감 섞인 고통스러운 인정의 말을 내뱉게 될 것이다. '도와주세요'라고.

오해

경제 활동 연령대인 대부분의 사람들은 어떤 일을 할 수 없고, 어떤 사실을 모르고, 혼자서 일을 해낼 수 없다는 사실을 인정할 때 왠지 모를 죄책감을 느낄 것이다. 집안일이든 회사 일이든 삶에서의 결정이든 다 마찬가지다. 처음에는 본능적으로 고개를 끄덕이면서 잘 처리하고 있다는 인상을 주려 하지만, 곧 속으론 당황했지만 괜찮은 척하며 혼자 해결하려 든다.

다음은 우리가 도움을 구하는 상황을 피하기 위해 흔히 하는 몇 가지 가정이다. 이 중 몇 개는 다들 익숙할지도 모른다.

• 가정 1: 도움을 구하는 건 나약함의 표시다. 혼자서 그 일을 할 수 없다면 내가 그만큼 똑똑하지 않다는 뜻이다.
• 가정 2: 다른 사람이 나를 돕게 둔다는 건 내가 상황을 제대로

통제하지 못하고 있다는 의미다.

- 가정 3: 내가 그 사람들에게 도움을 받으면 나중에 나도 도움을 줘야 할 거야. 그들이 베푼 호의를 갚지 못하면 어쩌지? 그 호의를 갚고 싶지 않으면 어쩌지?

- 가정 4: 내가 사람들에게 도움을 요청하면 그 사람들에게 부담이 될 거야. 나만큼 바쁜데 나를 도와줄 시간이 될까?

- 가정 5: 나만 그 일을 내 방식대로 할 수 있어. 혼자서 하는 게 다른 사람을 가르치거나 훈련시킨 뒤에 도움을 받는 것보다 더 쉽고 빨라.

이중 와닿는 말이 있는가? 이외에도 우리는 여러 가지 가정을 하며 '도움을 청하는' 행동을 하지 못한다. 성인들은 도움을 청하는 데 익숙하지 않으며, 당당하게 도움을 받지도 못한다.

도움을 청하는 행동은 우리가 자라면서 잊어버린 능력 같기도 하다. 부모는 자녀에게 도움을 주려고 안간힘을 쓴다. "코트 입는 거 도와줄까? 엉덩이 닦는 거 도와줄까? 피자 자르는 거 도와줄까? 숙제하는 거 도와줄까? 우유 따르는 거 도와줄까?" 대개 짜증스러운 반응이 돌아온다. "됐어!" 이 단어는 세상을 이해하려고 애쓰면서 짜증이 난 아이에게 반복해서 듣게 될 단어다.

하지만 특정 나이가 되면 어른들은 질문을 멈춘다. 다른 사람들이 아는 지식은 본인도 안다고 추측하기 시작한다. 그 후엔 자신이 아는 정보로 돈을 벌기 시작한다. 이 알고 있는 일을 한다.

그리고 주변 사람들보다 더 많이 아는 것처럼 보이면 승진을 한다. 아는 건 힘이다. 지식이 없다는 사실을 인정하면 영향력이 적은 사람으로 보일 위험이 있다.

이런 면에서 몇몇 나쁜 롤모델을 만났던 경험은 도움이 되지 않는다. 마거릿 대처부터 알렉스 퍼거슨, 사이먼 코웰(오디션 프로그램 〈아메리칸 아이돌〉에서 독설가 심사위원으로 이름을 알린 음악 프로듀서 겸 기업가-옮긴이), 도미닉 커밍스(영국 전 총리 수석 보좌관을 지내고 영국의 브렉시트 국민투표 찬성 투표를 이끌어낸 보수주의 정치인-옮긴이)까지. 그들이 지닌 영향력은 결코 실수를 하지 않는 사람처럼 보이는 인상에서 온다. 무언가를 모른다고 솔직하게 도움을 요청하고 약점을 인정하는 일은 그들 사전에 없다. 이런 생각은 사회의 많은 이들에게 잘못된 기준이 되고 있다. 시대에 뒤처진 리더의 특징은 마찬가지로 시대에 뒤처진 남성의 고정관념에서 비롯된다는 점을 짚고 넘어갈 필요가 있다. 의연한 태도, 성공하고 존중받기, 계속 밀고 나가기, 이 모든 걸 혼자 힘으로 해내기. 남자들은 그 생각에 갇혀 있고, 여자들은 어쩔 수 없이 그 생각을 받아들인다.

진실

다행히 이런 잘못된 믿음은 역사책에서나 찾을 수 있는 과거의 유산이 되기 시작했다. 과거에는 실제로 그랬는지도 모른다. 하지만 시대가 변하고 있고, 어느 나라에 사느냐에 따라 다르지만 인류애, 결함과 단점 인정, 적극적인 도움 요청은 진보적인 리더의 특징이다.

버락 오바마 전 대통령은 참모 중 하나가 외교 정책의 맹점이나 발트 제국의 인신매매에 대해 잘 모른다는 사실을 인정했을 때 그저 박수를 보냈을 것이다. 다음은 도움을 요청하는 행동에 대해 버락 오바마가 실제로 한 말이다.

"질문하는 걸 두려워하지 마세요. 필요할 때 도움을 요청하는 걸 겁내지 마세요. 제가 매일같이 하는 행동입니다. 도움을 구하는 건 약하다는 표시가 아니라 오히려 강하다는 표시입니다. 어떤 사실을 모른다고 인정하고 새로운 것을 배우기로 인정할 용기가 있다는 증거입니다."

도움을 청하거나 제안하는 행동의 중심에는 협력, 공동체, 연민이라는 가치가 포함된다. 이런 행동들은 다행히도 현대의 진보적 리더의 특징이 되어가고 있다.

인간은 본능적으로 도움을 주고 싶어 한다. 도움을 주는 행위는 자존감을 키우는 풍부한 원천 중 하나이며, 타인들과 진정한 윈윈 관계를 만드는 힘이 있다. 도움을 주면서 사람들은 보람을 느낀다. 다른 사람에게 보탬이 되고 그들과 연결되고 싶어 하기 때문이다.

스탠퍼드 대학교에서 실시한 한 연구는 이 사실을 증명했다.

실험은 도움을 요청하는 행동과 도움을 주는 행동의 차이를 이해하기 위해 진행됐다. 이 연구는 스탠퍼드 경영대학원 조직 행동학과 부교수 프랭크 플린Frank Flynn이 실시했다. 그의 결론은 다음과 같다.

실험 참가자들은 자신의 부탁을 들어줄 사람의 수를 예상한 뒤 대학교 캠퍼스에서 사람들에게 도움을 구하라는 지시를 받았다. "참가자들은 모르는 사람들에게 휴대전화를 빌려 전화를 걸고, 설문지 작성을 요청하고, 학생들에게 체육관을 찾는 걸 도와달라는 부탁을 하기로 되어 있었습니다. 마지막 부탁을 들어주는 학생들은 참가자들과 체육관 방향으로 적어도 두 블록을 같이 걸어가야 했죠."

연구자들은 실험 참가자들이 각자 도움에 응할 것이라고 예상한 인원수를 채우기 위해 도움을 청해야 할 사람 수를 두 배 이상으로 잡는다는 사실을 발견했다. 레이크는 다음과 같이 말했다. "참가자들은 처음에 밖에 나가서 사람들에게 자신을 도와달라는 부탁을 해야 한다는 사실을 두려워했어요. 하지만 나중에는 활짝 웃으며 실험실로 돌아와 말했죠. '사람들이 말도 안 되게 친절했어요!'"

두 차례의 후속 연구에서도 이런 행동과 반응은 똑같이 나왔다. 구체적인 시나리오가 주어졌을 때 실험 참가자들은 도움을 주는 역할인지 도움을 구하는 역할인지에 따라 다른 반응을 보였다. 도움을 구하는 입장일 때는 도움을 주는 사람들에 비해 거절당할 확률이 더 높다고 생각했다. 더 중요한 사실은 도움을 구하는 사람들은 도움을 주는 사람들보다 타인이 본인의 부탁을 훨씬 더 쉽게 거절할 것이라고 말했다는 점이다.

"이 효과를 설명하는 메커니즘이 실제로 있습니다." 플린이 말했다. "실험 참가자들이 기꺼이 도움을 주는 사람들의 수를 실제보다 낮게 잡은 이유는 타인들의 사회적 의무감을 제대로 파악하지 못했기 때문입니다."

도구

(지식) 격차부터 (학습) 곡선까지

여기서 격차는 알아야 하는 지식을 모르는 상태를 나타낸다. 곡선은 활발한 학습 경험을 나타낸다. 도움을 청하는 행동은 늘 곡선 형태로 나타나는데, 학습은 언제나 지식의 주변부에서 일어나기 때문이다.

그렇다면 동료나 이웃, 친구, 상사에게 가서 도움을 청해야 할 일이 생길 때 우리는 어떻게 하는가?

자신감을 낮추면서 효과도 적은 일반적인 도움 요청 방식에는 표 16-1에 설명하는 것처럼 도움을 청하는 행동을 지식 격차로 보는 방법이 있다.

격차
문제를 해결하지 않고 질질 끈다.
잘 모른다는 사실을 사과한다.
자신이 할 수 없는 일에 힘을 쏟는다.
문제를 해결하려는 노력을 보여주지 않는다.
그 일을 할 수 없고 다른 사람이 해야 한다는 뜻을 넌지시 알린다.
도움받은 사실을 혼자만 알고 있다.

표 16-1 지식 부족을 격차이자 문제로 보는 방식

이 방법은 문제를 해결하지 못할 뿐 아니라 주변 사람들과의 관계도 망가뜨리는 파괴적인 결과를 불러온다. 자신이 불리한 상황이거나 심지어 지식이 부족해서 책임이 있다고 느끼기 때문에 지금까지 한 노력과 쌓아온 지식, 설령 해결책을 내진 못했더라도 진행해온 일에 대한 자신의 공을 온전히 인정하지 못한다. 그보다는 나는 더 배울 수 있고 도움을 요청할 자격이 있다는 마음가짐으로 그 상황을 바라보라. 본인이 힘들어하는 일이면 다른 사람도 그렇다는 사실을 잊지 마라. 다른 사람들이 아는 것을 절대 과대평가하지 마라! 이제 표 16-2처럼 긍정적이고 포용적인 방식으로 학습 곡선을 키워 가면 된다.

격차	곡선
문제를 해결하지 않고 질질 끈다.	서둘러 질문한다.
잘 모른다는 사실을 사과한다.	절대 사과하지 않는다. 그건 격차가 아니라 배움의 경험이니까!
자신이 할 수 없는 일에 힘을 쏟는다.	지금까지 알게 된 것을 설명한다.
문제를 해결하려는 노력을 보여주지 않는다.	잘못된 방식이라는 걸 알더라도 지금까지 한 노력을 보여준다.
그 일을 할 수 없고 다른 사람이 해야 한다는 뜻을 넌지시 알린다.	그 일을 혼자서 하는 방법을 알려주거나 계속하게 해달라고 요청한다.
도움받은 사실을 혼자만 알고 있는다.	배운 것을 다른 사람들과 공유한다.

표 16-2 지식 부족을 기회이자 성장 궤도로 바꾸는 방식

어떤 문제를 지식 격차가 아닌 학습 곡선이라고 생각할 때 다른 사람들의 의견을 활용하고 구하는 동시에 학습한 내용을 긍정적인 성장으로 받아들이게 된다.

우리는 여전히 삶의 주인이고 삶의 운전대를 잡고 있으며, 스스로가 무능하다고 느끼는 대신 성장의 기회를 잡을 수 있다. 다른 사람들을 이 여정에 동참시키면 도전을 성공적으로 완수할 가능성이 더 높아질 뿐 아니라 자신이 얻은 교훈을 비슷한 난관을 겪고 있을 다른 사람들과 나눌 수도 있다.

루시 로카, 소베리스타스Soberistas 창립자

루시 로카Lucy Rocca는 겉보기에는 성공한 사람이었다. 그녀는 한 아이의 엄마였으며, 최근 법학 학위 과정을 끝냈고, 집 밖을 나가면 파티의 주인공이었다. 술은 그녀 인생의 중요한 부분이었다. 루시는 술을 마시지 않으면 다른 사람들과 어울리기 힘들었다고 고백한다. 그녀는 친구들보다 술을 더 자주 마셨다. 딸의 아버지, 즉 전남편과 이혼한 뒤로 집에서 술을 마시는 횟수는 더 늘어났다. 손에 와인잔을 들지 않고 지나가는 날이 하루도 없었다.

하지만 열심히 살았다. 일도 잘했고, 가정에서의 의무도 게을리하지 않았다. 주기적으로 하프 마라톤에 참가했다. 어떤 일도 최선을 다하지 않은 적이 없다. 어느 날 밤 딸이 아빠 집에 가 있는 동안 밖에서 술을 마시기 시작해 응급실에서 깨어나기 전까지만 해도 그랬다. 무슨 일이 있었는지 전혀 기억나지 않았다.

그 사건을 계기로 새로운 삶을 살게 됐다. 루시는 이런 일이 다시 일어나서는 안 된다는 사실을 알았다. 부끄러운 상황이 발생한다는 생각만으로도 괴로웠지만, 딸의 학교 친구들이나 부모님 앞에서 실수한다고 생각하니 참을 수 없었다. 그래서 루시는 늦은 밤 음주를 그만뒀다.

익명의 알코올 중독자 모임AA에 나가지는 않았다. '공원 벤치에서 눈뜨는 알코올 중독자' 수준은 아니었기 때문이다. 이전에 만난 의사들은 주기적으로 음주하는 습관을 이야기해도 태연해 보였다. 루시는 이 상황을 혼자 헤쳐나갔다. 너무 부끄러워서 자신의 상황을 아무한테도 이야기할 수 없었다. 그녀는 알코올 중독 탈출기를 쓰는 블로그를 시작했다. 많은 사람들의 관심이 쏟아졌다. 다른 여성들도 루시와 같은 기분을 느꼈기 때문이다. 그녀들은 스스로를 심한 알코올 중독자라고 보지 않았기 때문에 도움을 요청할 수 없었지만, 그들의 음주 문제는 분명 심각했다.

제가 블로그를 열었을 때 정말 많은 사람이 방문했어요. 비슷한 일을 겪은 사람들과 소통했죠. 그 경험은 정말 감동적이었어요. 음주 문제를 겪은 게 저만이 아니고 제 잘못이 아니라는 사실을 깨달았죠. 같은 일을 겪은 다른 사람들이 있다는 사실을 아는 것만으로도 큰 위로가 됐어요. 그 기분을 이해하는 사람을 만나는 일도 그랬고요. 전에는 그런 사람들을 만난 적이 한 번도 없었거든요.

루시는 성공을 확신하며 술을 끊고 싶어 하는 여성들을 위한 온라인 커뮤니티를 만들었다. 그리고 소베리스타스('술 취하지 않은'이라는 의미의 'sober'와 '광적인 사람'이라는 의미의 접미어 'ista'를 결합해 만든 이름-옮긴이)라고 이름 붙였다. 서로 힘을 주고 돕고 함께 성공하려는 여성들을 위한 공간이었다. 알코올 중독자 모임 하면 떠오르는 일반적인 이미지를 버리고, 이 커뮤니티의 여성들은 자기다운 모습을 지켰다. 수치심을 느끼지 않고, 평가받지 않으며, 더 바람직하고 건강한 생활을 할 수 있도록 서로 힘을 북돋웠다. 루시와 소베리스타스의 접근 방식은 공동체의 도움을 받아 문제를 해결하는 좋은 사례다. 이런 공동체에서는 학습 곡선이 단체로 가파르게 상승하고, 각자 배운 것들을 따뜻하고 긍정적인 환경에서 공유하게 된다.

알코올 중독에서 회복하기 시작하면서 깨달았어요. 제가 남은 인생을 술독에 빠져 살면서 뭔가를 놓치고 있다는 생각이 들면 너무 비참해서 계속 술을 마실 수도 있겠다 싶었어요. 그래서 저는 중독에서 벗어나는 과정을 긍정적으로 만들고, 기쁜 마음으로 술을 끊어야 한다고 결심했어요. 그러지 않으면 제 삶은 지속적인 박탈감과 상실감으로 망가지겠죠. 기본적으로 저는 소베리스타스가 긍정적으로 술을 끊는 곳이 되었으면 했어요. 술을 끊는 건 좋은 일이죠. 무엇을 잃을지가 아니라 얻을지에 집중하는 겁니다.

실제로 저는 소베리스타스에서 사람들이 서로를 지지하고 보살피는 방식이 이타적이고 경이롭다는 사실을 발견했어요. 저는 타인들에 대한 신뢰를 아주 많이 회복했어요. 얼마나 많은 사람들이 도움을 주는지 지켜봤죠. 심지어 5년간 술을 끊은 사람들도 여전히 커뮤니티에 남아 있어요. 다른 이들을 돕고 싶어서죠. 그리고 수많은 사람이 모두 같은 경험을 하고 있다고 생각하면 그 경험은 외롭고 무섭기보다는 좋은 경험이 돼요. 집단의 일부라는 느낌은 정말 중요해요. 어딘가에 소속되어 있다는 느낌은 인간이라면 꼭 느껴야 하는 감정이죠. 그게 우리가 얻은 교훈이기도 하고요.

결론

도움을 청하는 행동과 그 행동을 긍정적인 성장의 과정으로 받아들이는 태도는 분명 많은 사람들에게 어려운 일일 것이다. 우리는 도움을 청하는 행동이 지식과 경험의 결함이나 각자의 격차를 드러낸다고 생각하기 때문에 혼자 끙끙대다가 부정적인 악순환에 갇히고 만다. 이런 자세를 버리고 모든 사람은 자신과 자신이 속해 있는 팀 또는 공동체를 위해 도움을 받을 자격이 있다고 인정하는 순간, 우리는 완전히 새로운 회복과 발전 가능성, 지속 가능한 미래를 향해 달려갈 긍정적 추진력을 얻을 수 있다.

THE
REBUILDERS

3부

리빌딩은
평생의 과업

17장

리빌딩은 과제가 아닌
기나긴 여정

"인생의 거의 모든 일이 계획대로 되지 않는다는
진실을 온전히 받아들여야지."

_슬럼프를 극복한 뒤 많은 사람들이 내리는 결론

슬럼프에서 회복하는 과정. 이 과정은 결코 저절로 이루어지지 않는다. 몇 달, 몇 년, 때로는 평생이 걸릴 수도 있다. 이번 장에서는 슬럼프에서 순조롭게 회복하는 최선의 방법을 알아보고자 한다.

오해 모든 회복의 과정에는 시작과 끝이 있다.
진실 리빌딩은 다른 단계로 넘어가는 과도기일 뿐이다.

우리는 삶의 난관들을 크고 작은 문제꾸러미라고 생각하는 경향이 있다. 문제들을 처리하고 해결한 뒤 리본 매듭으로 깔끔하게 포장해 다시는 찾을 일이 없기를 바라며 우리 머릿속 수납 칸에 보관한다.

슬럼프는 대개 최대한 서둘러 작별을 고하고 싶은 반갑지 않은 존재다. 아주 흔하게 보이는 이 반응은 상당 부분 슬럼프를 극복해낸 사람들에 대해 우리가 믿고 있는 다음과 같은 오해들 때문에 생긴다.

1. 슬럼프는 직선형으로 전개되며, 시작과 끝이 있다.
2. 하지만 결코 회복할 수 없는 슬럼프도 있다.
3. 회복탄력성은 강하거나 약하거나 둘 중 하나다.
4. 회복탄력성이 높은 사람들은 삶의 스트레스와 걱정이 적다.

이런 생각은 회복탄력성을 분명히 이해하고 회복탄력성의 본래 특성, 즉 연습을 통해 배우고 터득해야 하는 기술로 받아들이는 분위기를 만드는 데는 별 도움이 되지 않았다.

우리가 슬럼프에서 회복하는 과정에 이토록 열정을 쏟는 이유는 슬럼프가 모두에게 찾아오는 가장 평등한 경험 중 하나이기 때문이다. 하지만 여전히 제대로 된 연구와 파악이 이루어지지 않은 미개척 분야이기도 하다.

모든 사람은 예외 없이 삶이나 일에서 실패를 경험할 것이다. 어떤 실패는 크고, 어떤 실패는 사소하며, 심지어 어떤 실패는 처음에는 눈치채지도 못할 수 있다. 실패의 상황은 제각기 다를 것이다. 하지만 모든 상황이 생각지 못한 변화, 불안정, 정신적 충격, 스트레스를 일으킨다. 회복탄력성은 이런 예상치 못한 상황을 겪은 뒤 긴 시간에 걸쳐 건설적인 방식으로 일어서고 회복하며, 심지어는 그 경험을 통해 성장하는 능력이다. 회복탄력성은 의도적인 행동이자, 실패를 받아들이고 절망이 아닌 성공의 연료로 만드는 사고방식이다.

영국 정부 과학국은 이를 다음과 같이 적절하게 설명했다. "회복탄력성은 일반적으로 역경과 행복 사이 중재자나 조정자 같은 역할을 한다는 인식이 있다."

하지만 회복탄력성은 여전히 소수만 갖는 능력이다. 운 좋게 유전자 로또에 당첨되어 회복탄력성이 높은 사람으로 태어나지 않은 이상, 발표 능력이나 코딩 능력, 읽기나 쓰기를 배우는 것과 같은 방식으로 회복탄력성을 익힐 수는 없다. 즉 체계적인 설명을 듣고 연습하고 숙련할 수 있는 능력이 아니라는 의미다.

앤절라 더크워스Angela Duckworth는 성공하는 사람들의 특징을 연구하는 미국의 심리학자다. 베스트셀러인 『그릿Grit』에서 더크워스는 성공의 중요한 지표는 IQ나 재능이 아니라 어려운 상황에서도 인내하고 계속 밀고 나가는 능력 '그릿', 즉 열정적 끈기라고 주장했다. 역경을 단거리 경주가 아니라 마라톤처럼 대하는 것이다(역경은 평생에 걸쳐 끝없이 터져 나오기 때문이다). 더크워스는 또한 '그릿' 능력이 아이들의 학업과 사회적 성취도에 큰 영향을 미침에도 불구하고, 사람들은 여전히 그 능력에 대해 아는 바가 거의 없다고 지적한다. 아직 학계가 받아들이거나 교실에서 실제로 적용한 주제가 아니기 때문이다.

2학년 교실에 앉아 있든 이사회실에 앉아 있든 집에 있든 그 누구도 변화나 도전을 두려워하며 살아서는 안 된다. 슬럼프가 어떻게 하면 서서히 좋은 방향으로 해결될 수 있는지 모든 사람들이 이해해야 한다. 누구나 그 방법을 배울 수 있다.

무엇보다 회복탄력성은 누적 효과를 누릴 수 있다. 리빌딩 근육을 더 많이 쓸수록 슬럼프에서 다시 일어서는 리빌딩 과정을 더 순조롭게 해낼 수 있게 된다. 걱정이나 스트레스에 완벽한 내성이 생기지는 않더라도 새로운 관점에서 바라볼 수 있고, 실패를 극복해본 경험을 더 효과적으로 활용할 수 있다.

진실

로마의 철학자 세네카는 한때 이런 말을 했다고 한다. "역경은 우리의 정신을 강하게 만들고, 노동은 우리의 몸을 강하게 만든다."

모든 사람은 슬럼프를 기회로 만들 능력을 가지고 있다. 회복
탄력성은 회복탄력성을 낳는다. 누적 효과다. 근육처럼 회복탄력
성도 단련할수록 강해진다. 슬럼프에 대한 면역력이 더 강해진다
거나 슬럼프를 덜 겪게 된다는 말이 아니라 슬럼프를 더 잘 알아
차리고 이를 약점이 아닌 강점으로 삼아 해결해 나갈 수 있다는
의미다. 따라서 별 노력 없이 손쉽게 회복탄력성이 높거나 낮은
사람이 될 수 있다는 생각은 잘못됐다. 장애물, 스트레스, 환경을
위협하는 상황을 맞닥뜨려야만 회복탄력성이 생기고, 이를 활용
하는 방법을 배울 수 있다.

슬럼프는 다양한 모습으로 나타났다 사라진다. 어떤 슬럼프는
갑작스럽게 찾아와서 단기간의 집중을 필요로 하고(이혼, 정리해
고, 사건 사고), 어떤 슬럼프는 폭넓은 영향을 미치며 긴 시간 이어
진다(지역 사회 재건, 우울증 치료, 기업 문화 재정립). 또 어떤 슬럼프
는 저절로 해결됐다가 얼마 뒤 다시 나타나기도 한다(암이나 중독
처럼). 즉, 늘 미지의 위험이 도사리고 있다. 세상을 부정적으로
보는 것이 아니라 단지 슬럼프가 얼마나 많은 곳에서 일상적으
로 일어나는지, 따라서 이를 관리하는 방법을 배우는 일이 얼마
나 중요한지 인정하자는 뜻이다.

저널리스트인 에일린 짐머만Eilene Zimmerman은 전남편이 정맥
마약 부작용으로 사망한 뒤 〈뉴욕 타임스〉에 다음과 같은 글을
썼다.

내 삶의 힘들었던 시간이 코로나19 시기의 정치적·사회적 격변, 경제적·재정적 불확실성을 이겨내는 좋은 훈련이 되었다. 그 경험을 통해 나는 앞으로 어떤 일이 펼쳐질지 결코 알지 못한다는 사실을 깨달았다. 여전히 최선을 다해 계획을 세우지만, 생각을 훨씬 더 유연하게 바꿀 수 있게 됐다. 비록 어려운 일이기는 해도 삶의 예기치 못한 역경에 대처하고 눈앞에 닥친 문제를 받아들이고 계속 밀고 나갈 능력이 생겼다.

모든 슬럼프는 저마다 특징이 다르고 각기 다른 능력과 도구가 있어야 해결할 수 있기 때문에 개별 상황의 특수성을 파악하지 못하면 헤매기 쉽다. 우리가 팟캐스트를 통해 이루고자 한 바는 모든 사람이 어떤 상황에 처했든 공통적으로 생각해 보면 좋을 지점들을 찾는 것이다. 이를 염두에 두고 우리는 다음의 몇 가지 총평으로 결론을 내리고 싶다.

무엇보다 종합적 관점을 갖는 것이 중요하다. 작은 커서 하나가 불안감과 걱정, 두려움을 일으키는 상황 안에서 움직이고 있다고 상상해 보라. 커서를 화면 상단 툴바로 가져가 '보기'를 선택한 뒤 '축소'를 눌러 보라. 축소 버튼을 여덟 번 클릭하라. 그러면 내 주변에서, 삶의 다른 부분에서, 생각의 이면에서, 또 긴 시간에 걸쳐 어떤 새로운 일이 일어나고 있는지 보일 것이다.

지금 처한 상황의 전후 사정을 따져 보면 전체적인 상황을 파악하고, 현재 겪고 있는 상황이 나의 경력, 인간관계, 미래를 결정짓는 유일한 요인은 아님을 깨닫는 데 도움이 된다. 이 상황은 그저 한 부분에 불과하다. 더 큰 맥락을 파악하면 결정을 내리고, 우선순위와 경계를 정하고, 내가 가진 정보를 가장 건설적인 방식으로 해석하는 데도 도움이 된다.

슬럼프에서 회복하는 과정을 전체적으로 바라보는 일이 중요한 또 한 가지 이유가 있다. 우리는 흔히 해결해야 하는 문제에만 무작정 달려들기 쉽다. 가령 파산 직전의 회사를 되살리려고 애쓰는 경우가 그렇다. 선의만으로 상황을 호전시키기는 힘들다. 하루 종일 스프레드시트만 쳐다보고, 끝없는 회의와 대화를 하는 것만으로는 문제가 해결되지 않는다. 우리는 눈앞의 문제만이 아니라 자신과도 관계를 맺고 있기 때문이다. 신체 건강, 정신 건강, 인간관계를 유지하기 위해, 그리고 삶의 모든 분야에서 필요할지도 모를 누군가의 도움을 얻기 위해 우리가 무엇을 하고 있는지 생각해 보라. 회복탄력성을 키우기 위해서는 이 모든 요소를 활용해 자신을 잘 보살펴야 한다. 그러면 나머지 일들은 조금 더 쉬워질 것이다.

2015년 페터 림바흐Peter Limbach와 플로리안 존넨부르크Florian Sonnenburg는 쾰른금융센터의 의뢰를 받아 'CEO의 건강은 중요한가?'라는 제목의 연구를 진행했다. 연구 결과는 CEO의 신체 건강이 스트레스 관리, 인지 기능, 전반적인 업무 능력 등 잘 알려진 이점과 더불어 회사의 높은 이윤과 인수합병 발표 이후의 더 높은 수익률과 관련이 있음을 입증했다. 연구는 지난 12개월 안에 마라톤에 참가한 경험이 있는 CEO를 둔 여러 회사의 재무 성과를 평가했다. 연구자들은 신체적으로 건강한 CEO가 운영하는 회사가 자산 이익률이 훨씬 높고 잉여 현금 흐름도 더 많았다고 밝혔다. 또한 인수합병 발표에 따른 비정상 이익률이 눈에 띄게 더 높았으며, 인수 기업의 대표도 몸이 건강하면 수익률이 낮을 확률이 적다는 사실도 발견했다.

도구

오늘의 3G로 매일 회복탄력성 근육을 단련하라. 특정한 방법으로 생각하도록 훈련하는 일은 코어 근육을 키우기 위해 운동을 하거나 건강해지려고 비타민을 먹거나 일상을 유지하기 위해 해야 할 일 목록을 적는 것과 다를 바 없다. 인생의 최고점에 있든 최저점에 있든, 위기의 한복판에 있든 아니든, 원하는 결과를 향해 나아가기 위해 다음의 세 가지 요소를 매일 고려해야 한다. 많은 시간을 쏟을 필요도 깊이 파고들 필요도 없지만, 이런 암시의 말들은 올바른 경험에 집중할 수 있도록 해준다.

오늘 하루의 목표 Goal for today

그날 달성 가능한 목표를 정하면 짧은 시간 안에 성취감과 긍정적 추진력을 얻을 수 있다. 우리는 대개 목표를 먼 미래로 정하기 때문에 목표를 이루는 데 몇 주, 몇 달, 심지어 몇 년이 걸린다. 매일 목표를 정하고 작은 성취감을 느끼면 새로운 행동을 하고 필요한 곳에 힘을 쏟고, 또 매일의 삶에서 그 추진력을 유지하는 데 도움이 된다.

오늘 하루의 감사 Gratitude from today

24시간 동안 많은 일이 틀어질 수 있다. 우리는 그런 상황을 수없이 겪었다! 모든 일을 (훨씬) 더 잘할 수 있었을 텐데 하며 좌절하고 부담감을 느끼기 쉽다. 때로는 정말 좋았던 한 가지 일을 의도적으로 찾아낼 필요가 있다. 나를 웃음 짓게 했던 복도에서 나눈 대화든, 큰 전투에서 거둔 작은 승리든, 맛있는 커피 한잔이든, 기분 좋은 산책이나 달리기든, 아이나 반려동물 때문에 행복했던 일이든 다 좋다. 열심히 찾아보면 매일 좋은 일이 일어난다. 하루를 마무리하면서 행복했던 일을 떠올리는 습관은 부정적인 감정을 긍정적으로 바꾸는 평형추 역할을 할 것이며, 이 습관은 슬럼프를 딛고 다시 일어서는 과정에서 정말 중요하다. 자신의 삶에서 소중했던 경험들을 떠올리면 분명 힘든 시기를 헤쳐 나가는 데 큰 힘이 된다.

건강은 너무나 당연한 부분이라 사소하게 여기기 쉽다. 하지만 건강을 챙기는 일은 정말이지 중요하다. 건강은 상황이 힘들 때 많은 사람들이 가장 먼저 포기하는 부분이다. 자극적인 재료가 너무 많이 들어간 해로운 음식을 먹고, 운동을 멀리하고, 머리를 식힐 시간을 내지 않는다. 이 모든 부분이 따로 작용할 때는 버틸 수 있을지 몰라도 현재 신경 쓰고 있는 다른 일과 합쳐지면 신체적으로든 정신적으로든 회복탄력성을 떨어뜨릴 것이다. '옆에 있는 사람을 돕기 전에 산소마스크부터 쓰라'는 비유는 이 경우에 몹시 적절하다.

회복탄력성은 모양도 크기도 제각기 다르다. 모든 슬럼프는 고유하기 때문이다. 회복탄력성은 모두가 가질 수 있으며, 모든 사람이 배우고 활용할 수 있는 마음가짐이자 과정이기 때문이다. 어떤 시기에는 이 능력을 더 집중적으로 발휘해야 할 테고(위기 모드일 때), 또 어떤 시기에는 그저 자신과 주변 세계를 바라보는 스스로의 관점을 의식한 채 회복탄력성 근육을 깨워두고 언제든 활용할 수 있는 상태로 유지하기만 하면 된다.

바로 당신

우리는 이 책을 집필하기 위한 자료를 수집하고 팟캐스트를 제작하는 과정에서 영감을 주는 많은 사람들과 대화를 나누는 특권을 누렸다. 특정 사연을 선정하기보다는 그 과정에서 알게 된 몇 가지 사실을 되돌아보고 싶었다.

이번 장에서도 알 수 있듯 우리는 리빌딩 과정이 좀처럼 마무리되지 않는 여정임을 알게 됐다. 그건 나쁜 일이 아니다. 고장 나고 약해지고 완전한 재정비가 필요한 부분에 새 생명을 불어넣는 작업은 스스로를 변화시키는 일이다. 그 과정은 삶의 긴 시간 동안 의심해본 적 없는 자신의 생각과 진실을 뒤바꿀 것이다. 때때로 우리를 벼랑 끝으로 몰고 갈 것이며, 선택과 희생을 하도록 하고, 또 리빌딩의 여정을 시작할 때만 해도 할 수 있을지 몰랐던 결단을 내리게 만들 것이다.

이 과정을 통해 자신과 다른 사람들, 그리고 자기를 둘러싼 세계에 연민을 품고, 문제가 생긴 부분뿐 아니라 처한 상황과 속해 있는 세계까지 회복시키기 시작한다. 다양한 성격적 특성을 존중하고, 욕구의 우선순위를 정하고, 단도직입적이고 솔직하게 자기 의사를 밝히고, 비위를 맞추느라 애썼던 사람들에게 좀 더 편하게 반대 의사를 표할 수 있게 될 것이다. 우리의 일, 인간관계, 건강, 친구들, 경력 등 모든 면에서, 어떤 일을 하는 방식은 하는 일 자체만큼이나 중요하다.

리빌딩은 유지 관리가 필요하다. 최선의 실천, 꾸준한 연습과 신념은 우리가 해낸 리빌딩이 이후에 어떤 모습으로든 유지될 수 있도록 도와줄 것이다. 열심히 노력해 극복한 힘들었던 시기를 결코 잊지 마라. 처음의 문제, 트라우마, 상황이 해결되고 나면 일어났던 일을 잊어버리기 쉽다. 과거에 머물러야 한다는 말이 아니다. 대신 회복탄력성 근육을 쓸 수 있게 만들어준 습관을 유지하라. 심지어 모든 일이 순조롭게 흘러갈 때도 그 습관만은 지켜라. 좋은 시간은 더 풍요롭게 누리고, 힘든 시간은 다시 한번 잘 이겨낼 수 있도록 도와줄 것이다.

마지막으로 자신의 이야기를 사람들과 나눠라. 그때 회복의 여정을 복기할 수 있다. 또한 자신이 무엇을 이루었는지 떠올릴 수 있으며, 힘든 시간을 겪고 있는 사람들에게 영감과 위안을 줄 수 있을 것이다.

반드시 같은 문제를 겪어야만 유용한 해결책과 접근법을 나눌 수 있는 건 아니다. 바로 우리가 이 책을 쓴 이유이기도 하다. 하루의 끝에서, 슬럼프에서 일어선 경험은 우리가 서로에게서 배우고 나눌 수 있는 최선의 이야기이기 때문이다.

결론

회복탄력성은 모든 사람이 선택하고 익힐 수 있는 능력이다. 삶의 거의 모든 일이 그렇듯 이 능력과 습관을 더 열심히 단련하고 연습할수록 역경과 슬럼프를 자신 있게 헤쳐 나갈 수 있게 된다. 자신이 바꿀 수 있는 일에 집중하고 스스로와 타인을 돌보라. 발전은 좀처럼 직선형으로 뻗어가지 않으므로 역경을 만나더라도 결코 낙심하지 마라.

18장

리빌딩은
미래로 나아간다

다음 세대의 리빌딩 준비하기. 우리 모두 평생에 걸쳐 정해진 몫의 슬럼프를 경험할 것이다. 이를 자신감과 회복탄력성을 가지고 해결하는 방법을 깨달았을 때 또 다른 슬럼프에서 회복할 확률도 높아진다. 이번 장에서는 다음 세대인 아이들에게 리빌딩의 가치와, 어린 시절에 리빌딩을 시작할 수 있는 몇 가지 도구를 가르치는 일이 얼마나 중요한지 알아본다.

오해

"틀릴 준비가 되어 있지 않으면 결코 독창적인 그 어떤 것도 만들어내지 못한다." 정규 교육 제도를 개선하는 일에 수십 년간 전념한 교수이자 교육자 켄 로빈슨 Ken Robinson 경은 이렇게 말했다. 리빌딩과 회복탄력성은 행복하고 건강한 삶을 사는 데 꼭 필요한 능력이기 때문에 다음 세대에게도 필수적으로 길러줘야 한다. 하지만 다음 세대가 삶의 슬럼프에 맞설 수 있도록 준비시켜야 하는 더 근본적인 이유가 있다. 슬럼프를 헤쳐 나가는 경험을 해본 사람만이 혁신과 성장을 이룰 수 있기 때문이다. 창의적인 생각을 하는 능력은 우리의 미래와 다음 세대의 미래에도 꼭 필요한 능력일 것이다.

휘트니 휴스턴은 아이들이 우리의 미래라고 노래했다. 거장다운 팝송일 뿐 아니라 삶의 방향을 정하는 데 있어 다음 세대가 하는 역할을 정확하게 짚어냈다. 아이를 키우고 있든, 아는 아이가 있든, 그냥 길에서 수시로 아이들 옆을 지나치든 우리의 삶은 앞으로 수십 년간 그들에게 영향을 받을 것이다. 인류는 아직 파국을 맞지는 않았지만, 다 함께 힘을 모아 서둘러 해결해야 할 일들이 아주 많다. 기후 변화, 세계적 전염병, 웹 3.0의 알려지지 않은 이면, AI가 사회에 미치는 영향 등 다음 세대가 풀어야 할 과제가 상당하다. 휘트니가 노래한 것처럼 아이들이 앞으로 닥칠 문제를 해결할 수 있도록 준비시키려면 잘 가르치고 그들이 앞장설 수 있도록 길을 터줘야 한다.

2006년 켄 경은 창의성이 읽고 쓰는 능력만큼 중요하다는 사실을 진지하게 받아들여야 한다는 신념을 밝혔다. 그때 이후 혁신과 다양한 생각, 창의적인 문제 해결의 필요성은 한층 커졌다. 일의 미래는 계속 변하고 있다. 2030년 존재할 일자리의 약 85퍼센트는 아직 만들어지지 않았다. 즉 지금 학교에 다니는 아이들은 산업계에 존재하지도 않는 이름 없는 일자리를 갖기 위해 준비하고 있으며, 아직 확인되지 않은 문제와 씨름하고 있다.

글로벌 컨설팅 회사 맥킨지는 이에 영향을 받지 않는 사람이 거의 아무도 없을 것이라고 믿는다. "인공 지능과 자동화는 농업과 제조업에 종사하던 이전 세대에게 기계화가 일으킨 변화만큼이나 큰 변화를 불러올 것이다. 일부 일자리는 사라지고 다른 수많은 일자리가 만들어지고 거의 모든 것이 변할 것이다." 2021년 맥킨지는 15개국 1만 8000명을 대상으로 미래의 직업을 위해 필요한 능력을 정하는 설문 조사를 진행했고, 그 답변은 마치 이 책에 나오는 리빌더들의 특징을 묘사하는 말 같았다. 투지, 끈기, 불확실성에 대처하는 능력, 조직적인 문제 해결 능력, 용기, 위험

감수, 적응력, 학습 능력, 관점 바꾸기, 갈등 해결 등 다양한 답변이 나왔다.

고용주들과 대화를 나눠봐도 같은 결론이 도출된다. 구글의 고위 간부인 크레이그 펜턴Craig Fenton은 5년간 영국과 아일랜드의 전략 사업 본부장을 지냈으며 오랜 시간 시장의 판도를 바꿀 만한 와해성 기술 투자자로 일했다. 세계에서 가장 성공한 기술 기업 중 한 곳에서 일한 덕분에 폭넓은 시각을 가진 그는 성장을 위해 어떤 능력이 필요한지 확실히 알고 있다.

지금 같은 시대에 좋은 것과 위대한 것을 가르는 능력은 창의성이라고 생각한다. 창의성은 변화와 모호성에 적응하는 토대가 된다. 변화의 속도가 너무 빨라서 어느 분야에서도 완벽한 전문가가 되기 힘든 현실을 받아들이기, 끝없이 계속되는 배움의 과정에서 즐거움 찾기, 다가오는 변화의 기미를 포착하기, 오늘과 다른 미래를 상상하고 만들어가기. 모두 창의성을 다르게 표현한 말이다. 기업에서도 창의성을 다른 이름, 즉 혁신이라 부른다.

켄 경과 마찬가지로 크레이그 역시 슬럼프와 실패에 대처하는 능력이 어떻게 혁신을 일으키는지 그 역할을 강조한다. 크레이그는 구글의 아리스토텔레스 프로젝트Project Aristotle를 언급한다. 이 프로젝트는 좋은 팀장과 위대한 팀장, 그리고 구글에서 독보적으로 우수한 성과를 내는 팀의 차이를 알아내기 위해 2012년에 실시한 연구다. 연구 결과 탁월한 팀의 성과 뒤에는 심리적 안정감이라는 핵심적인 요소가 있었다.

> 심리적 안정감이 있는 곳에는 용기가 있다. 기꺼이 위험을 감수하고 실패하는 것, 내 옆의 동료가 기운을 북돋워 주고 힘내라고 등을 두드려주고 나와 함께 앞으로 나가리라는 사실을 아는 것, 실패해도 처벌받지 않으리라는 사실을 아는 것, 성공보다 실패에서 배울 점이 더 많기 때문에 설령 실패하더라도 치밀하게 계산된 위험에는 보상이 따르리라는 사실을 아는 것. 성공을 예상하고 어떤 일을 시도하면 처음부터 정답을 알고 시작하는 셈이다. 하지만 실패는 어떤 식으로든 우리를 앞으로 나아가게 한다.

아이들이 학교에서 이 모든 지식을 배우니까 우리는 안심해도 될까? 그렇지 않다. 교사와 학교는 아이들을 돕고 돌보고 가르치는 초인적인 일을 하고 있지만, 대부분의 나라에서 교육 제도는 회복탄력성이나 회복에 필요한 마음가짐과 태도를 키워주지 않는다.

기술 전문가이자 아버지인 크레이그가 보기에 지능은 일반적인 지식보다 훨씬 더 광범위하다. "창의성은 전통적인 지능만큼 또는 그보다 더 중요해지고 있습니다. 지식은 하나의 상품이고,

지식의 상당수는 소멸하기 쉬우며, 금세 구식이 되고 맙니다." 가장 큰 문제는 학교에서 학업 진척의 주요한 척도가 여전히 시험과 평가라는 사실이다. 즉 배운 내용을 잘 기억하고 성적이 높으면 상을 주고 낙제점을 받으면 처벌을 한다. 지금의 평가 내용과 방식은 시행착오, 혁신, 실험을 통한 학습이 일어나게 만들지 못한다. 크레이그는 구글에 지원한 청년 수백 명의 면접을 봐왔고, 높은 시험 성적과 일류 대학 학위가 빠르게 변하는 현대의 직장에서 필요한 능력과 늘 연결되지는 않는다고 믿는다. 또한 전통적인 교육 과정이 직장에서 일을 잘하는 인재만큼이나 훌륭한 자질을 갖춘 수많은 인재를 놓치고 있다는 사실을 거듭 깨닫는다.

영국 교육 기관에서 일하는 새미 라이트Sammy Wright 역시 이 견해에 동의한다. 그는 영어 교사이자 선덜랜드에 있는 사우스무어 아카데미의 대입 준비 과정인 식스폼 창설자이며, 열악한 사회경제적 배경에서 자란 아이들의 교육 성과를 높이는 데 주력하는 사회 이동성 위원회의 위원을 역임했다. 새미는 '타고난 기억력과 집에서 예습과 반복 학습을 하는 시간에 보상을 제공하는' 현재의 평가 방식에 몇 가지 문제가 있다고 본다. 우리와 대화를 나누는 동안 새미는 이런 교육 방식이 다양성과 사회 이동성을 제한한다고 설명했다. 시험을 치는 방식은 대개 '백인 중산층'을 대상으로 하며 책을 좋아하고 대학을 졸업한 전문직 부모를 둔 학생들만이 가진 대단히 한정된 자질에 맞춰져 있기 때문이다.

그는 또 다음과 같이 이야기했다.

그런 평가 방식 때문에 저는 오랫동안 교육계에서 사람들이 지칭하는 성공이 늘 성공은 아니라는 생각을 하게 됐습니다. 그런 평가 방식은 간편하지만, 대개 운으로 좌우됩니다. 우리는 어쩌다 교육 제도가 원하는 사람이 되거나 되지 못합니다. 그동안 그런 종류의 사람은 아닐지라도 저한테는 없는 다양한 자질을 갖춘 청년들을 많이 봤습니다. 하지만 그들이 이러한 교육 과정에 적응하기란 쉽지 않습니다.

그가 두 번째로 비판한 점은 시험은 신중한 생각을 할 기회를 주지 않으며, 대신 그 순간에 타당해 보이는 답을 하는 능력에 보상을 제공한다는 사실이다.

시험은 자신의 생각을 시험해보고 그 생각이 틀리지 않았음을 확인하려는 사람들에게 보상을 제공하지 않습니다. 지금 하는 일을 제대로 조사하고 또 자신의 생각이 틀렸음을 인정하는 태도보다 타당해 보이는 답을 하는 능력에 높은 점수를 줍니다. 제가 보기에 지능과는 반대됩니다. 매번 정답을 말하는 사람은 아마도 지나치게 자신만만한 사람으로, 자신이 하는 일의 장단점을 제대로 평가하지 않는 사람입니다.

정치계에서든 일터에서든 우리는 모두 새미가 이야기하는 유형의 사람을 만난 적이 있다. 새미는 우리가 내일의 리더들에게 원하는 모습을 질문한다. "우리는 말 잘하고 빠른 답을 하는 사람을 원할까요? 아니면 깊이 생각하는 사람을 리더로 원할까요? 우리는 분명 주변에 어떤 리더가 있는지 알고, 또 언제나 빠른 답을 내놓는 리더십이 늘 그렇게 성공적이지는 않았다는 사실을 알게 됐을 겁니다."

진실

우리들 대부분은 교육 제도를 바꿀 수 있는 위치에 있지 않지만, 정규 교육이 키워주지 않을 종류의 회복탄력성과 창의성을 기르기 위해 할 수 있는 여러 가지 방법들이 있다. 결국 아이들은 자신에게 필요한 모든 원료를 가지고 있기 때문에 그 원료를 어떻게 지킬지만 알면 된다. 켄 경은 '모든 아이는 엄청난 재능을 가지고 있으며 우리는 그 재능을 사정없이 낭비한다'고 굳게 믿었다.

아이들이 좌절을 극복할 때 필요한 회복탄력성을 키워주는 데 가장 중요한 요소 중 하나는 높은 자존감이다. 자신이 하는 일의 결과와는 상관없이 스스로를 선하고 건강하고 소중한 사람이라고 믿는 것이다. 어떤 일이 잘못되면 그저 잘못된 것뿐이다. 어떤 일이 실패하면 그냥 실패했을 뿐이다.

이런 실패의 경험이 자신이 소중한 사람이라는 생각을 훼손해서는 안 된다. 실패하고 실수한다고 해서 아이들이 나쁜 사람이 되지는 않는다. 메리핸 베이커Maryhan Baker 박사는 심리학자이자 육아 전문가이며 두 아이의 엄마로, 자신감이 낮고 불안감이 높은 아동, 10대 청소년, 청년들을 돕는 일을 전문으로 한다. 그녀는 또한 '당신의 아이를 망치지 않는 법How not to screw up your kids'이라는 팟캐스트를 운영하는데, 육아라는 역경을 헤쳐 나가려는 모든 사람에게 정말 유용한 방송이다. 우리와 인터뷰를 하면서 그녀는 아이들의 자신감에 대해 이렇게 말했다.

아이들은 자신이 착하고 좋은 사람이며 같이 있으면 재미있는 사람이라고 굳게 믿어야 합니다. 그런 믿음이 있으면 약간 낯설게 느껴지는 상황에서도 타인의 평가에 휘둘리며 '이 일을 못하면 사람들이 나를 어떻게 생각할까? 내가 잘하는 사람이라고 생각하지 않을 거야'라고 생각하지 않습니다. 대신 '나는 괜찮은 사람이고, 실패하든 성공하든 내가 아니라 특정 상황의 실패나 성공을 뜻한다는 사실을 알고 있어'라는 입장으로 모든 일을 바라봅니다. 그건 집의 토대와도 같습니다. 자신이 근본적으로 좋은 사람이라고 믿는 단단한 토대가 없다면 학계에서든 다른 어떤 사회 분야에서든 제대로 된 집을 지을 수 없습니다.

또 한 가지 중요한 요소는 아이들이 자신의 실력과 재능과 능력을 키울 수 있으며, 태어난 모습 그대로 고정되어 있지도 불변하지도 않다고 믿는 것이다. 아이들이 아직 무언가를 모르거나 잘하지 못하면 지금보다 더 잘할 수 있는 잠재력이 있다고 믿어야 한다. 9장에서 이야기한 것처럼 이런 자세를 '성장 마인드셋'이라고 부른다.

성장 마인드셋을 가지고 있으면 삶의 도전을 성장할 기회로 즐겁게 받아들이고, 실패나 실수의 경험을 좋은 배움의 기회라고 생각한다. '고정 마인드셋'을 가진 아이들은 자신의 능력이 고정되어 있으며, 실패가 마치 자신의 재능이 부족한 증거라고 부정적으로 받아들일 가능성이 높다. '성장 마인드셋'을 가진 아이는 새로운 정보를 더 빨리 성장하는 데 사용하고, 자신이 남들에게 똑똑해 보이는지에 신경 쓰기보다는 배움에 더 많은 힘을 쏟기 때문이다.

그래서 아이를 키우고 있든 가끔 아이랑 놀아주든 우리는 몇 가지 방법을 활용해 아이들이 살아가는 데 꼭 필요한 능력을 키울 수 있도록 했다.

결과가 아니라 과정을 칭찬하라

이 방법은 성장 마인드셋의 핵심 원칙 중 하나로, 지금은 많은 학교에서 채택하고 있다. 여기에는 아이들이 받는 성적뿐 아니라 거기에 들이는 힘과 노력을 보상하고 칭찬하는 일도 포함된다. 노력을 칭찬하면 아이들은 계속 열심히 배우려 하고, 이후에 높은 성과를 얻는다는 사실이 입증됐다. 가령 시험 공부를 열심히 했거나 모든 문제에 정답이든 오답이든 답변을 적어 냈다고 칭찬할 수도 있다. 드웩이 스무 살 청년들을 대상으로 진행한 연구 결과, 지능에 대한 칭찬을 받은 아이들은 이후에 친 시험에서 더 나쁜 성적을 받았다. 반대로 노력을 칭찬받은 아이들은 더 좋은 성적을 받았다.

기준을 낮춰 모든 아이가 잘했다는 척하라는 말이 아니다. 알고 있는 지식을 전부 동원해 계속해서 배울 수 있도록 격려해 주고, 더 잘할 수 있다는 믿음을 심어주라는 의미다.

실패의 오명을 벗겨라

실패는 흔하게 일어나며 절망할 일이 아니라는 사실을 실제로 보여주면 아이들은 실패를 자연스러운 삶의 일부로 받아들이게 된다. 그러면 새로운 일에 도전하고 계획한 결과가 나오지 않아도 지나치게 낙심하지 않게 된다. 심지어 이런 경우도 있다. 영국의 사립 여자 고등학교인 윔블던 고등학교의 교장 헤더 핸베리 Heather Hanbury는 '실패 주간'을 만들어 회복탄력성을 키우고 학생들에게 위험을 감수하는 행동을 하도록 유도한다. 학생들은 새로운 활동에 도전하고, 어떤 일이 실패한 이유를 분석하고, 또 자신의 실수에 대해 부모에게 조언을 듣기도 한다.

학생들은 잘 실패하는 방법, 그리고 실패를 극복하고 대처하는 방법을 배울 필요가 있습니다. 실패에 대한 두려움은 학생들이 정말 하고 싶은 일을 하지 못하도록 가로막는 큰 걸림돌로 작용합니다. 학생들은 큰 성공을 거두고도 여전히 실패에 과민 반응을 보입니다. 때로 실패에서 많은 것을 얻을 수 있음에도 불구하고요.

많은 비법과 도구가 그렇듯 이 무기들은 아이들뿐만 아니라 어른들 역시 도움을 받을 수 있다. 구글의 크레이그 펜턴은 팀에서 하는 회의가 잘한 일만 과시하는 시간이 되고 있다는 사실을 알아채고 한 주간의 '즐거운 실패'를 공유하는 시간을 만들었다. 크레이그의 목표는 '실패의 오명을 벗고 실패를 부정적인 경험에서 긍정적인 경험으로 바꿔 더 큰 창의성과 혁신을 일으키는 것'이었다.

이들 사례의 공통적인 목표는 실패를 뿌리 뽑고 모든 일이 언제나 더할 나위 없이 좋은 척하기 위함이 아니라, 실패는 배움의 과정에서 꼭 일어나며 피해야 하는 경험이 아니라고 인정하는 분위기를 만드는 것이다.

단어를 신중히 골라라

언어는 우리가 머릿속에서 어떤 상황을 해석하고 표현하는 방식에 큰 역할을 하며, 아이들이 성장하고 배우는 과정에서는 특히 더 그렇다. 언어를 신중히 사용하면 아이들은 좌절을 경험해도 용기를 잃지 않고 계속 도전할 힘을 얻는다. 드웩 박사는 시험이나 평가에서 '낙제failed'라는 단어 대신 '아직not yet'이라는 단어를 쓸 때 아이들은 계속해서 열심히 공부하면 다음 시험에서는 통과할 수 있다고 믿게 된다고 이야기한다. "낙제점(F)을 받으면 자신은 쓸모없고 별 볼 일 없는 사람이라고 생각하지만, '아직(NY)'이라는 점수를 받으면 아직 배우고 있는 단계라고 생각한다. 이때 미래로 가는 길이 보인다."

마찬가지로 성공을 칭찬하는 단어를 신중히 고르면 강력한 효과가 있다. 우리와 대화를 나누는 동안 메리핸 박사는 아이들의 노력에 대해 이야기할 때 '보이는 것을 이야기하라'고 조언했다. 매번 과한 칭찬을 쏟아붓는 대신 최상급을 빼고 아이들이 실제로 하고 있는 일을 칭찬하라는 뜻이다. "와, 진짜 멋지다! 끝내주네"라는 말 대신 실제로 눈에 보이는 행동을 칭찬해야 한다. "내가 식탁에 앉아 달라고 했을 때 네가 앉아 줘서 정말 감동했어. 내가 하는 말을 귀 기울여 들어준 거잖니." 메리핸 박사는 과한 칭찬을 쏟아붓는 대신 구체적으로 칭찬하면 우리가 아이들에게서 더 자주 보고 싶은 행동을 실제로 더 많이 보게 될 것이라고 말한다.

무작정 해결해주지 마라

아이가 학교에서 힘든 시간을 헤쳐 나가려고 애쓰는 모습을 봤거나 걸음마를 배우는 아이가 엉뚱한 발에 신발을 신으려고 10분간 끙끙대는 걸 지켜본 적이 있는 사람이라면 정말 받아들이기 힘든 조언이다. 자신감과 회복탄력성을 키우려면 아이들은 스스로 문제를 해결할 시간이 필요하다. 계속해서 도와주고 문제를 해결해주고 삶의 구김살을 펴주려고 달려들면 아이는 결코 지혜로움과 '할 수 있다'는 자신감을 키울 수 없다. 이 조언은 아이를 보호하고 삶의 장애물을 치워주고 싶은 부모의 강한 충동에는 반할 수 있지만, 메리앤 박사는 이렇게 말한다. "자신감은 내면에서 일어나는 일이다. 우리가 아이들을 얼마나 많이 칭찬하느냐와는 상관없다. 사실 우리는 아이에게 자신감을 만들어 줄 수 없다. 자신감은 아이의 내면에서 나와야 한다. 한발 물러서서 아이가 신중하게 계획한 뒤 위험을 감수하고 배울 기회를 주는 데서 만들어진다."

스스로 선택할 기회를 줘라

문제를 해결해주려고 달려들지 않는 한 가지 방법은 아이 스스로 선택할 기회를 주는 것이다. 메리앤 박사는 어린아이들에게조차 가능하면 스스로 선택하고 결정할 기회를 최대한 많이 주라고 권한다. "저녁밥으로 브로콜리와 콩 중 뭘 먹고 싶어?", "빨간색 옷을 입고 싶어? 파란색 옷을 입고 싶어?" 심지어 언제나 의견이 충돌하는 문제인 밖에서 비옷을 입을지 말지도 아이가 선택하게 두라. 선택할 기회를 주면 책임감이 강해지고 자신의 행동이 어떤 결과를 불러오는지도 이해하게 된다. 우비를 입지 않아서 몸이 약간 젖었지만 어떤 결정을 내리느냐에 따라 결과가 달라진다는 생각을 하기 시작할 것이다.

또한 메리핸 박사는 더 큰 아이들에게는 스스로 문제를 해결할 수 있도록 도와주라고 말한다. 아이가 친구와 다퉜다면 어떻게 행동하라고 명령하기보다는 어떻게 행동하면 좋을 것 같은지 물어보라. 인생의 딜레마를 해결하려는 이 모든 연습은 삶이 더 힘들어지고 실패에 따르는 위험이 한층 커지는 순간에도 자신의 선택에 확신을 갖게 해준다.

결론

우리 모두와 마찬가지로 아이들도 슬럼프에서 무언가를 배운다. 삶은 어린 시절부터 우리에게 시련을 안겨줄 준비를 하지만, 모든 장애물은 다음 장애물을 피해 갈 수 있도록 도움을 준다. 메리핸은 이 말을 탁월하게 표현했다.

아이들이 '근데 실패하면 어쩌지? 해내지 못하면 어쩌지? 원래의 나로 돌아가고 말 거야'라고 걱정할 때 저는 이렇게 이야기해줄 거예요. "너는 절대 원래의 너로 돌아갈 수 없을 거야. 왜냐하면 너는 다른 사람이 되었으니까. 너는 뭔가를 배웠고, 성장했잖아. 실패했다고 느껴질 수도 있지만 너는 여전히 앞으로 나아가고 있어. 너는 도전할 용기를 갖고 있잖아." 그리고 이 용기가 한 명의 아이를 완전히 바꿔놓게 될 거예요.

마치 모든 리빌더에게 건네는 충고처럼 들린다.

참고 자료

1장. 슬럼프의 진짜 정체

- Berman, R (2022) Business apocalypse: Fifty-two Percent of Fortune 500 Companies from the Year 2000 Are Extinct, Courageous, available from: https://ryanberman.com/glossary/businessapocalypse/(archived at https://perma.cc/BA77-VBVJ) [Last accessed: 13 January 2022]
- Cady, S, Jacobs, J, Koller, R, and Spalding, J (2014) The change formula: Myth, legend, or lore, OD Practitioner, [46] (3), pp 32–39
- Economy, P (2019) 17 Powerfully Inspiring Quotes From Ruth Bader Ginsburg, Inc., 12 January, available from: https://www.inc.com/peter-economy/17-powerfully-inspiring-quotes-from-ruth-baderginsburg.html (archived at https://perma.cc/RFA6-7P9N) [Last accessed: 13 January 2022]
- Gibbs, S (2014) Google Glass advice: how to avoid being a glasshole, The Guardian, 19 February, available from: https://www. theguardian.com/technology/2014/feb/19/google-glass-advicesmartglasses-glasshole (archived at https://perma.cc/N6Q5-WNLX) [Last accessed: 13 January 2022]
- Keynes, J (1924) A Tract on Monetary Reform, Macmillan and Co, London

2장. 지금 이 순간이 중요하다

- Csikszentmihalyi, M (1990) Flow: The psychology of optimal experience, Harper and Row, New York Draper, T (1900) The Bemis History and Genealogy: Being an Account, in Greater Part, of the Descendants of Joseph Bemis of Watertown, Massachusetts, The Stanley Taylor Co., San Francisco
- Garis, M (2020) How to *Actually* Take Things Day by Day, According to a Psychologist, Well + Good, 23 April, available from: https://www.wellandgood.com/how-to-take-thing-day-byday/(archived at https://perma.cc/EDC9-QB8E) [Last accessed: 17 December 2021]
- Killingsworth, M and Gilbert, D (2010) A Wandering Mind is an Unhapp y Mind, Science Magazine, [330] November 2010, pp 932
- MarketData (2017) The U.S. Meditation Market [Online], available from: https://www.marketresearch.com/Marketdata-Enterprises-Inc-v416/Meditation-11905615/?progid=91593 (archived at https://perma.cc/M2FA-L42U) [Last accessed: 10 January 2022]
- Rapaport, D (2021) Exclusive: Tiger Woods discusses golf future in first in-depth

interview since car accident, Golf Digest, 29 November, available from: https://www.
golfdigest.com/story/tiger-woods-exclusive-interview (archived at https://perma.
cc/6GND-BS64) [Last accessed: 10 January 2022]
- Walton, A (2015) 7 Ways Meditation Can Actually Change the Brain, Forbes, 9
February, available from: https://www.forbes.com/sites/alicegwalton/2015/02/09/7-
ways-meditation-can-actually-changethe-brain/?sh=2834e8c41465 (archived at https://
perma.cc/LUY8-K949) [Last accessed: 23 December 2021]

3장. 바꿀 수 없는 것들은 잊어라

- Artino, A (2012) Academic self-efficacy: from educational theory to instructional
practice, Perspectives on Medical Education, [1], pp 76–85
- Kashdan, T (2009) Curious?: Discover the Missing Ingredient to a Fulfilling Life,
William Morrow & Co, New York
- Lieberman, M, Inagaki, T, Tabibnia, G, and Crockett, M (2011) Subjective Responses
to Emotional Stimuli During Labeling, Reapp raisal, and Distraction, Emotion,
[11], pp 468–480 McGowan, S, and Behar, E (2013) A Preliminary Investigation
of Stimulus Control Training for Worry: Effects on Anxiety and Insomnia, Behavior
Modification, [37] (1), pp 90–112
- Purbasari Horton, A (2019) 5 mindfulness techniques for letting go of control, Fast
Company, 11 November, available from: https://www.fastcompany.com/90424137/5-
mindfulness-techniquesfor-letting-go-of-control (archived at https://perma.cc/BDR9-
QJR9) [Last accessed: 10 January 2022]
- Raghunathan, R (2016a) If You're So Smart, Why Aren't You Happy?, Portfolio, New
York
- Raghunathan, R (2016b) Why Losing Control Can Make You Happier, Greater Good
Magazine, 28 September, available from: https://greatergood.berkeley.edu/article/item/
why_losing_control_make_you_happier (archived at https://perma.cc/4B8W-GLRZ)
[Last accessed: 10 January 2022]
- Wygal, W (1940) We Plan Our Own Worship Services: Business girls practice the act
and the art of group worship, Women's Press, New York

4장. 과거를 들여다보는 일은 그만두자

- Holborn, K (2018) ELIZABETH TAYLOR: An Elizabeth Taylor Biography,
Independently Published Ilube, T (2011) I'm good at failing [Blog], Tom Ilube, 4 June,
available from: http://tomilube.blogspot.com/2011/ (archived at https:// perma.cc/
PG6V-R628) [last accessed: 13 January 2022]
- Kubler-Ross, E (2014) On Death & Dying: What the Dying Have to Teach Doctors,
Nurses, Clergy & Their Own Families, Scribner, New York
- Lyons, A and Winter, L (2021) We all know how this ends: Lessons about life and
living from working with death and dying, Green Tree, London
- Nolen-Hoeksema, S (1991) Responses to depression and their effects on the duration
of depressive episodes, Journal of Abnormal Psychology, (100), pp 569–582
- Nolen-Hoeksema, S, Wisco, B and Lyubomirsky, S (2008) Rethinking Rumination,

Perspectives on Psychological Science, [3] (5), pp 400–424
- Shepard, D (2003) Learning from Business Failure: Propositions of Grief Recovery for the Self-Employed, The Academy of Management Review, [28] (2), pp 318–328
- Worden, W (2003) Grief Counselling and Grief Therapy: A Handbook for the Mental Health Practitioner, Springer, New York

5장. 대체 누구의 잘못일까?

- BBC (2022) Elizabeth Holmes: Theranos founder convicted of fraud, BBC News, 4 January, available from: https://www.bbc.co.uk/news/world-us-canada-59734254 (archived at https://perma.cc/EK9Q-V4BV) [Last accessed: 14 January 2022]
- Frankl, V (1959) Man's Search for Meaning: An Introduction to Logotherapy, 4th Edition, Beacon Press, Boston Girard, K (2012) Why Most Leaders (Even Thomas Jefferson) Are Replaceable, Harvard Business School, 4 September, available from: https://hbswk.hbs.edu/item/7038.html (archived at https://perma.cc/9A34-E6W5) [Last accessed: 14 January 2022]
- Godoy, J (2021) 'Failure is not a crime,' defense says in trial of Theranos founder Holmes, Reuters, 9 September, available from: https://www.reuters.com/business/healthcare-pharmaceuticals/fraud-trialtheranos-founder-elizabeth-holmes-set-begin-2021-09-08/ (archived at https://perma.cc/7UMA-NE2E) [Last accessed: 14 January 2022]
- Green, B (2013) The man who turned rejection into a career, CNN, 4 August, available from: https://edition.cnn.com/2013/08/04/opinion/greene-rejection-success/index.html (archived at https://perma.cc/T7PT-QLVN) [Last accessed: 14 January 2022]
- McCluskey, M (2021) Silicon Valley Investors Haven't Let the Theranos Scandal Change the Way They Do Business, Time, 9 September, available from: https://time.com/6092628/theranoselizabeth-holmes-investors/ (archived at https://perma.cc/YR2S-8AVE) [Last accessed: 14 January 2022]
- Mukunda, G (2012) Indispensable: When Leaders Really Matter, Harvard Business Review Press, Boston
- Smith, D (2009) Driver wins £20,000 damages for stress of parking tickets, The Guardian, 8 February, available from: https://www.theguardian.com/uk/2009/feb/08/parking-fine-high-courtdamages(archived at https://perma.cc/3BTT-3KDY) [Last accessed: 14 January 2022]

6장. 물잔은 반이 비어 있지도, 반이 차 있지도 않다

- Cabanas, E and Illouz, E (2019) Manufacturing Happy Citizens: How the Science and Industry of Happiness Control our Lives, Polity, Cambridge
- Coyne, J (2015) Lucrative pseudoscience at the International Positive Psychology Association meeting, Coyne of the Realm, 15 July, available from: https://www.coyneoftherealm.com/2015/07/15/lucrative-pseudoscience-at-the-international-positive-psychologyassociation-meeting/ (archived at https://perma.cc/F8T4-GRES) [Last accessed: 14 January 2022]

- Coyne, J (2019) "Positive psychology gives the impression you can be well and happ y just by thinking the right thoughts. It encourages a culture of blaming the victim," said professor Jim Coyne, a former colleague and fierce critic of Seligman. [Twitter] 20 November, available from: https://twitter.com/coyneoftherealm/status/1197259236016869378 (archived at https://perma.cc/88S3-9JYP) [Last accessed: 14 January 2022]
- Latecki, B (2017) Pollyanna syndrome in psychotherapy-or pseudotherapy. Counseling, consoling or counterfeiting? European Psychiatry, [41], pp 777–778
- Missimer, A (2020) Beat anxiety with curiosity, The movement paradigm, 18 February, available from: https://themovement paradigm.com/beat-anxiety-with-curiosity/ (archived at https://perma.cc/6BE2-ELW4) [Last accessed: 14 January 2022]
- Oettingen, G and Wadden, T (1991) Expectation, fantasy, and weight loss: Is the impact of positive thinking always positive?, Cognitive Therapy and Research, [15], pp 167–175
- Price, L (2021) 'I want to be remembered for doing epic stuff, not having breast cancer at 23', Metro, 19 August, available from: https://metro. co.uk/2021/08/19/i-want-to-be-remembered-for-doing-epic-stuffnot-having-cancer-at-23-15105160/ (archived at https://perma.cc/W9TN-AM95) [Last accessed: 14 January 2022]
- Seligman, M (1998) President's Address from The APA 1998 Annual Report, app earing in the August, 1999 American Psychologist. available from: https://positivepsychologynews.com/ppnd_wp/wp-content/uploads/2018/04/APA-President-Address-1998.pdf(archived at https://perma.cc/TWQ2-N4UX) [Last accessed: 14 January 2022]
- Stockdale, J (1995) Thoughts of a Philosphical Fighter Pilot, Hoover Institution Press, Stanford Tenney, E, Logg, J and Moore, D (2015) (Too) optimistic about optimism: The belief that optimism improves performance, Journal of Personality and Social Psychology, [108] (3), pp 377–399

7장. 깨닫게 될 때까지 기다리지 마라

- Apted, M (1997) Inspirations, Argo Films, Clear Blue Sky Productions Bridges, W (1995) Managing Transitions: Making the Most of Change: Making the Most out of Change, Nicholas Brealey Publishing, Boston, Massachusetts
- Brown, B (2015) Rising Strong: The Reckoning. the Rumble. the Revolution., Random House, New York
- Conley, C (2018) Wisdom at Work: The Making of a Modern Elder, Portfolio Penguin, London
- Gide, A (1927) The Counterfeiters: A Novel, Alfred A. Knopf, New York
- Lewis, C (1920) Alice's Adventures in Wonderland, Macmillan, New York
- Markel, H (2013) The real story behind penicillin, PBS News Hour, 27 September, available from: https://www.pbs.org/newshour/health/the-real-story-behind-the-worlds-first-antibiotic (archived at https://perma.cc/WD6E-MA7C) [Last accessed: 14 January 2022]
- Missimer, A (2020) Beat anxiety with curiosity, The movement paradigm, 18 February, available from: https://themovementparadigm.com/beat-anxiety-with-curiosity/

(archived at https://perma.cc/6BE2-ELW4) [Last accessed: 14 January 2022]
- Powell, C (2012) It Worked for Me: In Life and Leadership, Harper, New York
- Saner, E (2021) Grayson Perry on art, cats – and the meaning of life: 'If you don't have self doubt, you're not trying hard enough', The Guardian, 9 November, available from: https://www.theguardian.com/artanddesign/2021/nov/09/grayson-perry-on-artcats- and-meaning-of-life-if-you-dont-have-self-doubt-youre-nottrying-hard-enough (archived at https://perma.cc/5Y7A-5S54) [Last accessed: 14 January 2022]
- Suzuki, S (1970) Zen Mind, Beginners Mind, Weatherhill, New York
- Turner, V (1967) Betwixt and Between: The Liminal Period in Rites de Passage, in The Forest of Symbols: Aspects of Ndembu Ritual, Cornell University Press, Cornell

8장. 과소 평가된 속도 늦추기의 힘

- Dishman, L (2018) Americans have been fighting for paid vacation for 100 years, Fast Company, 24th August, available from: https://www.fastcompany.com/90220227/the-history-of-how-we-gotpaid-vacation-in-the-us (archived at https://perma.cc/8X92-EGUN) [Last accessed: 10 January 2022]
- Gallup (2020) Gallup's Perspective on Employee Burnout: Causes and Cures [Online Report], available from: https://www.gallup.com/workplace/282659/employee-burnout-perspective-paper.aspx (archived at https://perma.cc/3AUE-VM9P) [Last accessed: 10 January 2022]
- Hall, A (2019) Office Workers Only Take 16 Minutes Lunch Break, Study Suggests, The Independent, 19 June, available from: https://www.independent.co.uk/life-style/office-workers-lunch-breakpoll-workplace-results-a8965551.html (archived at https://perma.cc/7SZ2-KAGW) [Last accessed: 10 January 2022]
- HR News (2017) New survey finds Brits just won't stop working!, HR News, 29 June, available from: http://hrnews.co.uk/newsurvey-finds-brits-just-wont-stop-working/ (archived at https://perma.cc/MWH8-8WBY) [Last accessed: 10 January 2022]
- King James Bible (n.d.) King James Bible Online, available from: https://www.kingjamesbibleonline.org/ (archived at https://perma.cc/K5HL-UVV8) [Last accessed: 10 January 2022]
- Office for National Statistics (2018) International comparisons of UK productivity (ICP), final estimates: 2016 [Online Report]. Available from:https://www.ons.gov.uk/economy/economicoutputandproductivity/productivitymeasures/bulletins/internationalcomparisonsofproductivityfinalestimates/2016 (archived at https://perma.cc/83VK-X4FZ) [Last accessed: 10 January 2022]
- Oxford Economics (2014) An Assessment of Paid Time Off in the U.S. [Online Report]. Available from: file:///C:/Users/GCollard/Downloads/US%20Paid%20%20Time%20Off.pdf [Last accessed: 10 January 2022]
- Schwartz, T and McCarthy, C (2007) Manage Your Energy, Not Your Time, Harvard Business Review, available from: https://hbr.org/2007/10/manage-your-energy-not-your-time (archived at https://perma.cc/Y6EQ-SF4M) [Last accessed: 10 January 2022]
- Weller, C (2019) Arianna Huffington On the Importance of 'Thrive Time', Your Brain at Work, 12 November, available from: https://neuroleadership.com/your-brain-at-

work/arianna-huffington-nlipodcast- thrive-time#:~:text=Don't%20call% 20it%20
%E2%80%9Cdown,t%20be%20consid ered%20a%20luxury(archived at https://
perma.cc/9CF6-X7KP) [Last accessed: 10 January 2022]

9장. 모든 길은 실패를 거쳐간다

- Chang, J and Thompson, V (2012) Dolly Parton on Gay Rumors, Losing a Drag Queen Look-Alike Contest and New Memoir, ABC News, 26 November, available from: https://abcnews.go.com/Entertainment/dolly-parton-gay-rumors-losing-drag-queenalike/story?id=17812138 (archived at https://perma.cc/6FFPP7YQ) [Last accessed: 14 January 2022]
- Connors, R and Smith T(2014) The Wisdom of Oz: Using Personal Accountability to Succeed in Everything You Do, Portfolio, New York
- Dweck, C (2006) Mindset: The New Psychology of Success, Random House, New York
- Ericsson, A and Harwell, K (2019) Deliberate Practice and Proposed Limits on the Effects of Practice on the Acquisition of Expert Performance: Why the Original Definition Matters and Recommendations for Future Research, Frontiers in Psychology, [10] Global Entrepreneurship Monitor (2021) 2020/2021 Global Report [Online]. available from: https://www.gemconsortium.org/file/open?fileId=50691 (archived at https://perma.cc/KTS5-NC4B) [Last accessed: 14 January 2022]
- Gov.uk (2019) Number of companies in the UK from 2018 to 2019, Gov.uk, 16 July, available from: https://www.gov.uk/government/news/uk-company-statistics-2018-to-2019 (archived at https://perma.cc/7Z46-J7C5) [Last accessed: 14 January 2022]
- Kahneman, D and Tversky, A (1979) Prospect Theory: An Analysis of Decision under Risk, Econometrica, [47] (4), pp 263–291
- Moss, C (2015) Anna Wintour thinks everyone should be fired once, Business Insider, 3 March, available from: https://www.businessinsider.com/anna-wintour-thinks-everyone-should-be-fired-once-2015-3?r=US&IR=T (archived at https://perma.cc/C4MA-K5DJ) [Last accessed: 14 January 2022]
- Nielsen (2018) Setting the Record Straight on Innovation Failure [Online]. Available from: https://www.nielsen.com/wp-content/uploads/sites/3/2019/04/setting-the-record-straight-commoncauses-of-innovation-failure-1.pdf (archived at https://perma.cc/AX38-QCU2) [Last accessed: 14 January 2022]
- Nussbaum, A and Dweck, C (2008) Defensiveness Versus Remediation: Self-Theories and Modes of Self-Esteem Maintenance, Personality and Social Psychology Bulletin, [34] (5), pp 599–612 Office for National Statistics (2016) Divorces in England and Wales: 2016 [Online]. Available from: https://www.ons.gov.uk/peoplepopulationandcommunity/birthsdeathsandmarriages/ divorce/bulletins/divorcesinenglandandwales/2016 (archived at https://perma.cc/EL53-Pp WC) [Last accessed: 14 January 2022]
- Pretorius, M and Roux, I (2011) Successive failure, repeat entrepreneurship and no learning: A case study, SA Journal of Human Resource Management, [9] (1)
- Qureshi, J (2020) Performance Psychologist Reveals the Secrets of Teamwork | Exclusive Q&A with Jamil Qureshi [YouTube]. 12 June. Available from: https://www.

리빌더

330

youtube.com/watch?v=N5opuVhY2mc&t=3s (archived at https://perma.cc/MYD6-6P3G) [Last accessed: 14 January 2022]
- Qureshi, J (2021) The Psychology of Success Podcast, Episode 4, 23 April, available from: https://podcasts.apple.com/gb/podcast/jamil-qureshithe-price-of-success-is-always-paid/id1561741449?i=1000518356596(archived at https://perma.cc/A2VB-6CNZ) [Last accessed: 14 January 2022]

10장. 유연함이 해답이다

- Craig, A (2020) Discovery of 'thought worms' opens window to the mind, Queen's Gazette, 13 July, available from: https://www.queensu.ca/gazette/stories/discovery-thought-worms-openswindow-mind (archived at https://perma.cc/5867-CMLA) [Last accessed: 11 January 2022]
- Foroux, D (2020) It's Okay To Change Your Mind, Medium, 14 April, available from: https://medium.com/darius-foroux/itsokay-to-change-your-mind-c4a0166b0a6d (archived at https://perma.cc/37GF-TY8D) [Last accessed: 11 January 2022]
- Galbraith, J (1965) Came the Revolution; the General Theory of Employment, Interest, and Money, The New York Times, 16 May, available from: https://www.nytimes.com/1965/05/16/archives/came-the-revolution-the-general-theory-of-employment-interestand.html (archived at https://perma.cc/V35Y-R4EZ) [Last accessed: 11 January 2022]
- Keynes, J (1930) A Treatise on Money, Palgrave Macmillan, London
- Keynes, J (1936) The General Theory of Employment, Interest and Money, Palgrave Macmillan, London
- Monga, S (2020) Virat Kohli: My 'personality' is a 'representation' of 'new India', ESPN Cricinfo, 16 December, available from: https://www.espncricinfo.com/story/aus-vs-ind-2020-1st-test-pinkball-adelaide-chappell-virat-kohli-my-personality-a-representation-of-new-india-1244080 (archived at https://perma.cc/H68CX9X3) [Last accessed: 11 January 2022]
- Obama, B (2019) [Online video]. Obama: I change my mind all the time based on facts, CNN, 28 April. available from: https://edition.cnn.com/videos/politics/2019/04/28/barack-obamanelson-mandela-sot-vpx-ndwknd.cnn (archived at https://perma.cc/L9UB-ESVE) [Last accessed: 11 January 2022]
- Pollan, M (2018) How to Change Your Mind: The New Science of Psychedelics, Allen Lane, New York Williams, H (2018) The Physics of the Fosbury Flop, Stanford University, available from: http://large.stanford.edu/courses/2018/ph240/williams-h2/ (archived at https://perma.cc/PV4Q-CSSH) [Last accessed: 11 January 2022]

11장. 나만의 속도로 걸어가라

- Chang, C and Groeneveld, R (2018) Slowing down to speed up, McKinsey and Company, 23 March. Available from: https://www.mckinsey.com/business-functions/people-and-organizational-performance/ourinsights/the-organization-blog/slowing-down-to-speed-up (archived at https://perma.cc/9E8X-J72S) [Last accessed: 26 October 2021]

- Kahneman, D (2011) Thinking, Fast and Slow, Allen Lane, New York City
- Kopka, U and Kruyt, M (2014) From bottom to top: Turning around the top team, McKinsey Quarterly, 1 November, available from: https://www.mckinsey.com/business-functions/people-andorganizational-performance/our-insights/from-bottom-to-top (archived at https://perma.cc/DH2E-4RQF) [Last accessed: 11 January 2022]
- McKeever, V (2021) Matthew McConaughey explains how time off actually helped relaunch his career, CNBC, 18 June. Available from: https://www.cnbc.com/2021/06/18/matthew-mcconagheyexplains-how-time-off-helped-relaunch-his-career.html (archived at https://perma.cc/TLL9-DFER) [Last accessed; 26 October 2021]
- Medina, J (2008) Brain Rules: 12 Principles for Surviving and Thriving at Work, Home and School, Pear Press, Seattle
- Murray, R (2010) Foo Fighters On Their Band Name, Clash Music, 1 November. Available from: https://www.clashmusic.com/news/foo-fighters-on-their-band-name (archived at https://perma.cc/VV7Q-SVJV) [Last accessed: 26th October 2021]
- Strauss, D (2018) There Are 2 Types of Leaders. 10 Questions to Find Out Which One You Are, Why physics has more to do with your leadership style than you think., INC, 22 February. Available from: https://www.inc.com/david-straus/newtonian-or-quantumleader-10-questions-to-find-out-which-one-you-are.html (archived at https://perma.cc/TG9L-575Q) [Last accessed: 26 October 2021]

12장. 불확실한 시대에 확실성 찾기

- de Berker, A, Rutledge, R, Mathys, C, Marshall, L, Cross, G, Dolan, R and Bestmann, S (2016) Computations of uncertainty mediate acute stress responses in humans, Nature Communications, [7], 10996
- Grant, H and Goldhamer, T (2021) Our Brains Were Not Built for This Much Uncertainty, Harvard Business Review, 22 September, available from: https://hbr.org/2021/09/our-brains-were-notbuilt-for-this-much-uncertainty (archived at https://perma.cc/EV6Z-BREX) [Last accessed: 13 January 2022]
- Heifetz, R and Linsky, M (2014) Adaptive Leadership: The Heifetz Collection (3 Items), Harvard Business Review Press, Boston
- Kaplan, J and Stenberg, M (2020) Meet the astrology entrepreneurs who turned an awful 2020 into a boom for the $2.2 billion industry,
- Business Insider, 26 December, available from: https://www.businessinsider.com/astrology-industry-boomed-during-pandemiconline-entrepreneurs-2020-12?r=US&IR=T (archived at https://perma.cc/7L9F-WTGT) [Last accessed: 13 January 2022]
- Kotter, J (2012) Leading Change, With a New Preface by the Author, Harvard Business Review Press, New York
- Paulos, J (2004) A Mathematician Plays the Stock Market, Basic Books, New York

13장. 모든 성공이 진짜 성공은 아니다

- Bostock, J (2014) Insights from Women at Cambridge [Online]. Available from:

https://www.cam.ac.uk/system/files/the_meaning_of_success_final_revised_for_print_final.pdf (archived at https://perma.cc/KG4E-ZGY9) [Last accessed: 11 January 2022]
- Drucker, P (1954) The Practice of Management, Harper & Row, New York
- Musk, E (2017) 'The reality is great highs, terrible lows and unrelenting stress. Don't think people want to hear about the last two.' [Twitter], 30 July, available from: https://twitter.com/elonmusk/status/891710778205626368?lang=en (archived at https://perma.cc/CJ7B-ZVDS) [Last accessed 11 January 2022]

14장. 차라리 다 같이 불편해지자

- Edmondson, A (2018) The Fearless Organization: Creating Psychological Safety in the Workplace for Learning, Innovation, and Growth, Wiley, Hoboken Gallagher, N (2017) The Airbnb Story: How Three Ordinary Guys Disrupted an Industry, Made Billions . . . and Created Plenty of Controversy, Harper Business, New York
- Punks with Purpose (2021) An Open Letter to BrewDog, Punks with Purpose, 9 June, available from: https://www.punkswithpurpose.org/dearbrewdog/ (archived at https://perma.cc/KA6J-ZA8M) [Last accessed: 13 January 2022]
- Rahim, A (2010) Managing Conflict in Organizations, Routledge, London and New York
- Scott, K (2017) Radical Candor: Be a Kick-Ass Boss Without Losing Your Humanity, St. Martin's Press, New York
- UK Violence Intervention and Prevention Centre, The Four Basic Styles of Communication [Online]. Available from: https://www.uky.edu/hr/sites/www.uky.edu.hr/files/wellness/images/Conf14_FourCommStyles.pdf (archived at https://perma.cc/L2BG-GC9P) [Last accessed: 13 January 2022]

15장. 실패의 경험은 나만의 무기가 된다

- Aristotle (2004), The Nicomachean Ethics (Penguin Classics), Thomson, H (tr), Penguin Classics, London
- Aronson, E, Willerman, B and Floyd, J (1966) The effect of a pratfall on increasing interpersonal attractiveness, Psychonomic Science, [4], pp 227–228
- Brown, H (2022) Herzon Brown, Prince's Trust, Success Stories, available from: https://www.princes-trust.org.uk/about-the-trust/success-stories/hezron-brown (archived at https://perma.cc/7Z9B-4Z9D) [Last accessed: 11 January 2022]

16장. 고통을 나누면 결실은 커진다

- Obama, B (2009) Speech, Wakefield High School [YouTube], 15 September, available from: https://www.youtube.com/watch?v=-uWxdTxBi2g (archived at https://perma.cc/96SD-JA7T) [Last accessed: 11 January 2022]
- Flynn, F and Lake, V (2008) "If you need help, just ask": Underestimating compliance with direct requests for help, Journal of Personality and Social Psychology, [95] (1), pp 128–143
- Rigoglioso, M (2008) Studies show people underestimate the willingness of others to

help them out, Stanford News, 6 August, available from: https://news.stanford.edu/ news/2008/august6/justask-080608.html (archived at https://perma.cc/6LXL-7Z74) [Last accessed: 11 January 2022]

17장. 리빌딩은 과제가 아닌 기나긴 여정

- Bennett, K (2015) Emotional and Personal Resilience Through Life [Online]. Available from: https://assets.publishing.service.gov.uk/government/uploads/system/uploads/ attachment_data/file/456126/gs-15-19-future-ageing-emotional-personal-resilience-er04.pdf(archived at https://perma.cc/UAA6-CNVW) [Last accessed: 23 December 2021]
- Duckworth, A (2017) Grit: Why Passion and Resilience are the Secrets to Success, Vermillion, London
- Limbach, P and Sonnenburg F (2015) Does CEO Fitness Matter? CFR Working Paper NO. 14-12, Centre for Financial Research, available from: https://www.econstor.eu/bit stream10419/123715/1/841379122.pdf (archived at https://perma.cc/9WUG-4CHD) [Last accessed: 23 December 2021]
- Zimmerman, E (2020) What Makes Some People More Resilient Than Others, The New York Times, 18 June, available from: https://www.nytimes.com/2020/06/18/ health/resiliencerelationships-trauma.html (archived at https://perma.cc/ H5CPQDUZ) [Last accessed: 23 December 2021]

18장. 리빌딩은 미래로 나아간다

- Burns, J (2012) 'Failure week' at top girls' school to build resilience, BBC News, 5 February, available from: https://www.bbc.co.uk/news/education-16879336 (archived at https://perma.cc/DEZ8-W2BB) [Last accessed: 11 January 2022]
- Dell Technologies (2018) Realizing 2030: A Divided Vision of the Future [Online Report]. Available from: https://www.delltechnologies.com/content/dam/ delltechnologies/assets/ perspectives/2030/pdf/Realizing-2030-A-Divided-Vision-of-the-Future-Summary.pdf (archived at https://perma.cc/4A3D-VDS6) [Last accessed: 11 January 2022]
- Dondi, M, Klier, J, Panier, F and Schubert, J (2021) Defining the skills citizens will need in the future world of work, McKinsey and Company, 25 June, available from: https://www.mckinsey.com/industries/public-and-social-sector/our-insights/defining-theskills-citizens-will-need-in-the-future-world-of-work (archived at https://perma. cc/9YJV-33HS) [Last accessed: 11 January 2022]
- Dweck, C (2006) Mindset: The New Psychology of Success, Random House, New York
- Dweck, C (2014) The power of believing that you can improve [TED Talk]. Available from: https://www.ted.com/talks/carol_dweck_the_power_of_believing_that_you_ can_improve?language=en (archived at https://perma.cc/K6KP-5VVT) [Last accessed: 11 January 2022]
- Fenton, C (2019) Playful Curiosity: A Manifesto for Reinventing Education, Nielson
- McKinsey & Company (2022) Future of Work, available from: https://www.mckinsey.

com/featured-insights/future-of-work (archived at https://perma.cc/9VT6-6V4Q) [Last accessed: 11 January 2022]

- Mueller, C and Dweck, C (1998) Praise for intelligence can undermine children's motivation and performance, Journal of Personality and Social Psychology, [75] (1), pp 33–52 re:Work (2022) re:Work with Google [Online]. Available from: https://rework. withgoogle.com/print/guides/5721312655835136/ (archived at https://perma.cc/ ZK6H-JE2S) [Last accessed: 11 January 2022]
- Robinson, K (2006) Do schools kill creativity? [TED Talk], February. Available from: https://www.ted.com/talks/sir_ken_robinson_do_schools_kill_creativity (archived at https://perma.cc/849F-S248) [Last accessed: 11 January 2022]

리빌더

1판 1쇄 인쇄 2024년 4월 12일
1판 1쇄 발행 2024년 4월 24일

지은이 세라 데이트, 애나 보트
옮긴이 김경영

발행인 양원석 **편집장** 차선화 **책임편집** 차지혜
디자인 김유진, 김미선 **해외저작권** 임이안
영업마케팅 윤우성, 박소정, 이현주, 정다은, 유민경

펴낸 곳 ㈜알에이치코리아
주소 서울시 금천구 가산디지털2로 53, 20층 (가산동, 한라시그마밸리)
편집문의 02-6443-8862 **도서문의** 02-6443-8800
홈페이지 http://rhk.co.kr
등록 2004년 1월 15일 제2-3726호

ISBN 978-89-255-7513-1 (03190)